Frauen und ihre Gärten

Charlotte Seeling

Frauen und ihre Gärten

Mit Fotos
von
CORINNE KORDA
und
CARINA LANDAU
und
Gartenplänen
von
HELGA BOHLMANN

Gerstenberg Verlag

Zur Erinnerung
an Annemarie Seeling
von ihren Töchtern
Helga und Charlotte
und ihren Enkelinnen
Corinne und
Carina

Inhalt

Einleitung
Wie ich lernte, Gärten zu lieben

Vor einigen Jahren entdeckte ich in einer französischen Zeitschrift ein Haus, das mir nicht mehr aus dem Sinn ging – so pur und gleichzeitig opulent war seine Einrichtung. Etwa zwei Jahre später fiel mir in einem anderen Hochglanzmagazin ein Garten auf, wie ich ihn noch nie gesehen hatte – streng und zugleich romantisch. Und wieder tauchte der gleiche Name auf: Nicole de Vesian.

Wer war diese Frau? Das interessierte mich genauso wie die Frage, warum sie ihren Garten so und nicht anders angelegt hatte. Es gelang mir, Nicole de Vesian in Südfrankreich ausfindig zu machen, und sie war bereit, mich zu empfangen. Zwei Tage vor dem vereinbarten Besuch starb sie. Aber ihr Garten lebt weiter und inspiriert andere Menschen. Ich habe Nicole de Vesian mein Interesse an Gärten zu verdanken. Wäre ihr nicht ein so ungewöhnlicher Wurf gelungen, dann würde ich wahrscheinlich heute noch achtlos an den meisten Gärten vorübergehen. Ihre Schöpfung hat mir die Augen dafür geöffnet, daß es nicht nur um schöne Blumen geht. Im Gegenteil, ihr Credo hieß: »Keine Blüten – keine Sorgen.«

Ein Jahr nach ihrem Tod hatte ich Gelegenheit, Nicole de Vesians Anwesen in Südfrankreich zu besichtigen. Eine Amerikanerin hat Haus und Grundstück übernommen und zeigte Verständnis für meine Neugier. Als erstes fiel mein Blick auf eine kleine scharfe Gartenschere, die neben einer Steinkugel auf einer niedrigen Mauer aus verwitterten Steinen lag – als hätte Nicole sie eben erst aus der Hand gelegt. Und der unveränderte Garten sah aus, als sei er ganz allein kraft jener winzigen Schere entstanden: abgerundete Formen überall, von geduckten breiten Polstern, halb- und kreisrunden Büschen, kugelförmigen Baumkronen bis hin zu sanft um ihre Spitzen gebrachten Wacholder- und Zypressensäulen. Wäre hier nicht ein sicheres Auge mit einer sicheren Hand am Werk gewesen, dann könnte von einem Garten keine Rede sein, denn hier wächst nichts, was nicht auch in der wilden duftenden Garigue der Mittelmeerlandschaft vorkommt. Die schmalen Terrassen auf dem zweitausend Quadratmeter großen Grundstück teilen sich Rosmarin, Schleifenblume, Gamander, Heiligenkraut, Katzenminze, Kriechheckenkirsche, Lorbeer, Strauchwinde, Kreuzkraut, Buchsbaum, und weißblühender Lavendel. Der blaue Lavendel hat die unterste Terrasse für sich allein, dort wächst er streng in Reih und Glied, wie ihn auch die Bauern in der Provence anpflanzen, begleitet von einigen Obstbäumen. Trotz des rigorosen Beschnitts wirken die immergrünen und immergrauen Pflanzenskulpturen üppig, sie sind dicht und gesund. Als passende Ergänzung hat Nicole de Vesian nur ausgebleichte alte Steine eingesetzt, für Wege und Stufen, Mauern und Tische, für den großen Hausbrunnen – und ebenso alt sind die steinernen Kugeln, die so etwas wie ihr Markenzeichen geworden sind.

Späte Karriere: Mit siebzig legte Nicole de Vesian ihren ersten Garten an – er wurde weltberühmt.

Jeder, der Nicoles Garten je gesehen hat, erkannte auf den ersten Blick, daß er es mit einem Meisterwerk zu tun hat. Hier war ganz oben im mittelalterlichen Bergdorf Bonnieux mit einfachsten Mitteln ein Garten entstanden, der ganz anders ist als alle anderen und sich dennoch nahtlos in die hügelige Landschaft mit ihren sanften

Geformte Natur: Schere und Steine – mehr brauchte Nicole nicht zur Gestaltung.

Ein Hauch von Farbe: Eine selbst versäte Stockrose durchbricht das strenge Konzept.

Rundungen und stillen Grau-, Beige- und Grüntönen einfügt – fast wie ein fernes Echo, das seine Idealform gefunden hat. Viele haben sich gefragt, warum niemand vorher auf die naheliegende Idee gekommen ist, einen Garten zu schaffen, indem er einfach die vorhandene Natur mit der Schere formt. Nicole kannte die Antwort: »Ich mußte kreativ sein, weil ich keine Mittel hatte.«

Eigentlich war die Tochter aus gutem Hause nicht vorbereitet gewesen auf ein Leben als berufstätige Frau, aber der Krieg, aus dem ihr Mann für immer krank zurückkam, zwang sie, Geld zu verdienen. Als Mutter von fünf Kindern war sie es gewöhnt, praktisch zu denken, und als geborene Ästhetin wollte sie unter keinen Umständen auf Schönheit verzichten. So wurde Nicole zu einer Designerin, die sich auf Weniges und Wesentliches zu beschränken wußte. Der verdiente Erfolg stellte sich schnell ein, und sie machte sich mit einem *bureau de style* selbständig. Vor allem Nicoles Entwürfe, wie etwa plissierte Schals, für das Traditionshaus Hermès, machten sie bekannt, andere große Firmen wie Renault und amerikanische Kosmetikhersteller folgten als Auftraggeber. Die stets schlicht, aber auffallend elegant gekleidete Nicole wurde zu einer der führenden Figuren in der Pariser Designszene, und als sie anfing, sich nur noch in Weiß zu kleiden – weil ihr Haar alle Farbe verloren hatte –, beeinflußte sie damit eine ganze Generation von schicken Pariserinnen.

Mit siebzig Jahren hatte Nicole genug von Paris und ihrem zweiten Ehemann und ging nach Bonnieux, wo sie schon seit Jahren ihre Ferien verbracht hatte. Ihr war ein uraltes Haus mitten im Ortskern angeboten worden – eigentlich eine Ruine, in der es kein fließend Wasser und nur wenige Fenster gab. Nicole ließ sich davon nicht abschrecken. Es war die wunderbare Aussicht auf den Naturschutzpark Luberon, die sie zugreifen ließ. Außerdem gab es windgeschützte Terrassen – wichtig wegen des gefürchteten Mistral – und einige hohe Buchsbäume, ein Zeichen für Grundwasser. Innerhalb von drei Monaten hatte Nicole das düstere Haus, dessen schöner gelber Sandstein zum Vorschein kam, als der blaue Gipsputz erst abgeschlagen war, mit Hilfe einiger Handwerker zu einem lichtdurchfluteten Domizil gemacht, mit vielen Fenstern, die den Blick ins Tal freigeben.

Bald pilgerte die Pariser Prominenz in das bis dahin gottverlassene Nest, um sich in La Louve (»Die Wölfin«, so der überlieferte Name des Hauses) Anregungen für die eigene Einrichtung zu holen. Sie sah, daß einfacher Rauhputz, Stein, Leinen, Leder und Nußbaumholz genügen, um ein elegantes Ambiente zu schaffen, ja, daß man sogar Kieselsteine als Bodenbelag verwenden und Betondecken unverkleidet lassen kann – wenn man seiner Sache sicher ist. Und dafür war Nicole bekannt, auch in Pressekreisen. So ließen denn auch die ersten Reportagen in Wohnzeitschriften nicht lange auf sich warten.

Nicole aber war längst mit ihrem nächsten Projekt fertig: dem ersten Garten ihres Lebens. Der führte zu einer zweiten Welle von Presseberichten und zu Nicoles später Karriere als Gartendesignerin. Die zierliche, energiegeladene Person nahm die Aufträge wohlhabender Amerikaner und Franzosen an, die sich von ihr den Garten gestalten ließen und manchmal zusätzlich auch noch das Haus. Als Nicole im Herbst 1997 mit achtzig Jahren starb, war sie eine international anerkannte Gartengestalterin – knapp zehn Jahre, nachdem sie mit

Schlichtes Ensemble: Was wie zufällig wirkt, ist eine sorgfältig arrangierte Gruppe.

Schnittkunst: Aus den Kräutern der Provence gestaltete Nicole ihre eigene Landschaft.

scharfer Schere ihren eigenen Garten aus der Natur geschnitten hatte.

Ihr letztes Projekt war ein neuer Garten für sich selbst. Sie hatte La Louve nach einem schweren Autounfall, der sie für Monate zwang, an Krücken zu gehen, verkauft und sich ein ebenes Grundstück gesucht, ohne Terrassen. Hier sollte ein Garten entstehen, »der überhaupt keine Arbeit mehr macht«. Eine Idee davon entwarf Nicole mit wenigen Steinen, die sie um den Fuß der Zypresse nahe der Einfahrt gruppierte – schon konnte man sich das Gesamtwerk vorstellen. Was bei anderen wie ein zusammengewürfelter Haufen Steine aussehen würde, war bei Nicole ein künstlerisches Arrangement, so streng und klar wie in einem klösterlichen Zen-Garten in Japan, der auch nur drei, vier Elemente braucht, um das Universum darzustellen. Es war abzusehen, daß es wieder ein ganz einmaliger Garten werden würde.

Alle Gärten sind einmalig. Keiner gleicht dem anderen bis auf das letzte Blatt, selbst wenn er als Kopie begonnen wurde. Viele Frauen neigen zu Beginn dazu, sich an berühmte Vorbilder zu halten, aber die Natur läßt sich nicht zwingen. Über kurz oder lang wird jeder Garten zum getreuen Abbild seiner Gestalterin. Genau deswegen interessieren mich die Frauen, die dahinter

Als wäre sie gerade erst gegangen: Nicoles Gartenschere liegt noch am gewohnten Platz.

stecken. Ob sie prominent und reich oder arm und unbekannt sind, spielt gar keine Rolle. Hinter jedem dieser ungewöhnlichen Gärten steht eine ungewöhnliche Frau mit einer interessanten Geschichte. Dabei sind die Gründe für das Anlegen eines Gartens so verschieden wie die Frauen selbst: Viele suchen nach Schönheit und Vollkommenheit, manche beginnen aus praktischen Überlegungen, einige wollen die Natur zähmen, andere wollen sie zur vollen Entfaltung bringen, es gibt spontane, die einfach anfangen, und andere, die erst einen genauen Plan machen. Fast immer ist die Freude an Blumen die Grundlage für einen Garten, manchmal aber ist es auch die Trauer um einen geliebten Menschen. Für alle jedoch ist der Garten ein Glück – eines, das sie gerne mit anderen teilen. Denn einen Garten legt niemand aus Eitelkeit an, sondern aus Liebe zu allem Lebenden. So kommt es, daß die Talente der meisten Gärtnerinnen im Verborgenen blühen. Das ist schade. Deshalb stellt dieses Buch 23 Frauen aus sieben verschiedenen Ländern mit ihren ganz persönlichen Gartenschöpfungen vor.

Charlotte Seeling

***Mustergültig:** Wenige Formen und Farben genügten Nicole für ihr Meisterwerk.*

***Urformen:** Skulpturen aus Pflanzen und alte Steine ergänzen sich zu einer zeitlosen Anlage.*

Ione Tézé Nogant

Ein Blumenteppich à la Petit point

Wenn die berühmte Designerin Nicole de Vesian einen Garten zur Veröffentlichung in einer Zeitschrift empfiehlt, dann darf man etwas Besonderes erwarten. So dachte auch der Fotograf, der von weither angereist kam, um Bilder bei Ione Tézé auf Nogant zu machen. Die Bedingungen waren ideal: stabiles Sonnenwetter, die zweite Rosenblüte auf dem Höhepunkt, der Rasen frisch gemäht und die Gartenbesitzerin bester Laune. Sie machte eine Führung, erklärte ihre Anlage und verwies auf Punkte, die sie für besonders fotogen hielt – und wartete. Der Fotograf aber schien nicht bereit, die Kamera auch nur ans Auge zu heben. Sicher stand die Sonne noch zu hoch, um gute Fotos von Pflanzen zu machen, denen nur sanftes Licht und weiche Schatten schmeicheln.

Der Nachmittag verging, der Tag neigte sich dem Ende zu, Ione Tézé servierte hauseigenen Wein – der Fotograf schien immer noch auf Motivsuche. Als die Sonne untergegangen war, packte er seine Ausrüstung wieder ein: »Hier gibt es nichts zu fotografieren«, sagte er freundlich, aber bestimmt und reiste ab.

Zurück blieb eine völlig verstörte Ione Tézé. Nicht, daß sie ihren Garten für die Spitze der Landschaftsarchitektur gehalten hätte – aber immerhin hatten sich schon einige professionelle Besucher gern und lange bei ihr aufgehalten und intensive botanische Gespräche mit ihr geführt. Allen voran Nicole de Vesian, die weit über die Grenzen Frankreichs hinaus als Guru in Geschmacksfragen und Gartengestaltung galt. Seit einiger Zeit hatte Nicole immer häufiger Gruppen von Gartenliebhabern auch zu Ione Tézé geschickt, wodurch diese sich endgültig in den Kreis ernstzunehmender Amateurgärtnerinnen aufgenommen fühlte.

Was war nun falsch? Wie die meisten Frauen bei einem Fehlschlag suchte Ione die Fehler nur bei sich. »Es fehlen Vertikale«, erkannte sie, »mein Garten ist einfach flach wie ein Feld.« Die nächsten Monate grübelte sie, wie sie möglichst schnell zu himmelstrebenden Elementen kommen könnte. Hohe Bäume und Kletterpflanzen an Laubengängen und Rankgerüsten – das alles würde Struktur geben. Aber damit hätte sie längst beginnen müssen, am besten schon vor über zwanzig Jahren, als sie und ihr Mann Gilles dieses alte Bauernhaus mit sechs Hektar Umland kauften. Doch damals hatten sie nur den Wunsch, für sich und ihre drei Kinder alle Voraussetzungen zu schaffen, um einige Wochen im Jahr einen erholsamen und lustvollen Urlaub auf Nogant zu erleben. Und dafür schien ihnen ein Swimmingpool wichtiger zu sein als alles andere.

Als Ione und Gilles, der damals als Banker in New York arbeitete, einige Monate später wieder nach Nogant kamen, war der bei heimischen Handwerkern in Auftrag gegebene Pool fertig – nur leider war er an ganz anderer Stelle ausgehoben worden, als Ione angegeben hatte. Er lag platt und leuchtend mitten in der Wiese, von allen Seiten einsehbar, während sie ihn im Sichtschatten des einzigen Hanges, den das ansonsten ebene Grundstück zu bieten hat, angesiedelt haben wollte. Da blieb ihr nichts anderes übrig, als ein paar Beete anzulegen, um

Ganz in Weiß: Von Freundin Nicole hat Ione Tézé gelernt, wie einfach Eleganz ist.

Mediterraner Traum: Blühendes Lavendelfeld unter Schatten spendenden Platanen.

Doppelte Wirkung: Weißer Oleander in Terrakottatöpfen spiegelt sich im Pool.

den Pool zu verstecken: »Weil so ein Schwimmbecken auf dem Präsentierteller ziemlich vulgär aussieht.« Sie pflanzte Oleanderbüsche, Rosensträucher, Rosmarin und Heiligenkraut und dazwischen alles, was ihr » in die Hände fiel«, von Lilien über Kosmeen bis zu Tabakpflanzen, Margeriten und Stiefmütterchen.

» Eigentlich wollte ich gar keinen Garten anlegen, ich wollte etwas ganz Natürliches: blühende Wiesen, Felder – einfach ein Bauerngrundstück, wie ich es bei der ersten Besichtigung vorgefunden hatte«, erzählt sie. Aber die sich selbst überlassene Natur sah nur für zwei Wochen im Frühsommer gut aus, dann bot sie einen verwahrlosten und trostlosen Anblick.

Und so wurde Ione mehr und mehr zur Gärtnerin wider Willen. Zwar hatte sie als Kind ihrem Vater gern im Garten bei Paris geholfen, aber das geschah immer spielerisch. Genauso ging sie jetzt an die zwei Hektar heran, die nicht vom Weinbau okkupiert waren, pflanzte da mal was und dort mal was, wie es ihr gerade in den Sinn kam. »In Frankreich haben wir nicht die Tradition des Bauerngartens, es gibt nur Regeln für prächtige Schloßanlagen und sonst gar nichts«, erklärt Ione, die zwar in Paris aufgewachsen ist, sich dank ihren Eltern aber vier verschiedenen Völkern verbunden fühlt – ihr Vater war halb Amerikaner, halb Franzose, die Mutter halb Holländerin, halb Belgierin. Auf den Gedanken, einen Plan für ihren Garten zu machen, kam sie nicht. Warum sollte sie auch? Ihr gefiel das Grundstück ja so, wie es war: mit weitem Blick über Felder und Wiesen und auf den Hügel mit dem mittelalterlichen Städtchen Bonnieux. Außer einer schmalen Zypresse hier und da störte nichts die freie Sicht. Selbst die Olivenbäume und

die wenigen Mittelmeer-Eichen standen niedrig und geduckt vom scharfen Wind des Mistrals.

Erst als Gilles nach Genf versetzt wurde und öfter die Möglichkeit bestand, nach Nogant zu fahren, fiel Ione allmählich auf, »daß es so nicht geht«. Es mußten Linien gezogen werden, die den Garten unterteilen wie Wände ein Haus, damit das Auge Fixpunkte zur Orientierung hat. Zum erstenmal machte Ione so etwas wie einen Plan. Sie legte fest, wo Wege verlaufen und Ruhebänke aufgestellt werden sollten und ließ niedrige Mauern aus Naturstein errichten, die den Zier- vom Nutzgarten trennen. Olivenbäume zu beiden Seiten bilden eine Art Allee.

Inzwischen hatte Ione Nicole de Vesian kennengelernt und sich mit ihr angefreundet. Alles was die Ältere machte, wurde von Ione kritiklos bewundert – und nicht nur von ihr. Von überall her strömten Besucher zu Nicole und holten sich Rat in Stilfragen. Je öfter Ione zu ihr ging, umso mehr geriet sie unter Nicoles Einfluß: »Sie war eine starke Persönlichkeit. Niemand hätte es gewagt, anders als in Beige gekleidet ihrer Einladung zu folgen – bei ihr war das ganze Haus nur in Naturtönen gehalten, bis hin zu den Servietten.« Ione sah sofort, daß die Beschränkung auf bestimmte Farben für Ruhe und Eleganz sorgt und zog daraus die Konsequenz, nur noch weißblühende Pflanzen in ihren Garten zu setzen. Der Pool wurde von großen Terrakottagefäßen mit weißem Oleander flankiert, in den Innenhof kamen ähnliche Töpfe mit weißen Margeriten, und an die Hauswände wurden weiße Kletterrosen gesetzt. Es versteht sich von selbst, daß auch die Strauchrosen, die gemeinsam mit Lavendel das Weinfeld begrenzen, weiße Blüten

Pool mit Aussicht: Im Hintergrund der Hügel mit dem mittelalterlichen Dorf Bonnieux.

Struktur: Mauern und Stufen aus alten Steinen, gekrönt von Kugeln, geben einem »langweiligen« Gelände Charakter.

hervorbringen. Und sogar die Stiefmütterchen mußten weiß sein …

Selbst ihren Salon hielt Ione nach Nicoles Vorbild in reinen Naturtönen. Heute kann sie darüber lachen: »Sehen Sie, ich bin prompt in Weiß gekleidet – als wäre Nicole bei uns.« Vor ein paar Jahren hatte sie noch ein schlechtes Gewissen, als sie ihrem Salon plötzlich Farbe verpaßte: »Ich kam mir vor wie eine Revolutionärin.« Der Diktatur des guten Geschmacks konnte Ione sich nur ganz allmählich entziehen. Zu beeindruckend war das, was die ältere Freundin geschaffen hatte: »Nicole ist immer auf Anhieb der große Wurf geglückt. Weil sie genau wußte, was sie will. Sie war sehr strikt und linear. Und sie war die selbstsicherste Person, der ich je begegnet bin.«

Sich diesem Einfluß zu entziehen, war für Ione nicht einfach. Und das, obwohl sie eine erfahrene Psychoanalytikerin ist! Normalerweise ist sie es, die anderen Frauen in Therapiesitzungen klar macht, daß ihr mangelndes Selbstbewußtsein schuld daran ist, wenn sie

kein erfülltes Leben führen. Und nun tappte ausgerechnet sie, die dreifache Mutter und bereits vierfache Großmutter, in diese üblichste aller Weiblichkeitsfallen! Dabei hatte sie doch immer versucht, das Klischee zu sprengen. Zwar hatte sie mit knapp zwanzig schon geheiratet, aber nach der Geburt ihrer Kinder nahm sie mit fünfundzwanzig Jahren ihr Studium auf und zog es mit aller Konsequenz durch. Um das zu schaffen, weigerte sie sich zum Beispiel standhaft, kochen zu lernen – es ist bis heute Gilles, der immerhin eine internationale Karriere als Banker vorweist, der für Familie und Gäste die Mahlzeiten zubereitet.

Natürlich erkannte Ione sehr schnell, daß sie sich in Abhängigkeit von Nicole de Vesian begab. Aber ist es schlimm, in die Rolle des Schülers zu schlüpfen, wenn man einen Meister gefunden hat? Ione hatte sich nie ernsthaft mit Mode-, Stil- und Geschmacksfragen beschäftigt, während Nicole eine anerkannte Koryphäe auf diesem Gebiet war. Sie zeigte Ione, daß ein paar schlichte Steinkugeln auf den Stufen ihrer neu geschaffenen Mauern interessante Blickpunkte bildeten – erst recht, wenn sich die runde Form bei Beeten und Pflanzen wiederholte. So lernte Ione, Sträucher und Bäume zu beschneiden, und in der Tat wurden gewöhnliche Pflanzen wie Rosmarin und Lavendel, die am Mittelmeer überall wuchern, zu ganz besonderen Gartenobjekten. Bald legte sie in der Nähe des Pools, vom Haus aus gut sichtbar, ein neues Beet in Nicoles Stil an: kreisrund, mit immergrünen, kugelig geschnittenen Büschen, gekrönt von einem Hochstamm-Liguster mit rundem Kopf.

Viele Komplimente bekam sie nun für ihren Garten, und die Besuche der Pflanzenliebhaber häuften sich. Dennoch riskierte Ione immer mal wieder einen »Ausreißer«: eine Reihe Schwertlilien hier, eine Gruppe Stockrosen dort, eine Passionsblume am Fuße der Treppe, die zu ihrem Ärger bald alles überwucherte und verdrängte. Trotzdem wäre Ione nicht auf die Idee gekommen, sie auszureißen. »Ich probiere gerne aus. Ich bin nicht der Typ, der sich an strenge Regeln hält.« Für alles, was nicht gedeihen will, hat Ione eine »Bewährungsanstalt« eingerichtet, die am Rande des Gemüsegartens liegt, in dem außer Kräutern, Karotten und ein paar Artischocken – die nie geerntet werden, sondern wunderschön blühen – nichts angebaut wird. Und siehe da: In dieser vernachlässigten Ecke, in der nicht gedüngt, gepflegt, gesprüht und beschnitten wird, erholen sich selbst die schwierigsten Patienten. Sogar ein Stück Wiese mit Wildblumen hat sie neu angelegt, und diesmal ist das Ergebnis so, daß es ganz einfach und natürlich aussieht – obwohl jeder Gärtner bestätigen wird, daß nichts schwieriger ist, als unbehandelte Natur nachzuahmen.

Ione war zufrieden mit ihren Ergebnissen. Bis dieser Fotograf kam. Von dem Tag an entschuldigte sie sich nur noch für ihren Garten und versprach für die Zukunft jede Menge Verbesserungen. Sie setzte viele neue Bäume: Kirschen auf den Rasen hinter dem Pool, Oliven, Plata-

Farbenspiel: Passionsblume (oben rechts) und Bignonia *(ganz rechts) sind unermüdliche Kletterer und Blüher. Auch die Artischocke (unten) dient als Blume.*

nen und Pappeln in Gruppen oder Reihen über das Grundstück verteilt. Aber natürlich wird es Jahre dauern, bis daraus auffallende »Vertikale« werden. So lange muß Ione jedoch nicht warten, bis sie wieder stolz sein kann auf ihren Garten. Es genügte der Besuch einer jungen

Fotografin, die sich voller Begeisterung in Nogant auf Entdeckungsreise begab und einen Film nach dem anderen verschoß. Und das, obwohl die beiden eindrucksvollsten »Vertikalen«, zwei alte Platanen-Maulbeerbäume nahe der Terrasse, in der Zwischenzeit einer Krankheit zum Opfer gefallen waren. Ione hatte sofort zwei neue *mûriers-platanes* gesetzt, weil ihre Kronen sich wunderbar zu ausladenden »Sonnenschirmen« ziehen lassen und weil diese Kreuzung an ein und demselben Zweig zwei verschiedene Blätter hervorbringt: das der Platane und das des Maulbeerbaumes. Natürlich waren die Setzlinge als »Fotomodelle« noch zu kümmerlich.

Am meisten freute Ione, daß die Fotografin sogar versuchte, ihr neuestes Beet ins Bild zu setzen: »Ich habe es wie einen Teppich konzipiert«, sagt Ione, die seit frühester Jugend Petit-point-Stickereien macht und schon mehrere Ausstellungen mit ihren modernen Teppichen bestückt sowie ein Anleitungsbuch geschrieben hat. Aus den alten Steinen, die vom Abbruch des ehemaligen Wasserbassins der Bauern übriggeblieben waren, ließ Ione eine Orangerie bauen, die im Winter vielen Pflanzen und im Sommer häufigen Gästen Platz bieten soll. Davor legte Ione über die ganze Länge ein rasterförmiges Beet an, auf dem sich die restlichen Abbruchsteine mit üppigen Tuffs spanischer Gänseblümchen *(Erigeron karvinskianus)* abwechseln. In wenigen Jahren werden sie die Steine so weit überwuchert haben, daß diese nur noch wie »Kettfäden« durchschimmern werden – der Rest ist dann Iones zarter duftiger Blütenteppich. »Es ist schwer, im Garten etwas so hinzubekommen, wie man es vor Augen hat«, sagt Ione, »aber das hier

ist genauso geworden, wie ich es wollte.« Es ist auch ihre erste wirklich eigene Kreation. Und selbst wenn sich diese (jetzt noch) nicht als besonders fotogen erweist, so hat sie doch einen ganz eigenen Charme.

Aber das ist es, was man von Iones ganzem Garten sagen kann. Er ist nicht spektakulär, nötigt einem kein Staunen oder gar Ehrfurcht ab, dafür fühlt man sich wohl dort, alles ist leicht und angenehm, man wandert mit Ione über das Grundstück, bleibt eine Weile auf einer Bank im Schatten sitzen, trinkt einen Schluck des preisgekrönten Rosé Château de la Canorgue, in den auch Iones Traubenernte »einfließt«, und redet über Gott und die Welt. »Mit Gartenliebhabern«, sagt sie, »kommt man leicht ins Gespräch. Gottlob gibt es zwischen Gärtnerinnen keine Konkurrenz, wir haben ja nichts zu verkaufen. Man lernt voneinander.« Seit Ione und Gilles, der jetzt im Ruhestand ist, Nogant vor drei Jahren zu ihrem Hauptwohnsitz gemacht haben, hat sich Iones gärtnerisches Wissen enorm erweitert. Und ihr Selbstbewußtsein auch wieder: Sie akzeptiert jetzt ihre eigenen Vorlieben, auch wenn dabei nicht sofort ein Garten entsteht, der sensationelle Fotomotive bietet: »Es geht nur darum, sein Stück Erde zu lieben – dann gibt es einem Sicherheit.«

Der Pflanzplan

1. Junge Obstbäume auf Wildwiese
2. Weinanbau
3. Sechs Ahornbäume (links), Mischbeetpflanzung aus Buchsbaum, Zedern, Rosen, Lavendel, Lilien und Gladiolen
4. Gelbe und orangerote Rosen, Buchsbaum, Zwergzypressen und Lavendel
5. Verschiedenfarbene Rosen, Buchsbaum, Lilien und Lavendel
6. Randbepflanzung aus Mandelrosen, Stockrosen, Geißbart, Silberkerzen, Polsterprimeln, Buchsbaum, Zedern und Zypressen
7. Orangerie, außen Passionsblumenbewuchs
8. Pool mit Bepflanzung verschiedener Rosenarten, Gladiolen, Lilien, Buchsbaum, Zedern und Zypressen
9. Leicht abfallende Allee mit jungen Olivenbäumen
10. Hausbepflanzung mit Kletterrosen, Stockrosen und Zypressen
11. Stockrosen, vermischt mit Rosenbüschen
12. Kletterrosen am Spalier
13. Buchsbaumfeld (links), Anzuchtbeete für verschiedene Pflanzenarten (rechts)

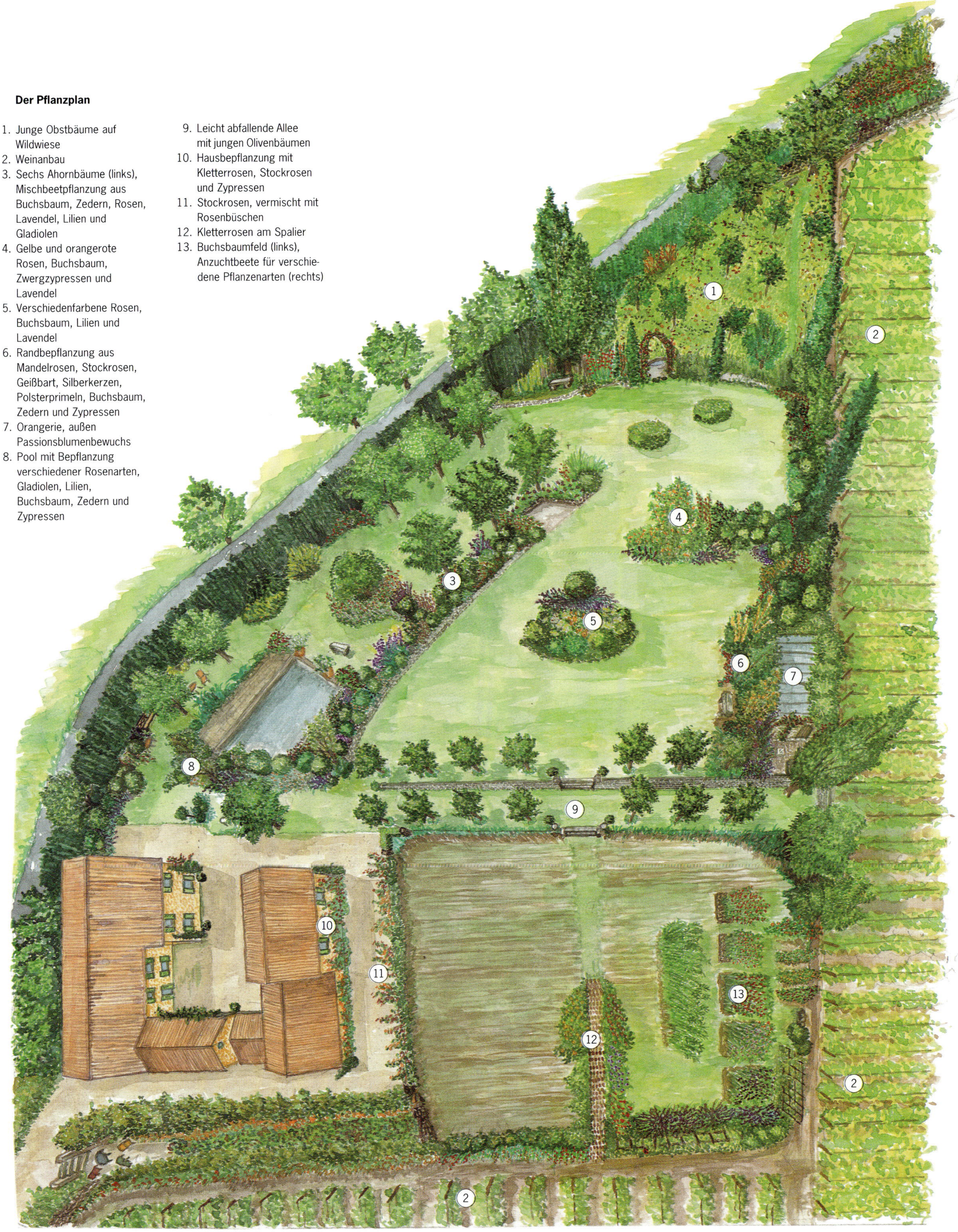

Carmen Delgado March S'Avall

Europas größter Kakteengarten

Ausgerechnet Kakteen! Warum sammelt eine Frau, die sich alle Pflanzen dieser Welt leisten könnte, nicht lieber die schönsten alten Rosen oder die seltensten Orchideen? Das fragt sich wahrscheinlich jeder, der Kakteen nur als stachlige Minigewächse in Töpfen kennt, die man als Scherzartikel an Schwiegermütter und grantige Bürokollegen verschenkt. Wer jedoch einmal S'Avall gesehen hat, wird anders darüber denken.

Beeindruckend ist schon die Anfahrt. Tief im südöstlichen Zipfel von Mallorca gelegen, da wo das Land ganz flach ist und nur Windmühlen dem Auge Abwechslung bieten, signalisiert ein riesiges schmiedeeisernes Tor, daß es in dieser sandigen Ödnis eine Oase der Zivilisation gibt. Eine Allee, so schnurgerade wie die Prachtboulevards des Sonnenkönigs Ludwig XIV. in Paris, zieht sich kilometerlang durch das ebene Gelände, links und rechts zunächst gesäumt von Trockenmauern und Schirmpinien, dann bilden Palmen und weißer Oleander den Rahmen. Schließlich ein neues Portal, ein blumengeschmücktes Rondell, ein Beet so groß wie ein Feld mit brennend rotblühender *Canna indica,* dahinter das Herrenhaus – von dem Architekten Gabriel Alomar konzipiert wie ein romanischer Palast, mit streng gegliederter, klassizistischer Fassade an der Rückseite und im gotisch-levantinischen Stil mit einem holzgeschnitzten, gewölbtem Portal an der Front, üppig bewachsen mit Bougainvilleen und von steinernen Löwen bewacht. Dunkle Holzjalousien verwehren der sengenden Nachmittagssonne den Zutritt zum Haus.

In einem der schattigen Privaträume im ersten Stock muß sich Doña Carmen aufhalten. Sie hat zwar dafür gesorgt, daß der Garten besichtigt und fotografiert werden kann, aber schon am Telefon angekündigt, daß sie selbst sicher nicht zu sprechen sei. Sie kränkelt seit Wochen, heißt es. Später erfahren wir, daß sie grundsätzlich vor keine Kamera tritt. Ein einziges Mal ist ein Foto von ihr in einer Zeitung erschienen, heimlich geschossen von Paparazzi bei der Beerdigung ihres Mannes Juan March Servera vor vielen Jahren. Die Familie scheut die Öffentlichkeit, ihr immenses Vermögen zieht zu viele Neider und falsche Freunde an. Es ist dem Finanzgenie von Doña Carmens Schwiegervater, Juan March Ordinas, zu verdanken, daß die Familie heute zu den reichsten der Welt gehört.

Um ihn ranken sich viele Legenden. Angeblich war er ein armseliger Schweinehirt, zeigte aber schon als Kind eine untrügliche Nase für Geschäfte. Er handelte mit allem, was nicht niet- und nagelfest war, verlieh auch schon früh Geld gegen Zinsen und bildete so den Grundstock für seine späteren Bankgeschäfte. Dazwischen aber soll er erst einmal einige Jahre geschmuggelt haben und das in großem Umfang – jedenfalls behaupten einige Leute, Juan March, der von 1880 bis 1962 lebte, sei der ungekrönte Herrscher des Mittelmeeres gewesen. Vielleicht heißt es so, weil man sich anders die sagenhafte Vermehrung seines Reichtums nicht erklären kann. Sicher ist, daß er bereits seit seinem 23. Lebensjahr

Stolzer Wächter: Blütenbesetzt erhebt sich der Trichocereus *über das niedere Sukkulentenvolk, dem Polster aus* Euphorbia resinifera *und dem* Echinocactus grusonii *(links).*

Großer Auftritt: Am Rande des römischen Theaters sind diverse Cereen-*Gattungen und der* Echinocactus grusonii *(im Volksmund »Schwiegermutterstuhl« genannt) die Stars (unten).*

Stachel-Urwald: Wie eine Fontäne entfaltet sich die Aloe *vor dem Hintergrund von* Pachycereus marginatus *(vorhergehende Doppelseite).*

Großgrundstücke kaufte, die er parzellierte und an ehemalige Kleinpächter verkaufte – auf diese Weise wurden sie zu ihren eigenen Herren, und Juan March wurde reich.

Er war es auch, der Anfang der 1930er Jahre die 4444 *cuarteradas* – was für eine magische Zahl! – von S'Avall kaufte. Auf den umgerechnet knapp 315 000 Quadratmetern hatten die Markgrafen von Palma seit dem 15. Jahrhundert Schafe gehalten und Kleinwild gejagt. Für den Ackerbau war die Erdschicht zu dünn und zu mager; nur ein kleines Tal erwies sich als fruchtbar. Genau dort ließ Juan March senior den ersten Garten anlegen, und zwar ganz nach der Mode der Zeit im Art-déco-Stil.

Urtümlich: Wie Wesen aus einer anderen Welt wirken Aloe ferox *(oben) mit ihrem welkenden Haupt, der* Trichocereus *mit aufbrechender Blüte (Mitte) und die* Cylindropuntia rosea *(rechts).*

Als Juan March junior den Besitz Anfang der 1940er Jahre überschrieben bekam, ging er daran, das Haus und die Gartenanlagen zu vergrößern. Dazu mußte erst einmal tonnenweise fruchtbare Erde angefahren werden, da bis auf die namengebende Senke – S'Avall bedeutet nichts anderes als Tal – überall nackter Fels vorherrschte. Der Garten wurde mit Kanälen durchzogen, die das Regenwasser zu unterirdischen Zisternen leiten, so daß kein Tropfen verlorengeht. Dabei wurden die Überreste einer antiken Totenstadt freigelegt, und man fand uralte Tonscherben und Steinschleudern – Zeugen dafür, daß S'Avall schon in der Frühzeit von Menschen besiedelt wurde. Die junge Familie March mußte jedoch um annehmbare Lebensbedingungen kämpfen. Viele Jahre lang wurde das Trinkwasser aus dem nahegelegenen Meer gewonnen, indem man dem Wasser in einer Reinigungsanlage das Salz entzog. Heute wird es von den Dächern der Gebäude gesammelt. Unter solchen Bedingungen einen Garten anzulegen und zu erhalten zeugt von großer Leidenschaft – es war von Anfang an Doña Carmen, die sich darum kümmerte.

Der größte Teil des Gartens, ungefähr zwanzigtausend Quadratmeter an sanft terrassierten Hängen, ist heimischen Pflanzen gewidmet. An der Rückseite des Hauses, passend zur Fassade, wirkt das Ambiente eher italienisch, mit einem Brunnen aus Marmor sowie Loggia und Terrasse, die mit antiken Büsten geschmückt sind. Auf einer der unteren Terrassen steht die Miniaturausgabe eines mallorquinischen Landhauses, einschließlich eines originalgetreuen Brunnens und

Laubengangs, mit kompletter Einrichtung in Kindergröße – einst für Doña Carmens Töchter errichtet, haben heute längst die Enkel und Urenkel ihre Freude daran. Beschattet wird das Kinderparadies von einem Maulbeerbaum, unter dem weiße Gardenien in Töpfen blühen, die einen schweren süßen Duft verströmen. Von allen Bäumen im mediterranen Gartenteil beeindruckt ein über vierzig Jahre alter Korallenbaum *(Erythrina crista-galli)* mit ungewöhnlich dunkelroten Blüten am meisten.

An einer Seite des Hauses liegt sogar ein englischer Garten mit einem gepflegten Rasen und einem Teich, in dessen Mitte sich eine Insel mit einer kleinen Trauerweide befindet, die über eine romantische Holzbrücke zu erreichen ist. Und in einem Pinienwäldchen, nicht weit davon entfernt, befindet sich ein römisches Theater, das dem Amphitheater im mallorquinischen Pollensa nachgebaut wurde. Jenseits der steinernen Stufen sieht man die kugeligen Köpfe und aufragenden Arme verschiede ner Kakteen – dort liegt das Herzstück des Gartens, Doña Carmens berühmte Kakteensammlung.

Wir nehmen den offiziellen Eingang, der vor dem Haus eine Freitreppe hinunterführt, die von schmalen Zypressen und zwei breiten Beeten mit Bougainvilleen gesäumt wird. Zwei steinerne Löwen, Kopien des moslemischen Löwen von Almudaina in Palma, schmücken das schmiedeeiserne Eingangstor. Als wir die steinernen Wächter passieren, hören wir hinter uns ein Fenster aufgehen, und während wir uns im Kakteengarten aufhalten, sind wir uns sehr wohl der Tatsache bewußt, daß Doña Carmen darüber wacht, daß ihren Lieblingen nichts passiert.

Am Anfang mag sie gedacht haben, daß die Wüstenbewohner ideal für ihr sandiges Grundstück seien. Schon 1945 legte sie einen recht anspruchsvoll arrangierten Steingarten an, mit einem künstlichen Hügel, einer kleinen Grotte und einem Wasserfall. Hier finden sich zwischen den Kakteen die delikaten weißen Flußlilien *(Crinum bulbispermum)*, die auf jedem Blütenblatt einen roten Streifen tragen, und die blauen Blüten des herzförmigen Hechtkrauts *(Pontederia cordata)*. Nahebei steht hoher Palmfarn *(Cycas circinalis)* aus Madagaskar. Der Hügel ist gekrönt von kreisförmigen Steinen, die einstmals als Deckel für unterirdische Silos dienten, in denen man auf Mallorca jahrhundertelang Getreide aufbewahrte, gut geschützt vor Nagetieren und Räubern.

Naseweis: Als Pinocchio präsentiert sich dieser Cleistocactus *mit seinen geschlossenen Blüten, die wie rote Nasen aussehen.*

Es zeigte sich, daß das feuchte Inselklima vielen Kakteen zu schaffen macht, doch da war aus Doña Carmens Interesse längst eine Passion geworden, und so stellte sie 1958 fünfzehntausend Quadratmeter für einen neuen Kakteengarten zur Verfügung. Geplant wurde er von Gabriel Alomar, dem Architekten, der auch das Haus entworfen hatte; die Bepflanzung lag in den Händen des Gartengestalters Juan Pañella Bonastre, dem heutigen Direktor der Gartenbauschule in Barcelona – nach Meinung von Fachleuten hat er in S'Avall sein Meisterwerk geschaffen. Zweitausendvierhundert verschiedene Arten gehören mittlerweile zur Sammlung, wobei Doña Carmen höchstens zweihundert Arten nicht auswendig mit ihrem botanischen Namen nennen kann! Das jedenfalls behauptet Antonio Roselló, ein wahrer Kakteenspezialist, der das Team der zehn festangestellten Gärtner führt. Er erzählt, daß die betagte Dame nach wie vor persönlich in das Gartengeschehen eingreift und genau angibt, was wo und wie getan werden soll. Ihre besondere Vorliebe gilt dem Gewächshaus, in dem Kakteen und andere wasserspeichernde Pflanzen klassifiziert und studiert, vermehrt und akklimatisiert werden.

Direkt am Eingang befindet sich eine Sammlung afrikanischer Exemplare, unter denen die riesigen *Euphor-*

Eintönig ist ein Kakteengarten wirklich nicht. Es gibt stolze Einzelstämme, vielarmige Kandelaber und weitverzweigte Urwälder, es gibt Kugeln, Fässer, Gurken, Fächer und Strubbelköpfe, es gibt stachlige, fedrige, pelzige, samtene und fleischige Exemplare – und es gibt die ungewöhnlichsten Blüten, die allerdings meist nur für wenige Stunden ihre exotische Pracht entfalten. Für das Auge ist der Gang durch S'Avall ein Fest, schade ist nur, daß man diese grandiosen Naturskulpturen nicht berühren kann – vor ihren Stacheln und Dornen zuckt jede Hand zurück. Aber auch die Nase kommt zu kurz, denn es gibt keinen wahrnehmbaren Duft.

Dicht an dicht: Umfangreiche Horste bildet die Aloe vera *mit ihren braungrünen Blättern.*

Zeitzeuge: Die knorrige baumartige Opuntia *gehört genau wie die Windmühle seit jeher zum Landschaftsbild im Südosten Mallorcas.*

bia candelabrum aus Eritrea am meisten auffallen. Sie bedecken einen großen Streifen in Richtung Amphitheater, wo sie von einer Hecke aus *Caesalpinia* (Brasilienholz) abgelöst werden, die in ihrem Heimatland Madagaskar bis zu einer Höhe von zwölf Metern heranwachsen, in S'Avall aber regelmäßig beschnitten werden. Besonders spektakulär sind die zahlreichen Köpfe des Seeigelkaktus *(Echinopsis validus)* aus Bolivien, von denen einer über dreißig Jahre alt ist. Ein tonnenförmiger Ferokaktus, der sich normalerweise in derselben Richtung wie die Erde dreht, hat in S'Avall die Fähigkeit entwickelt, sich genau entgegengesetzt zu drehen. Die Säulenkakteen mit ihren schneeweißen Dornen legen in einer Wachstumsperiode bis zu 28 Ringe zu. Ob Drachenbäume von den Kanarischen Inseln, *Pachycereus grandis* mit trompetenförmigen rosa Blüten, Kalanchoen, die wie Rotkohl oder Weißkohl mit Rändern aus Rauhreif aussehen, oder Opuntien (Feigenkaktus) mit ihren runden »Ohren« und orangen Stachelfrüchten – sie alle wirken so, als stünden sie in einem Wettbewerb um die bizarrste Form. Den Vogel schießt aber der kriechende Teufelskaktus *(Lemaireocereus eruca)* aus Mexiko ab, der sich am Boden entlangschlängelt, wild entschlossen, jedes Hindernis auf seinem horizontalen Weg zu überwinden.

Und noch etwas fehlt. Das wird uns bewußt, als ganz am Ende der Anlage, dort, wo hinter einem prachtvollen, mit Amphoren geschmückten Tor die karge Wildnis beginnt, ganz plötzlich ein Rascheln zu vernehmen ist – das erste Geräusch in dieser unendlichen Stille! Ein Windhauch genügt, um die zwei Meter langen dunkelgrünen Blätter der Yucca-ähnlichen *Dasylirion longissimum* (Rauhschopf) in Bewegung zu versetzen, und schon schwingt ein Rauschen wie von einem ganzen Palmenhain durch den Kakteengarten.

Auf dem Rückweg nehmen wir die Stille als lastende Leblosigkeit wahr. Darüber tröstet nur der Sonnenuntergang hinweg, der hier noch spektakulärer ist als anderswo und der die monumentalen Kakteen in ein tiefrotes Licht taucht – ein Bild von bedrohlicher Dramatik. Da erst fällt uns auf, was am meisten fehlt: Es gibt keinen Schatten! Am Ende unseres Rundgangs sind wir am Rande des Verdurstens, so als wären wir in der Wüste gewesen und nicht in Europas bedeutendstem Kakteengarten. Dies ist kein von Menschenhand geschaffenes Paradies, das alle Sinne verwöhnt und besänftigt – dies ist eine Herausforderung für starke Naturen.

Tief beeindruckt, aber erschöpft verlassen wir S'Avall auf der Suche nach einer Erfrischung.

Freda Cox
Hall Farm

Wo übernatürliche Kräfte wirken

Wer spät am Abend auf der Hall Farm eintrifft, muß sich darauf gefaßt machen, das Gruseln zu lernen. Nicht nur, weil das Haupthaus aus dem 18. Jahrhundert mit seinen verwitterten und bemoosten grauen Steinen recht düster wirkt – auch die Bewohner erscheinen dem an englische Exzentrik nicht gewöhnten Besucher zunächst etwas eigenartig. Fredas älteste Tochter, die scheue Kathy, die auf ihrem zerzausten Haar eine Strickmütze mit Bommel und in den Nasenflügeln zwei Ringe trägt, erzählt in der großen, mit Trokkenblumen geschmückten Küche vom *well dressing*. Aber nein, das hat nichts damit zu tun, »gut gekleidet« zu sein – es geht um den heidnischen Brauch des »Brunnenschmückens«, den Kathy in dieser Gegend wieder hat aufleben lassen. Viele Tage hat sie damit verbracht, Blütenblätter zu sammeln, um daraus das jugendstilähnliche Bild einer Göttin mit Schmetterlingen in feuchten Ton zu pressen. Nun soll das Kunstwerk für einige Zeit einen Brunnen im Wald schmücken, um Mutter Natur für das Wunder des Wassers zu danken.

Kaum hat Kathy ihre Erklärungen beendet, beginnt die Großmutter, die wie eine Bilderbuch-Oma im Schaukelstuhl sitzt und strickt, Gespenstergeschichten zu erzählen. Muß man sich da noch wundern, daß die große schwarze Pralinenschachtel, die im Flur zur Selbstbedienung bereitsteht, von der Sorte Black Magic ist? Und daß der Besucher morgens eine Schere in seinem Bett findet – gefährliche Nachlässigkeit oder Schutz vor Unheil? Wenn ihm dann noch eine der zehn Katzen unvermittelt von hinten auf die Schulter springt, ist wahrscheinlich jeder davon überzeugt, sich in einem Spukhaus zu befinden.

Auch die Geschichte des Anwesens, die am besten um Mitternacht erzählt wird, klingt unheimlich: Ursprünglich hatte hier eine Burg gestanden, die jedoch von Cromwell abgebrannt wurde und an die nur noch ein paar Teiche erinnern – Überbleibsel des ehemaligen Burggrabens. Später wurde an dieser Stelle ein elisabethanisches Herrenhaus aus Backstein errichtet. Doch die Besitzerfamilie verarmte, und irgendwann waren nur noch eine Großmutter und ihr Enkel übrig. Dieser sollte eine reiche Frau heiraten, um den Familiensitz zu retten. Leider verliebte sich der Enkel just zu diesem Zeitpunkt in eine zu Besuch gekommene Cousine, aber da sie eine nahe Verwandte und völlig mittellos war, wußte er, daß man ihnen eine Heirat nie erlauben würde, und so schlossen sie heimlich die Ehe. Doch als sich die finanzielle Situation nach einem Jahr nicht verbessert hatte, kamen sie auf den ursprünglichen Plan zurück. Mit dem Einverständnis seiner heimlichen Ehefrau suchte der junge Mann sich eine etwas herbe reiche Erbin und wurde durch die Heirat mit ihr zum Bigamisten. Leider verliebte er sich in seine unterkühlte Retterin, und so brannte die eifersüchtige erste Ehefrau das Herrenhaus nieder …

Freda Cox macht es sichtlich Spaß, darauf hinzuweisen, daß in der unmittelbaren Nachbarschaft allein in der letzten Zeit schon vier Gebäude niedergebrannt sind. Genauer gesagt, in den vergangenen drei Jahren, seit Freda, ihr Lebensgefährte Sean und vier ihrer fünf

Nie allein: Wo Freda Cox ist, fühlen sich auch Kinder, Tiere und Pflanzen wohl.

Stumme Zeugen: Fredas Werkzeug erinnert daran, daß jede Blüte Arbeit bedeutet.

Kinder Hall Farm zu ihrem Hauptwohnsitz gemacht haben. Es grenzt an ein Wunder, daß sie es geschafft hat, in dieser kurzen Zeit aus fünf Morgen Wildnis einen Garten zu machen. Und so wird im hellen Tageslicht klar, daß auf Hall Farm in der Tat übernatürliche Kräfte wirken – nämlich Fredas.

Kaum hatten sie Hall Farm gemietet, da griff Freda zum Spaten, noch bevor sie alle Umzugskartons ausgepackt hatten. Von ihren vorhergehenden sechs Wohnsitzen war sie es schon gewöhnt, daß sie bei Null anfangen mußte. Da Freda nichts so sehr haßt wie kleine Beete, machte sie sich als erstes daran, die zwei schmalen Rabatten, von denen die Rasenstücke eingesäumt waren, auf vernünftige Formate zu vergrößern. Wenn es nach ihr ginge, würde sie den Rasen sogar ganz abschaffen und statt dessen alte Rosen anpflanzen, damit der Weg zum Haus durch ein duftendes Blütenmeer führt. Wenn sie sich diesen Traum irgendwann erfüllen kann, wird garantiert kein formaler Rosengarten entstehen, wie Fredas Vater ihn geliebt hätte. Von ihm hat sie zwar die Leidenschaft zum Gärtnern geerbt, aber im Gegensatz zu ihm, der sein Leben damit verbrachte, Mauern, Stufen und Terrassen anzulegen, vermeidet Freda architektonische Elemente und gerade Linien – sie strebt eine unkonventionelle, kultivierte Wildnis an. Das gelingt ihr so gut, daß ein Fachmann, der ihren Garten für ein Fernsehprogramm filmte, pikiert bemerkte, wie ungewöhnlich es doch sei, leuchtendes Pink mit Gelb zu kombinieren. Seither gefällt Freda die »unpassende«Zusammenstellung einer Buschmalve *(Lavatera)* mit einer Inula *(Alant)* noch viel besser, obwohl sie eigentlich durch Zufall entstanden ist, weil Freda nicht ahnte, daß sie eine Riesen-Inula erwischt hatte, die es an Größe mit der hohen Malve leicht aufnimmt, und die Blüten nur deswegen »in Konkurrenz« zueinander stehen. Die meisten Inulaarten sind nämlich sehr viel niedriger.

Wenn etwas anders heranwächst als geplant, paßt Freda sich den Gegebenheiten an. So verzichtete sie darauf, die Staudenrabatten zu beiden Seiten des brachliegenden Feldes hinter dem Haus gleich groß zu gestalten, als sich das Gras dazwischen plötzlich zu einer blühenden Wildblumenwiese entwickelte. Etwas so Schönes wollte sie nicht zerstören, und so brach sie die Arbeit auf der Stelle ab. Worüber sie auch deswegen nicht traurig war, weil die vielen verbuddelten Backsteine ihr das Umgraben schwer gemacht hatten …

Geheimgang:* Bald *wird das Tor zum* secret garden *so überwuchert sein, daß nur Eingeweihte den Zugang finden.

In Fredas großzügig geschwungenen Rabatten finden sich alle traditionellen Pflanzen eines englischen *cottage garden*. Den Hintergrund bilden Büsche wie *Buddleia*, Essigbaum, Flieder und Bambus, gemischt mit höheren Rosensorten wie 'Nevada' und 'Grootendorst'. Davor stehen die niedrigeren Büsche der Zistrosen und Orangenblumen, Kreuzkraut und verschiedene Wolfsmilchsorten, abwechselnd mit Pfingstrosen und kurzen Edelrosen. Auch alle klassischen Mehrjährigen sind in Fredas riesigen Rabatten vertreten: Lupinen, Fingerhüte, Rittersporn, Christrosen, Mohn, Nelken, Iris, Bergenien, Dahlien, Chrysanthemen, Astern, Frauenmantel, Glockenblume, japanische Anemonen, Lavendel … kurzum, alle gängigen »Bauernblumen«. Und wo immer noch Platz ist, streut Freda Samen für Einjährige aus: Kalifornischen Mohn, Gänseblümchen, Kosmeen, Tagetes und Veilchen, die sich alle von alleine weiter aussäen. Freda hat weitgehend ihr Ziel verwirklicht, in ihren Beeten praktisch das ganze Jahr über Farbe zu haben, beginnend mit Krokus, Schneeglöckchen, Narzissen und Goldlack, gefolgt von Tulpen. Wenn die Blätter der Frühblüher sich einziehen und unansehnlich werden, übernehmen die Hauptstauden das Grünen und Blühen.

Nur die Maiglöckchen, die mit entscheidend für die Wahl von Hall Farm waren, weil Freda noch nie einen Garten mit Maiglöckchen besaß, aber immer welche haben wollte – die lassen sich seit dem zweiten Jahr einfach nicht mehr blicken. Nachbarn haben ihr gesagt, sie hätte den Boden in der Nähe der Maiglöckchen zuviel bearbeitet, das hätte sie vertrieben, so wie es Geister nicht gern mögen, wenn sie zu oft gestört werden. Da die Landbevölkerung und ganz besonders die in Shropshire im äußersten Nordwesten der britischen Insel viel von natürlichen und übernatürlichen Dingen weiß, läßt Freda die Maiglöckchenecke nun in Ruhe und hofft auf die Rückkehr der kleinen weißen Gartengeister …

Dafür dankt ihr die ehemalige Wildnis vor dem Haus die Mühe, die Freda sich mit dem Einsetzen vieler kleiner Zwiebeln gemacht hat: Im Frühling explodiert sie

Schatztruhe: Aus dem See fischte Freda viele mittelalterliche Steine für ihre Gartenanlage.

geradezu in einer Masse von blauen Traubenhyazinthen, verschiedenen Krokussorten, Anemonen, Tulpen und Hyazinthen. Zur gleichen Zeit blühen an einer Seite des Hauses eine große Forsythie und einige schöne Exemplare der Stinkenden Nieswurz *(Helleborus foetidus)*, die von kräftiger Wolfsmilch *(Euphorbia)* beschützt werden. Die Glyzinie an der Hausfront zeigt ihre Blüten etwas später, wenn die wenigen Obstbäume schon fast verblüht sind.

Hinter dem Haus, auf der wunderbaren Wildblumenwiese, verschwanden die ersten zweitausend Krokuszwiebeln schneller, als sie gepflanzt waren – die heimischen Dachse hatten sie als Leckerbissen entdeckt. Ein Jahr später jedoch änderten sie ihren Geschmack und ließen die meisten Zwiebeln in Ruhe. Weniger wählerisch sind Fredas zahlreiche freilebende Enten. Eigentlich sind sie dazu da, Ungeziefer und Unkraut im Zaum zu halten, aber irgendwie ist es ihnen nicht beizubringen, daß die ersten zarten grünen Spitzen in den Staudenrabatten sehnsüchtig erwartet werden und nicht von ihnen getilgt werden müssen. Per Zufall ist Freda auf einen Trick gekommen, der es dem Federvieh schwer macht, an die ersten jungen Sprossen heranzukommen: Statt wie früher im Herbst ordentlich alle Stauden herunterzuschneiden, läßt sie die meisten nun stehen, und siehe da, das hohe Gestrüpp bildet eine natürliche Barriere. Ursprünglich war der Sinn des Unternehmens allerdings ein ganz anderer gewesen. Freda hatte in Gartenzeitschriften wunderschöne Aufnahmen gesehen von winterlichen Beeten, die der Frost in bizarre Kunstwerke verwandelt hatte, und wollte ein ähnliches Ergebnis erzielen. Natürlich hat es seither so gut wie keinen Frost mehr gegeben. Aber das hat ja auch so sein Gutes, und Freda wartet weiter auf das kleine Winterwunder.

Metamorphose: Auf den Fundamenten einer verbrannten Burg entstand Hall Farm.

Gärtnern lehrt Geduld: »Nichts ist vorhersehbar, alles ist ein ständiger Kampf«, sagt Freda. Das trifft bei ihr ganz besonders auf den Gemüsegarten zu, den sie gleich am Anfang auf dem Feld hinter dem Haus angelegt hat. Auch hier wollte sie der Natur so weit wie möglich ihren Lauf lassen, aber das führte zu einigen mageren Ernten. Mittlerweile jedoch funktioniert das organische Zusammenspiel, zumal Tochter Kathy, die nach einer gescheiterten Ehe wieder ganz zu Hause lebt, sich intensiv damit beschäftigt, welche Pflanzen sich gegenseitig beschützen und stärken und deswegen beim *companion planting* nebeneinander gehören. Und so wachsen Gemüse, Kräuter und Blumen fröhlich durcheinander, was Freda sowieso besser gefällt als Kohlköpfe in Reih und Glied. Eine lange Hecke aus Himbeeren und ein Grasweg trennen den Gemüsegarten von der großen Staudenrabatte, die in sanftem Schwung zu einem großen natürlichen Teich hin abfällt.

Ein Historiker klärte Freda eines Tages über die L-förmige Backsteinmauer am hintersten Ende ihres Gartens auf: Im Mittelalter wurden so die Obstgärten nach Norden hin geschützt. Freda beschloß, hier einen *secret garden* anzulegen, der ganz anders aussieht als ihr kunterbunter Bauerngarten. Sie entschied sich für

Bäuerlicher Reichtum: Ringelblumen vor Zistrosen (oben links), Gänseblümchen vor Zierlauch (oben rechts), Enten und Hühner als Helfer im Garten.

ein kreisförmiges Grundmuster – erstaunlich formal für sie –, das von strengen Backsteinwegen durchkreuzt wird. Das Baumaterial dazu fand sie im Teich, der diesen Teil des Gartens im Halbkreis umschließt – wieder einmal Überreste des niedergebrannten Herrenhauses aus der Tudorzeit. In der Mitte steht eine kleine Panstatue, umgeben von Tieren. Den Torbogen, der in den geheimen Garten führt, hat Freda mit Kletterrosen, Jasmin und Geißblatt bepflanzt, und in absehbarer Zeit wird er so überwuchert sein, daß man ihn von weitem nicht

mehr als Durchgang erkennen kann. Für eine geheimnisvolle Note sorgt Kathy mit kleinen Feenfiguren, die sie in Mauernischen setzt. Auch die Innenseite der Mauer ist mit Rankgewächsen bepflanzt; am erstaunlichsten gedeiht eine Kapuzinerkresse an der Ostseite, die den Winter über immergrün bleibt und im Sommer die Mauer mit tiefroten Blüten überzieht. Vom *secret garden* aus blickt man auf die kleine Dorfkirche von Bridgnorth, und das ist mit ein Grund, warum Freda aus diesem schönen abgelegenen Platz etwas Besonderes machen wollte: »Sollen die Kirchgänger etwa auf Brennesselgestrüpp schauen?«

Statt dessen wachsen hier jetzt Kräuter, die viel Trockenheit vertragen, wie Lavendel, Salbei, Rosmarin, Thymian, korsische Minze und Kamille. Und es gibt auch ein *Cardiocrinum giganteum,* eine Riesenlilie mit herzförmigen Blättern, die nur alle vier Jahre einmal blüht – nächstes Jahr ist es so weit. Angeregt wurde Freda zu ihrem »Trockengarten« durch die Mediterrane Gartengesellschaft, deren englische Sektion sie leitet, seit sie einmal für eine Galerie in Athen eine Ausstellung vorbereitet hat. Freda zeichnet, aquarelliert und malt seit frühester Jugend Pflanzen und Blumen, lange bevor sie ihren ersten Garten anlegte, »damit ich endlich meine eigenen Modelle habe«. Sie studierte Kunst am Birmingham College, gab aber nach einem Jahr auf, weil sie sich zwischen all den wilden, revoltierenden jungen Künstlern – es war Ende der 1950er Jahre – nicht wohl fühlte. Sie heiratete (»Ein großer Fehler!«), malte aber trotz aller Pflichten als Ehefrau und Mutter von fünf Kindern immer weiter und spezialisierte sich auf Pflanzenporträts in Wasserfarben. Sie verkauft an Galerien und Privatkäufer, fertigt Illustrationen für Zeitschriften und Entwürfe für Stoffe und Geschenkpapier, Glückwunsch- und Einladungskarten. Für einen amerikanischen Verlag hat sie ihr erstes Buch gezeichnet und geschrieben: *Seasons in a Country Garden.* Für ihr zweites Buch, über die Bedeutung und Heilwirkung von Pflanzen, sucht sie noch einen Verleger.

Neben der Mauer zum *secret garden* gibt es in Fredas Garten noch ein weiteres Relikt aus dem Mittelalter: eine Nußplantage, die terrassenförmig in ordentlichen Reihen angelegt und regelmäßig in Form geschnitten worden ist. Hinter der Küche wächst eine Eibe, deren Gegenstück im Garten der Kirche steht – die beiden Veteranen sind mindestens zweitausend Jahre alt, nach neuesten Schätzungen wahrscheinlich sogar viertausend Jahre. Ein geschichtsträchtiger Boden also, auf dem Freda unbekümmert ihre Gartenkünste ausprobiert. Vielleicht beobachtet von allen möglichen Geistern …?

Der Pflanzplan

1. Zufahrt
2. Wohnhaus
3. Stallungen
4. Pferdestall
5. Vorgarten
6. Gemüsegarten
7. Rosensträucher und Stauden
8. Uralte Eibe
9. Obstgarten
10. Nußgarten
11. Teiche
12. Der geheime Garten
13. Kirche

Gertrud von Heiseler
Vorderleiten

Ein Bauerngarten in Oberbayern

Auch im Kriegsjahr 1940 fand auf dem oberbayerischen Hof Vorderleiten das traditionelle russische Osterfrühstück statt. Wie üblich kamen Musiker und Maler, Schriftsteller und Schauspieler, Dichter und Philosophen und nahmen unter der Trauerbirke an der langen Tafel Platz, die mit original russischen Spezialitäten gedeckt war – vielleicht nicht ganz so üppig wie zu Zeiten des Friedens, aber darauf achtete niemand. Nach Vorderleiten kam man wegen der Gespräche und wegen der Künstler, die hier ihre Werke oft zum erstenmal vorstellten. Und das seit über vier Jahrzehnten, seit Henry von Heiseler, der 1875 als Sohn einer deutschen Familie in Petersburg geboren wurde und erst nach Absolvierung des russischen Militärdienstes nach Deutschland kam, sich als Dichter und Schriftsteller hier niedergelassen hatte. Seit seinem Tod im Jahre 1928 führten seine Witwe und sein Sohn Bernt von Heiseler die Tradition fort.

Doch dieses Mal gab es einen neuen Gast: die fünfundzwanzigjährige Gertrud, die in der Mandschurei geboren war, wo ihr Vater als 13. von 14 Kindern das auf Störfang spezialisierte Familienunternehmen am Fluß Amur weitergeführt hatte. Erst nach Ende des Ersten Weltkrieges konnte er seiner geflohenen jungen Familie nach Wien folgen. Gertrud war bereits fünf, als sie ihren Vater kennenlernte, aber dann entwickelte sie eine sehr enge Beziehung zu ihm und er weckte ihre große Sympathie für alles Russische.

Ebenfalls seinetwegen – weil er ihn als väterlichen Freund betrachtete – hatte auch der damals 33jährige Bernt von Heiseler sein erstes Buch *Die gute Welt* an die ihm unbekannte Gertrud geschickt, die gerade in Weimar an ihrer Doktorarbeit über Rilke schrieb. Ihr war das Buch ans Herz gegangen – nun ging es ihr mit dem Verfasser ebenso. Auch Bernt von Heiseler muß sofort gespürt haben, daß ihm in dieser hochgewachsenen und hochgebildeten schlanken Person sein Schicksal begegnet war. Nur drei Monate nach dem Osterfrühstück heirateten die beiden auf einer Berghütte in Osttirol, und Gertrud übernahm die Hausfrauenpflichten auf Vorderleiten.

Eigentlich hatte sie sich ihr Leben anders vorgestellt. Nach einigen Jahren in Wien war Gertrud in Rom aufgewachsen, durch den viel zu frühen Tod der Mutter mußte sie als 17jährige zu einer Tante nach Salzburg umziehen, um dort die Schule zu beenden. Danach ist sie ein Jahr lang »bei Verwandten herumgegondelt«, bevor sie Mittel und Wege fand, ein Studium in Wien aufzunehmen. Sie belegte erst Romanistik und Kunstgeschichte, dann Germanistik und Philosophie, weil sie sich vorgenommen hatte, in einem Verlag zu arbeiten. Mit dem Vater, der in zweiter Ehe eine Nichte von Hugo von Hofmannsthal geheiratet hatte, führte sie eine intensive Korrespondenz, die sich sehr oft um Bücher drehte. Und nun hatte die Liebe zur Literatur die Vielgereiste in die ländliche Abgeschiedenheit oberhalb des Inntales verschlagen!

Nicht, daß es dort einsam gewesen wäre. Die Familie Heiseler führte ein offenes Haus, in dem Gäste immer willkommen waren und manchmal monate- oder sogar

Hüterin der Vielfalt: Für Gertrud von Heiseler ist jede Blüte eine Schönheit.

Bunte Mischung: Vor dem beispielhaft restaurierten Bauernhaus wachsen Kletterrosen, Pfingstrosen, Schwertlilien und Schafgarbe.

Paradies für Tiere: Auf der voll erblühten Schafgarbe finden Bienen und Schmetterlinge Nahrung.

jahrelang blieben. Zum Freundeskreis gehörten auch zwei einflußreiche Jugendstilarchitekten, der Belgier Henry van de Velde und August Endell aus Berlin. Beide waren nach dem Ersten Weltkrieg maßgeblich am Ausbau des Bauernhauses beteiligt, das ursprünglich Wohnung, Stall und Scheune unter einem langgestreckten Dach beherbergt hatte. Das Äußere blieb erhalten, bekam nur einige Türen und Fensterrahmen im typischen Jugendstilblau, innen aber wurde ein geräumiges Familienhaus mit Platz für viele tausend Bücher daraus, und im ehemaligen Heuspeicher entstand ein großer Saal für Theateraufführungen, Dichterlesungen und Konzerte. Elly Ney hat hier am Flügel gesessen, Gerhart Hauptmann aus eigenen Werken gelesen, Heinrich George auf der Bühne gestanden. Auch die Werke von Vater und Sohn Heiseler wurden hier erstaufgeführt und gelesen. Und auf der Datscha, wie die überdachte hölzerne Terrasse vor dem Saal in liebevoller Erinnerung an Rußland genannt wurde, haben viele geistige Größen ganze Sommernächte hindurch diskutiert.

Die Welt kam nach Vorderleiten, und Gertruds Schwiegermutter war es gewöhnt, Hof zu halten. Die zierliche, temperamentvolle Dame, die stets weiße Kleider trug, konnte nicht verstehen, daß der Krieg einen anderen Lebensstil forderte. Sie war unfähig, im Haushalt anzufassen, und so war die junge Doktorandin Gertrud an den Herd gefesselt. Es blieb Freunden des Hauses nicht verborgen, daß »Mamaschka« mit ihrer Schwiegertochter offenbar nicht zufrieden war, obwohl man sich keinen fleißigeren und sanfteren Menschen als Gertrud vorstellen konnte. Das gab »Mamaschka« gern zu, »aber«, sagte sie mit einem tiefen Seufzer, »leben Sie mal mit einer Heiligen!«

Die beiden Frauen hätten unterschiedlicher nicht sein können. »Sie vertrat die Elemente«, sagt Gertrud, »und ich die Architektur. Für mich wird das Leben vom Geist gestaltet.« Daß sie mit den Kaprizen der Schwiegermutter zurechtkam, verdankt sie einer Art Training, das sie während des Studiums als rechte Hand eines Wiener Psychologie-Professors durchmachte: »Ich mußte die verwöhnte Tochter eines siebzigjährigen Rabbiners betreuen – das hat mich Geduld gelehrt.«

In Vorderleiten floh sie bald in jeder freien Minute in den Garten; für Pflanzen hatte sie sich von klein auf interessiert. Ihr erstes Beet war der Strunk eines gefällten Baumes im Garten ihrer Großmutter in Wien. Die Siebenjährige setzte lauter Blumen um den Stumpf und war tief getroffen, als ihr Bruder das Ergebnis abfällig »das Hundegrab« nannte. Blumen hätte sie auch jetzt am liebsten gepflanzt, aber Nahrung war wichtiger. Deshalb legte Gertrud einen Gemüsegarten an, mit Erbsen, Karotten, Kohl, Salat und Tomaten. Und als das Haus sich immer mehr mit Flüchtlingen füllte, kultivierte sie auch noch ein Kartoffelfeld.

Vorwitzig: Das kleine Stiefmütterchen setzt sich spielend gegen die prächtige gelbe Päonie durch.

Übergänge: Der Morgendunst hebt sich nur langsam von der Obstwiese, die direkt an den Garten grenzt. Im Vordergrund links Rhododendron, rechts Rittersporn.

Erst 1953 hatte die Familie Heiseler das Haus wieder für sich allein, und Architekt Tino Walz wurde mit dem Umbau beauftragt. Viele Zwischenwände fielen, aus kleinen Zimmern wurden große, und die einzelnen Kohleöfen mußten einer Zentralheizung weichen. Für Gertrud aber war das Schönste, daß sie nun einen Blumengarten anlegen konnte. Außer einer Glyzinie am Hauseck, die seither dreimal bis auf die Wurzeln abgefroren und immer wieder erstarkt nachgewachsen ist, gab es nur ein verwildertes Rosenrondell. Beraten von einer Cousine ihres Mannes, die an der Fachhochschule Weihenstephan bei München Gartenbau gelernt hatte, teilte Gertrud das Grundstück in zwei ungleiche Hälften: auf der größeren wurde eine Wiese eingesät und die kleinere mit Kies aufgeschüttet. So gelang es, die Brennesselwildnis langsam zurückzudrängen. Die ersten Blumen, für die Gertrud sich entschied, waren Schwertlilien, und sie sind bis heute ihre Favoriten geblieben. Vierzig verschiedene Sorten versammelt sie in ihrem Garten, der Beet für Beet ganz langsam wuchs – je nachdem, wieviel Zeit sie investieren konnte. Es gab ja auch noch das Haus zu versorgen, es mußte gewaschen, gebügelt und gekocht werden. Vor allem das Einkaufen war zeitaufwendig: Auf Vorderleiten hat es nie ein Auto gegeben, bis heute fährt Gertrud mit dem Rad hinunter nach Brannenburg und schiebt es dann, voll beladen, den holprigen Feldweg zum Hof zurück.

Nie hat Gertrud von Heiseler irgendeine Hilfe gehabt – es sei denn, man akzeptiert die zahlreichen Maulwürfe als Gartenarbeiter. Während sie sich am Anfang über sie ärgerte, hat Gertrud mit zunehmendem Alter gelernt, ihr Talent zum Umgraben zu schätzen: »Wenn ich einen schönen großen Maulwurfshügel auf der Wiese sehe, lege ich da ein neues Beet an – ich selbst könnte die harte Erde nicht mehr so aufbereiten.« Viele Änderungen nimmt sie jedoch nicht mehr vor, seit den 1970er Jahren präsentiert sich der Garten in seiner jetzigen Form. Er hat in Fachkreisen eine gewisse Berühmtheit erlangt, vor allem wegen der prachtvollen Schwertlilien. Jedes Jahr Ende Mai kommt die Künstlerin Friederike Kracher aus München, um in Aquatintatechnik Porträts der schönsten Exemplare anzufertigen. Angeregt wurde sie dazu von japanischen Holzschnitten, auf denen die Schwertlilie ein häufig wiederkehrendes Motiv ist. Auf ihrer alten Presse kann sie von jedem Bild höchstens fünf handgefertigte Abzüge herstellen, schon allein das macht die Mappen, die im Laufe der Jahre entstanden sind, zu wertvollen Sammlerstücken. Zudem sorgt der Farben- und Formenreichtum der edlen Blüten dafür, daß man nie genug hat von Schwertlilien und ihren Abbildungen.

Stolze Schönheiten: Für die Schwertlilien kommt eine Münchner Künstlerin jedes Jahr angereist, um Porträts der edelsten Exemplare anzufertigen.

Nur mit den Namen der verschiedenen Sorten, die von kühl und frisch bis zu samtig-warm wirken können, kann Gertrud von Heiseler längst nicht immer dienen. Zu oft hat sie mit anderen Gartenliebhabern Pflanzen ausgetauscht, hat Geschenke bekommen und außerdem hat sie sich selten notiert, was sie irgendwo bestellt oder gekauft hat. Nie wäre sie auf den Gedanken gekommen, daß man sie eines Tages nach den Namen ihrer Blumen fragen könnte: »Ich habe doch nur einen ganz normalen Bauerngarten angelegt.«

Das stimmt. Aber sie hat eben eine besondere Hand, ein besonderes Auge und besonders viel Fleiß, und so sind die verschiedenen Beete mit den üblichen ländlichen Stauden zu einem Garten zusammengewachsen, der von Frühling bis Herbst ununterbrochen reiche Blüten hervorbringt. Allerdings lassen sich die Schneeglöckchen, Aurikel, Narzissen, Traubenhyazinthen, Winterlinge, Vergißmeinnicht und frühen Tulpen aufgrund der langen kalten Winter erst ziemlich spät blicken. Zur gleichen Zeit, meist wird es April oder Mai, blühen dann auch Sternmagnolie und japanische Kirsche.

Die zweite Blühphase gehört den Schwertlilien, den 29 Pfingstrosen- und sieben Baumpäonienarten – die übrigens mit Tannenzweigen vor Spätfrösten geschützt werden müssen. Als »Lückenbüßer« dienen dann bis zur nächsten reichen Blühphase Akeleien, Bartnelken, Storchenschnabel und Jungfer im Grünen. Der Hochsommer gehört dem Phlox in leuchtenden Farben, daneben gibt es Fingerhüte, Malven, Tagetes, Kosmeen, Feuer-, Madonnen- und Taglilien. Im August beginnt die vierte und letzte Phase, mit Eisenhut, japanischen Anemonen, Sonnenhütchen, hohen und niedrigen Astern, Seifenblume und vielen Hortensien in Dunkelrosa und Weiß. Ganz neu ist als Geschenk eine Tellerhortensie dazu gekommen, die sich zwischen den Funkien besonders gut macht.

So richtig begann die Entwicklung des Gartens erst nach 1960, als die Schwiegermutter gestorben war und Gertrud sich intensiver um ihre Pflanzen kümmern konnte. Nach dem vorzeitigen Tod ihres Mannes im Jahre 1969 setzte eine große Pause ein. Gertrud brauchte lange, bis sie Trost im Garten suchte. Seither jedoch arbeitet sie oft zwölf Stunden am Tag – nur um die Beete so zu erhalten, wie sie sind. »Ein Landgarten«, sagt sie, »ist kostspielig und arbeitsintensiv.« Rehe fressen junge Rosentriebe ab, Dachse untergraben Sträucher und Büsche, bis sie umfallen, Wühlmäuse zerstören ganze Beete, und vor den Schnecken gibt es keine Rettung. Da wird sogar die sonst so sanfte Gertrud von Heiseler fuchsteufelswild: »Diese verdammten Schnecken!« Ihretwegen setzt sie nur noch ganz wenige Dahlien, die offenbar als Delikatesse bei den Kriechtieren gelten. Sie hat nicht genügend Geld, um ständig neue Pflanzen zu kaufen. Deswegen mußte sie auch ihren Rosen-Ehrgeiz begraben: »Gerade habe ich wieder fünf Stöcke eingebüßt. Für Rosen müßte ich erst einmal den Boden verbessern.«

Finanzielle Gründe zwangen sie auch, das Anwesen nach dem Tod ihres Mannes zu verkaufen. Heute gehört es den Enkeln des Architekten Walz, der es in den 1950er Jahren umgebaut hatte. Gertrud ist sozusagen wieder Gast auf Vorderleiten, wenn auch mit lebenslangem Wohnrecht. Sie verwaltet die kostbare Bibliothek mit über dreißigtausend Bänden, darunter viele Erstausgaben, und hütet jedes einzelne Buch wie einen Augapfel: »Lieber sollen Gäste silberne Löffel stehlen!«

Besucher kommen immer noch regelmäßig. Im Winter findet sich jeden Montag um 14.30 Uhr ein Kreis von neun Frauen ein, Gertrud heizt den Samowar für Tee an, und dann liest sie eine Stunde lang vor. Meist wählt sie kulturgeschichtliche Bände aus wie *Die Medici von Florenz* oder *Burgundische Herzöge.* Und jeden Morgen hält sie ein Lesefrühstück mit ihrer Nachbarin ab, die in dem kleinen »Austragshäusl« lebt, in dem früher manche Gäste »seßhaft« wurden. Ohne Literatur könnte sie nicht leben. Und auch nicht ohne den Garten. Auch wenn der Grund und Boden ihr auf dem Papier nicht mehr gehören, so steckt sie doch nach wie vor alle Kraft und Liebe hinein: »Die Arbeit ist anstrengend, aber wohltuend – die Gedanken können frei wandern. Und dann: Die Schönheit der Pflanzen erschöpft sich nie.«

Der Pflanzplan

1. Zufahrt
2. Walnußbaum
3. Buchsbaum
4. Bepflanzung mit Iris, Phlox, Rosen, Rittersporn, Hortensien und anderen Sorten
5. Freier Blick ins Tal
6. Magnolienbäume
7. Flieder
8. Bepflanzung mit Rosen, Pfingstrosen, Phlox und Astern
9. Kastanie über Sitzplatz
10. Pfingstrosen, Hortensien, Iris, Taglilien, Phlox und Astern
11. Etagenhartriegel und Hibiskus
12. Zierkirsche
13. Kleiner Kräutergarten und Rosen
14. Zierkirsche und Quittenstämmchen

Una van der Spuy
The Old Nectar

Ein englischer Garten in Südafrika

Was macht eine junge Frau, wenn ihr Mann im Krieg ist und sie allein mit zwei kleinen Kindern in einer Wildnis lebt, in der alles von Verfall bedroht ist? Sie versucht, um sich herum Schönheit zu schaffen, die wie ein Schutzwall die Angst verdrängt. Je schwerer und zeitraubender die Arbeit daran, umso besser, dann sind die Tage zu kurz zum Nachdenken und die Nächte ausgefüllt vom Schlaf der Erschöpfung.

So jedenfalls hielt es Una van der Spuy. Der Ausbruch des Zweiten Weltkrieges hatte sie in London überrascht. Ihr Mann Kenneth bestand darauf, daß Una mit den Kindern nach Südafrika zurückging, wo sie seit zwei Jahren ein verwildertes Grundstück mit einem verfallenen Haus besaßen, das ihnen eines Tages als Altersruhesitz dienen sollte. Es lag ganz isoliert zwischen Bergen in der Nähe von Stellenbosch, wo Kenneth van der Spuy 1892 als Sohn einer Engländerin und eines Afrikaaners geboren worden war. 1913 machte Kenneth, als einer der ersten Südafrikaner überhaupt, seinen Flugschein – genau in dem Jahr kam Una im zweitausend Kilometer entfernten Eastern Cape zur Welt. Mit elf Jahren wurde sie ins Internat geschickt, danach studierte sie Wirtschaft und Politik und blieb gleich als Assistentin an der Uni, um eine akademische Laufbahn einzuschlagen. Sie war also bereits eine sehr selbständige junge Frau, als sie den 21 Jahre älteren Kenneth van der Spuy traf, der als Kommandant bei der South African Air Force diente, die er mit begründet hatte. Kenneth oder General Kenny, wie er mit liebevollem Respekt genannt wurde, war in Fliegerkreisen eine Berühmtheit. Er hatte sogar ein Buch geschrieben, *Chasing the Wind,* in dem er von seinen Flugabenteuern, zunächst beim Royal Flying Corps, dann bei der Royal Air Force, erzählte. Den Burenkrieg und den Ersten Weltkrieg, bei dem er in russische Kriegsgefangenschaft geraten war, hatte er bereits überlebt – nun befand er sich als Generalmajor in seinem dritten Krieg.

Wer einen solchen Mann hat, muß mit allem rechnen. Deshalb pflanzte die 29jährige Una als erstes einen Baum für Kenny, eine Norfolk Pinie, die immer an ihn erinnern sollte, egal was passierte. Danach erst nahm sie sich das Haus vor, das in einem erbarmungswürdigen Zustand war. Der älteste Teil des Hauses war etwa 1780 erbaut worden, bei einer Erweiterung im Jahre 1815 mußte der klassizistische Frontgiebel hinzugekommen sein, der einen wahrscheinlich sehr viel schlichteren Giebel ersetzt hatte. Sonst war allerdings nichts Großartiges an dem Haus: Es gab keine Wasserleitungen, keine Bäder, keine Toiletten und keinen Strom. Das alles installieren zu lassen war Unas erste Aufgabe. Dann legte sie selbst Hand an: Mit einer Gebläselampe entfernte sie Schicht um Schicht den fast schwarz gewordenen Lack, der die Teakholzböden und die hellen Holzdecken, Türen und Läden bedeckte. Nicht ein einziges Mal in den 58 Jahren, die sie nun auf The Old Nectar lebt, hat Una einen Maler kommen lassen – Verschönerungsmaßnahmen sind für sie Frauensache. Und alle anderen Renovierungsarbeiten beherrschte sie auch bald. Man hatte ihr geraten, alle Nebengebäude, die aus ehemaligen Ställen und Sklavenquartieren bestanden, abzureißen, weil sie so heruntergekommen waren, daß ein Wiederaufbau unmöglich

***Unerschrocken:* Una van der Spuy stellt sich gern schwierigen Herausforderungen.**

***Platz an der Sonne:* Der Rhodesian Ridgeback ruht mit Blick über das grüne Tal auf einen majestätischen Berg.**

Rosengang: Einhundertdreißig Kletterrosen beranken die Pergola, die bei Kennys Baum endet.

schien. Das war die richtige Herausforderung für Una. Mit der Hilfe von Gelegenheitsarbeitern verwandelte sie die Bruchhütten in gemütliche kleine Cottages, die seither fast ständig vermietet sind. Bald konnte ihr in Sachen Sanierung niemand mehr etwas vormachen, sie war in der Lage, alles selbst zu planen, einschließlich der Kläranlagen.

»Was hätte ich auch sonst tun sollen«, fragt sie rhetorisch. Zu der Zeit war Erdöl rationiert und Reisen, selbst im eigenen Land, waren nahezu unmöglich. Weder Zeitschriften noch Bücher gelangten aus Europa nach Südafrika, und am gesellschaftlichen Leben, mit dem wohlhabende Ehefrauen im allgemeinen ausgelastet waren, hatte Una keinen Anteil – schon allein deshalb,

Sanfter Schwung: Ein Backsteinweg führt den terrassierten Hang hinab zum Bassin.

weil sie als Zugezogene sich erst einen neuen Freundeskreis aufbauen mußte. Außerdem hatte sie viel zu viele Pläne, um sich dem Müßiggang hinzugeben. Nachdem sie The Old Nectar seinen ehemaligen Glanz zurückgegeben hatte, wollte sie einen Garten schaffen, der zu dem eleganten weißen Haus passen würde.

Vom Gärtnern hatte sie genauso wenig Ahnung wie vom Bauen; Pflanzenkunde war sogar das einzige Fach gewesen, das sie in der Schule gehaßt hatte. Aber Una ist nicht der Typ, der vor Schwierigkeiten zurückschreckt; für sie gilt der Satz »Der Mensch wächst mit seinen Aufgaben«, und so kaufte sie kurzentschlossen im Antiquariat ein gebrauchtes Buch über englische Gartenkunst. Zunächst probierte sie ihre neuerworbenen Kenntnisse auf der Müllhalde hinter dem Haus aus, denn das war das einzige Stück ebener Erde, das damals auf The Old Nectar zu finden war. Ansonsten zog sich das Grundstück, das 1692 als Besitz von zwei befreiten Sklaven zum erstenmal registriert worden war, einen steilen Hang hinunter und war offenbar nie richtig kultiviert worden. Bemerkenswert waren nur einige altehrwürdige Eichen, von denen es hieß, der Begründer des Burenstaates habe die Eicheln einst aus Holland mitgebracht. Als erstes rahmte Una den grandiosen Ausblick ein, der vom Haus über ein schmales Tal hinweg auf einen majestätischen Berg fällt. Sie wählte dafür zwei *Liquidambars* (Amberbaum, aus der Familie der Zaubernuß), deren leuchtendes Herbstlaub den fernen Gipfel wie mit einem Strahlenkranz umgeben. Die ehemaligen Sklavenquartiere schirmte sie durch eine Baumallee von allen Blicken ab, und dann leistete sie sich den ersten persönlichen Luxus: Sie legte einen kleinen Wasserfall an.

Ehrendes Andenken: Nachdem ihr Mann mit 99 Jahren gestorben war, brachte Una an »seinem« Baum eine Plakette an, die an Kennys Mut und Pflichtbewußtsein, Abenteuer- und Lebenslust, an seine Liebe zur Natur und an seinen Humor erinnert.

Doch was ihr wirklich vorschwebte, war ein formaler Rosengarten. Um ihren Traum zu verwirklichen, mußte sie erst einmal für ebene Flächen sorgen. Und so verwandelte Una den steilen Hang vor dem Haus in mehrere langgezogene Terrassen – mit nichts weiter als Schaufel und Schubkarre. Erst nachdem diese gewaltigen Erdbewegungen vollzogen waren, konnte Una mit dem eigentlichen Anlegen ihres Gartens beginnen. Für ihre Rosen plante sie sechs dreieckige Segmente, die zusammen einen Kreis bilden. Jedes dieser Beete ist einer bestimmten Farbe vorbehalten, denn eine kunterbunte Mischung à la Bauerngarten, findet Una, bekommt den eleganten Rosen nicht. Drei der Beete sind heute noch mit den ersten Exemplaren bestückt, die Una damals pflanzte, und sie blühen unvermindert üppig. Dazu gehören die in den 1940er Jahren populären Sorten 'Étoile de Hollande' aus Frankreich und die rosafarbene deutsche 'J. Otto Thelow'. Unas absolute Lieblingsrose ist die von dem deutschen Züchter Wilhelm Kordes herangezogene 'Crimson Glory', die samtig-karmesinrote, stark duftende Blüten hervorbringt. Wegen der hohen alten Eichen bekommt der formale Rosengarten keine Morgensonne, und die Rosen in einem anderen Teil des Gartens kommen sogar nur drei Stunden am Tag in den Genuß der Sonne. Deswegen ist Una davon überzeugt, daß Rosen entgegen der Schulmeinung im Halbschatten sogar besser gedeihen als in voller Sonne. Jedenfalls in Südafrika, wo ihre Blütezeit sich über acht Monate des Jahres ausdehnt, was keine andere Pflanze schafft – ein Grund, warum Una sie mehr als alle anderen liebt.

Während des Krieges konnte General Kenny seine Frau und die Kinder nur zweimal besuchen, und als er nach vier Jahren endlich nach Hause kam, war die Gar-

tengestaltung bereits vollendet. Dennoch wollte er, ebenfalls ein begeisterter Rosenliebhaber, tatkräftig helfen. Aber es erwies sich als schwierig, zu zweit zu gärtnern, denn »dann pflanzt einer die Knolle, und der andere gräbt sie aus«, wie Una es ausdrückt. Dennoch fand Kenneth van der Spuy genügend Aufgaben in Haus und Garten, die ihn auf Trab hielten. Mit großem Vergnügen sah er den Baum, den Una ihm »zur Erinnerung« gepflanzt hatte, zu einem Riesen heranwachsen. Als General Kenny, Veteran dreier Kriege, 1991 starb, war er 99 Jahre alt …

Nach Kennys Tod pflasterte Una den Weg zu seiner Norfolk Pinie mit Backsteinen und baute aus dem gleichen Material eine Ruhebank, die jetzt eine schlichte Plakette zum Gedenken trägt. Ansonsten blieb die ursprüngliche Anlage des Gartens bis heute unverändert, was Una ihrem guten Raumgefühl zuschreibt. Von der Eingangstür des Hauses aus hat man einen phantastischen Ausblick auf den Garten und darüber hinaus auf die sanften Hügel bis ins Tal und auf den monumentalen Berg gegenüber. Links steht die alte Sklavenglocke, mit der die Sklaven einst zur Arbeit, zum Essen und zum Gebet gerufen wurden, daneben liegt der Teich, von dem aus hauptsächlich *Gunnera* und *Agapanthus* den Weg zum Rosengarten und zu Kennys Baum begleiten. Weiter unten befindet sich ein großes Wasserbecken, über das ein Jakarandabaum seine zart violettblühenden Zweige streckt. Die untere Grenze bildet ein ehemaliger Feldweg, den Una mit Backsteinpfeilern und einhundertdreißig Kletterrosen zu einem romantischen Pergolengang gestaltet hat. Rechter Hand befinden sich die Auffahrt zum Haus, ein Parkplatz und ein kleines Waldstück mit Rhododendren, Azaleen und Magnolien. Wenn man nachmittags vom Garten aus zum Haus

***Eleganter Giebel:** 1815 erhielt das einst schlichte Haus diese geschmückte Fassade.*

Unas Reich: Den Seerosenteich und das tiefer gelegene Rosenrondell betrachtet Una als persönlichen Luxus.

hochblickt, wird man im grellen Sonnenlicht fast geblendet von der strahlend weißen Fassade vor tiefblauem Himmel, die so unwirklich wie die kühne Phantasie eines Zuckerbäckers wirkt, besonders jetzt, da verschiedene Waldbrände den dahinterliegenden Berg in eine schwarze Wüstenlandschaft verwandelt haben.

Unas Garten ist sehr schnell einer der berühmtesten in ganz Südafrika geworden, obwohl Una am Anfang, wie sie freimütig zugibt, alles falsch gemacht hat, was man falsch machen kann. Sie lernte durch Bücher, von Gärtnern und Freunden, am meisten aber durch Erfahrung. Stets notierte sie sorgfältig alle Erfolge und alle Fehlschläge, und da sie ihr Wissen gern mit anderen teilt, begann sie acht Jahre nach ihrem Start als *plants woman,* Beiträge für Gartenzeitschriften zu schreiben. Weitere neun Jahre später veröffentlichte sie ihr erstes Gartenbuch, das mit Schwarzweißzeichnungen ihres damals 13jährigen jüngsten Sohnes, der auf The Old Nectar geboren ist, illustriert wurde. Als die Farbfotografie sich mehr und mehr durchsetzte, besuchte Una mit fünfzig Jahren noch einmal die Universität, wo als Nebenfach Fotografie angeboten wurde – als Hauptfächer belegte sie Französisch und *Native Laws.* In den darauffolgenden Jahren machte Una mehr als zehntausend Farbfotos von Pflanzen und schrieb insgesamt zehn Bücher zum Thema Garten.

Und was ist der beste Ratschlag, den sie Anfängern geben kann? »Machen Sie alles allein!« sagt Una voller Überzeugung. Für eine Südafrikanerin ist das eine ungewöhnliche Einstellung, denn – wie Una selbst zugibt –, tendiert man dort eher dazu, andere arbeiten zu lassen. Auch sie beschäftigt zwei Gärtner. Doch selbst als ihr Hauptgärtner John noch lebte, der The Old Nectar immerhin fünfzig Jahre lang betreut hatte, arbeitete Una täglich zwei Stunden lang in ihrem Garten. Auch James, Gärtner Nummer zwei, war fünfunddreißig Jahre bei ihr. Jetzt kümmern sich zwei weniger erfahrene Gärtner um die Anlage, so daß Una inzwischen fast sechs Stunden täglich ihren Garten bestellt. Nur mit intensiver Pflege läßt sich ein solcher Garten in dieser Gegend erhalten, denn die Hälfte des Jahres regnet es zuviel, und während der anderen Hälfte vertrocknet alles. Una hat ein Bewässerungssystem für Tag und Nacht einrichten lassen, das manuell bedient werden muß. Genauso geht sie gegen Schädlinge vor: Sie sammelt sie per Hand auf, weil sie es ablehnt, Chemikalien einzusetzen. Nur gegen drohenden Pilzbefall wird zweimal im Jahr gespritzt.

Mit Rücksicht auf ihre betagten Gärtner und ihr eigenes Alter (sie ist 87), hörte Una vor einigen Jahren auf, den Garten durch einjährige Pflanzen in ein buntes Blumenmeer zu verwandeln. Da wo früher in jedem Frühjahr zehntausend frische Pflänzchen gesetzt wurden, beherrschen jetzt Sträucher und Stauden mit attraktivem Blattwerk das Bild. Ganz besonders schätzt Una graue Blätter, die sie in jedem Garten der Welt für wichtig hält, weil sie die anderen Farben zur Geltung bringen. Wenn Una auf Reisen geht, bringt sie jedesmal neue Pflanzen mit, vor vier Jahren zum Beispiel Rhododendron aus dem Himalaya.

Obwohl Una drei Söhne, vier Enkel und drei Urenkel hat, ist nicht sicher, ob die Familie ihr Werk fortsetzen wird. Aber erhalten wird es auf jeden Fall, denn The Old Nectar und Unas Garten sind als einziger Privatbesitz in Südafrika zu nationalen Denkmälern erklärt worden, die geschützt werden müssen. So hat Una sich mit ihrer Hände Arbeit Unsterblichkeit verschafft.

Der Pflanzplan

1. Zufahrtsweg durch den Wald
2. Park- und Wendeplatz, umrahmt von Magnolien, Azaleen und Rosen
3. Seerosenteich
4. Sklavenglocke
5. Bunter Mischwald
6. Bambus; Randbepflanzung: *Agapanthus*
7. Große Rosenrabatte
8. Jakarandabaum
9. Gartenwege mit Pergolen überdacht, u.a. mit Clematis, Rosen berankt
10. Wasserbecken
11. Norfolkpinie mit Gedenkstein

Graziella Graziani
Villa Domenica

Ein Skulpturengarten in Treviso

Am Tag, an dem Graziella Graziani beschloß, aus ihrem Garten einen Kunstpark zu machen, setzte eine Verwandlung mit ihr ein. So plötzlich, daß ihre eigene Tochter Francesca sie auf den ersten Blick nicht erkannte: »Obwohl ich seit 1974 meine Frisur nicht geändert habe und sogar das rote Kleid trug, das Francesca mir geschenkt hatte.« Es war die überraschende Ausstrahlung von Kraft und Zuversicht, die aus der Mutter eine ganz andere Frau machte – wahrscheinlich jene Frau, die sie früher war, als das Familienleben intakt und die Kinder noch klein waren. Jedenfalls bevor Graziella das Gefühl beschlich, das vielen Frauen in einem gewissen Alter alle Energien raubt: »Niemand braucht mich mehr.«

An diesem Tag im Oktober 1987 war sie wieder eine Frau mit einer Aufgabe, und diese verlieh ihr Flügel. Innerhalb weniger Monate stellte sie ein Projekt auf die Beine, auf das selbst versierte Ausstellungsmacher stolz wären. Nach einer vagen Idee und langwierigen Vorgesprächen war es Graziella gelungen, elf renommierte Künstler aus verschiedenen Nationen einzuladen, die für ihren privaten Park Skulpturen schaffen sollten, die sie an Ort und Stelle entwerfen und ausführen mußten. Graziella garantierte uneingeschränkte Freiheit, jeder Künstler konnte den Standort für sein Werk selbst aussuchen und das Material bestimmen – Graziella verpflichtete sich, für alles zu sorgen, was immer es auch sei. An diesem denkwürdigen Tag nun hatte der erste Künstler seine Vision: »Schau, Graziella, der Regenbogen«, sagte James Lee Byars, und sie folgte seinem Blick, sah, wie das Glasdach des Gewächshauses Farben von Gold bis Rot reflektierte und wie die Sonne am Ende des weitläufigen Rasens unterging und ihn in goldenes Feuer tauchte – keine Frage, eine große Kugel aus purem Gold würde diese Stimmung für immer festhalten.

Die Kosten, die Machbarkeit, all das interessierte den großen Künstler nicht. Und auch Graziella verlor kein Wort darüber. Hier war die Herausforderung, die sie gesucht hatte, und sie würde sie annehmen, egal, was es kostete.

Die *Goldene Kugel* von James Lee Byars verschlang ein Vermögen, jedenfalls mehr als alle anderen Skulpturen. Aber was bedeutet das im Vergleich zu dem, was der Künstler ihr schenkte? »Memory«, sagte James Lee und nahm damit das Thema auf, das Graziella seit geraumer Zeit beschäftigte. »Was ist deine erste Erinnerung?« Zu ihrer eigenen Überraschung antwortete Graziella: »Wie meine Mutter sich über meine Wiege beugt«, und in diesem Moment erinnerte sie sich sogar an den Duft ihrer Haut. James Lee forderte sie auf, während des Skulpturenprojekts ein Tagebuch zu führen, um alles festzuhalten, was sie dem Vergessen entreißen wolle.

Natürlich kamen vor allem jene Dinge an die Oberfläche, die sie zu verdrängen versucht hatte. Aber gerade das war ein Geschenk: Indem sie sich ihrer Erinnerung stellte, konnte sie nicht mehr von ihr verfolgt werden. Gehorsam wie ein Kind notierte Graziella ihre Gedanken

Alles für die Kunst: Graziella Graziani stellte ihren Park elf Künstlern zur Verfügung.

Parklandschaft: Alte Bäume und ruhige Rasenflächen bilden den idealen Rahmen für Skulpturen. Im Hintergrund* Sfera *von Mauro Staccioli.

Ausblick: Aus Eliseo Mattiaccis begehbarer Porta del Sole *(rechts und unten rechts) sieht man den Park in immer neuen Ausschnitten.*

und Gefühle in den Kladden, die sie eigens dafür in einem alten Papierwarenladen in Venedig (der zu ihren frühesten und angenehmsten Erinnerungen gehört) besorgt hatte. Weihnachten etwa widmete sie einen Eintrag all jenen Festen, die sie im Kreis der Familie mit einem dekorierten Baum und vielen Geschenken verbracht hatte. Aber sie verfiel nicht in Selbstmitleid, weil sie die Feiertage diesmal allein mit ihrer kranken Mutter verbringen mußte – im Gegenteil, jetzt erkannte sie die Freiheit, die darin lag, den alten Ritualen nicht länger folgen zu müssen. Endlich konnte sie es als Unsitte verurteilen, Tannen zu töten, statt sie in der Natur ihre Aufgabe erfüllen zu lassen. Obwohl sie es zur Freude der Kinder oft genug selbst getan hatte, hatte sie insgeheim immer schon Abscheu davor empfunden, einen Baum zum Fetisch zu machen und ihn mit Schleifen und Schmuck der Lächerlichkeit preiszugeben.

Bäume sind Graziellas Vertraute, seit sie vor vierzig Jahren die Villa Domenica mit dem vierzigtausend Quadratmeter großen Park bezogen hat. Lino, der alte Gärtner, der »immer schon« da war, machte sie mit jedem einzelnen Baum bekannt, und seither ist jeder für sie eine Persönlichkeit. Einer von ihnen machte ihr am Anfang große Sorgen, weil er im Frühjahr nicht austreiben wollte, als alle anderen bereits voll belaubt waren. »Er heißt nicht umsonst ‘Pisolera’«, sagte Lino amüsiert, »das ist der Baum, der schläft.« Längst gehört er zu Graziellas Lieblingen, gerade weil er sich Zeit läßt, bis er seine Blätter bekommt. Zu Graziellas großen Tugenden gehört Geduld, nie hat sie versucht, in ihrem Garten schnelle Effekte zu erzielen. Sie interessiert sich wenig für üppige Blütenmeere, die Vergänglichkeit symbolisieren; sie denkt in größeren Dimensionen von Zeit und Raum. Deshalb hat sie gemeinsam mit Lino die Baumallee geplant, die auf den Swimmingpool zuführt, und lockere Gruppen von Büschen und Bäumen angelegt, aber keine Blumenbeete. »Ich wollte einen Park, keinen Garten«, betont sie.

Schattenspiele: Nur wenn die Sonne im Zenit steht, zeigt La Meridienne *von Fabrizio Cornelli ihre wahre Gestalt.*

Für jedes ihrer Kinder (zwei Söhne, zwei Töchter) und auch für die ersten vier Enkelsöhne ließ sie eine Birke pflanzen. Den Enkeltöchtern ist jeweils ein roter Ahorn gewidmet. Der fünfte Enkel, der ein Nachzögling ist, bekam einen Tulpenbaum. Sie hofft, daß er an dem ausgewachsenen Exemplar eines Tages ebenso viel Freude haben wird, wie sie an ihrem hatte. Ihr geliebter Tulpenbaum, der ganz besonders prachtvoll war, wurde eines Tages vom Blitz getroffen. Graziella ließ ihn ersetzen, so wie sie jedes kranke oder tote Gehölz sofort austauschen läßt, aber sie wird ihren neuen Tulpenbaum nicht mehr in jener vollen Reife erleben wie das Original.

Graziella trauert um jeden Baum, den sie verliert. Als ein Sommersturm 1986 eine riesige Platane fällte, weinte sie wie um einen Freund; selbst ihr jüngster Sohn, der ganz besonders an dem Garten hängt, weil er als einziges der Kinder von Geburt an darin aufgewachsen ist, konnte Graziella nicht trösten. Sie liebt ihren Park und kann nicht verstehen, warum sie immer wieder gefragt wird, wie sie es nur das ganze Jahr über auf dem Land aushalten kann. Die Villa Domenica liegt im kleinen Ort Lancenigo bei Treviso und war in früheren Zeiten sicher eine Raststätte für Händler, die aus dem Norden kamen und sich auf dem Weg nach Venedig befanden. Daran erinnert noch ein in Stein gehauener Pferdekopf, der über den Eingang der ehemaligen Pferdeställe wacht. Graziella gefällt die Vorstellung, daß die Villa Domenica von altersher ein gastfreies Haus war und führt diese Tradition fort. Als sie sich in ihre Küche begibt, die zum Wohnraum hin offen ist, damit sie sich jederzeit mit ihren Gästen unterhalten kann, macht sie sich lustig darüber, daß es »ein Puppenspiel« sei, nur zwei Besucher zu bewirten. Sie ist es gewöhnt, für eine große Familie und viele Freunde zu kochen – wie eine typisch italienische Mamma, obwohl sie nicht so aussieht. Wegen ihrer Eleganz, ihrer Belesenheit und ihrem Kunstinteresse würde man sie eher in einem großstädtischen Salon vermuten. Aber obwohl sie immer noch sehr viel reist, um ihre zahlreichen Freunde in aller Welt zu besuchen (»Es gibt keinen Ort, an dem sie nicht ein Zimmer hat«, unken ihre Kinder), ist und bleibt die Villa Domenica der Mittelpunkt ihres Lebens.

Und zwar der Park, nicht das herrschaftliche Haus. Das Hauptgebäude hat sie vor 13 Jahren geräumt, als sie ein erstickendes Gefühl von Stagnation spürte: die Kinder versorgt und mit eigenen Familien, der Mann entfremdet – weit und breit niemand, der eine Mamma als Mittelpunkt im großen Haus brauchte. Graziella tauschte mit ihrem jüngsten Sohn, der ein kleineres Haus auf dem Grundstück bewohnte, und fühlte sich befreit. Zum erstenmal konnte sie, die noch keine zwanzig Jahre alt

Unter hohen Pinien: Silvia Gubertis Il Lustrale *sammelt Wasser vom Himmel und aus der Erde.*

Lokale Berühmtheit: Die weiße Glyzinie bei der Einfahrt blüht so überschwenglich, daß sie Besucher aus der ganzen Region anzieht.

war, als sie 1949 heiratete und ein behütetes Leben in einem wohlhabenden Familienclan führte, ihr Leben so gestalten, wie sie es wollte. Sie widmete es dem Lesen, dem Schreiben und der Kunst. Nicht einmal ein Fernsehgerät durfte in ihr neues Domizil einziehen. Selbst von der umfangreichen Kunstsammlung, mit der sie und ihr Mann in jungen Jahren ohne Anleitung oder Vorkenntnisse begonnen hatten (»Wir kauften, was uns gerade gefiel«), nahm Graziella nichts mit. Ihr genügt die Gewißheit, daß ihre Kinder diese Schätze eines Tages erben werden.

Nur auf den Park und »ihre« Bäume würde sie nie verzichten. Sie hat das neue Haus so eingerichtet, daß sie sich meist im ersten Stock aufhält, von wo sie einen wunderbaren Blick auf die Baumallee und den 'Pisolera' genießt. In letzter Zeit hat sie eine besondere Vorliebe für die hohen Weißbuchen und die uralten Magnolienbäume entwickelt, weniger wegen der spektakulären frühen Blüten als wegen ihres knorrigen Wuchses. Für sparsame Farbe im abgestuften Grün des Parks sorgen blaue Iris, einige Pfingstrosen, Rhododendren, ein großes Schneeballmassiv und Kletterrosen. Die beiden hohen schmiedeeisernen Eingangstore sind umrankt von riesigen Glyzinien, die im April blühen. Die weiße ist, weil man sie selten sieht, zu einer lokalen Attraktion geworden; die blauen Blüten serviert Graziella frittiert zum Aperitif oder sie dienen ihr als Tischdekoration.

Graziella glaubt nicht an Zufälle und erst recht nicht daran, daß ein Garten mehr oder weniger zufällig Gestalt annimmt: »Wer einen Garten anlegt, trifft eine eindeutige Entscheidung, schließlich entsteht er nicht über Nacht.« Sie wollte einen natürlichen Garten mit viel Raum und Ruhe, weil sie alles haßt, was schlecht gemacht ist. Blumenbeete, die zu Farborgien auswuchern oder ungepflegt wirken, sind ihr ein Greuel. Folgt man ihrer Philosophie, so müßte sie eine gewisse Leere von Anfang an eingeplant haben, um sie irgendwann ihrer Bestimmung zuzuführen. Dieser Zeitpunkt war gekommen, nachdem Graziella in das kleinere Haus umgezogen war.

Was sie wirklich bewogen haben mag, elf Skulpturen für ihren Park in Auftrag zu geben, kann man andeutungsweise ihren Tagebuchaufzeichnungen entnehmen.

Mit jedem Kunstwerk, das diskutiert wurde und schließlich entstand, stellte Graziella sich der Erinnerung. Und die schmerzhafteste aller Erinnerungen heißt Penny: »ein lächelndes kleines Mädchen mit langen, feuerfarbenen Haaren – eine Künstlerseele, die das Leben liebte, obwohl sie vielleicht ahnte, daß sie es viel zu früh verlassen mußte«.

Am 24. Juni 1988 konnte Graziella Graziani ihre ständige Ausstellung zeitgenössischer Kunst »Villa Domenica con 11 Artisti« eröffnen. Alle kamen, Künstler, Freunde, Kinder, Enkelkinder und sogar Graziellas Mann, der vier Monate vorher um die Scheidung gebeten hatte. Für Graziella war es ein großer Tag und der Endpunkt einer fast übermenschlichen Anstrengung, denn ihre elf »Jungs«, wie sie die Künstler nach den vielen Monaten der Zusammenarbeit nannte, hatten sie gefordert, wie nur Kinder eine Mutter fordern können.

Als das große Fest vorbei war, war Graziella wieder allein. Sie ließ ein Bad einlaufen und glitt in das warme duftende Wasser. »Niemand braucht mich mehr«, dachte sie. Aber diesmal hinterließ dieser Gedanke keine bittere Leere. Sie hatte ihre Aufgabe erfüllt. Dort draußen in ihrem geliebten Park standen elf Zeugen für ihr Tun, Zeugen ihres Gedenkens an Penny, »die uns so früh verließ, damit sie nie vergessen wird«. Eines Tages würden sie auch die Erinnerung an sie selbst wachhalten – an Graziella Graziani, die sich weigerte, einen Garten der Vergänglichkeit zu schaffen, weil sie an die Ewigkeit glaubt.

Der Pflanzplan

1. Einfahrt mit violett-blauer Glyzinie
2. Baum als natürliche Skulptur
3. Skulptur aus weißen, durch Sprengung zerborstenem Gestein
4. Wald aus vielfältigen Arten, der die Rasenflächen schützend umschließt
5. Quirlartig gezogener alter Baum
6. Die Hundeecke
7. Skulptur: rote, riesige Scheibe mit Loch und »Harfe«
8. Skulptur: Topfreihen
9. Tennisplatz
10. Grillhäuschen mit Sitzplätzen
11. Schwimmbecken
12. Allee junger Obstbäume
13. Bootshaus
14. Einfahrt mit überwältigender, weißblühender Glyzinie

Anne Cox Chambers
Le Petit Fontanille

Ein kosmopolitischer Garten in der Provence

Wer würde einer in Ehren ergrauten Dame, respektiert als Ehefrau, Mutter und Großmutter und darüber hinaus verdient als Botschafterin ihres Landes, zutrauen, daß sie aus heiterem Himmel eine Dummheit begeht? Sie selbst am allerwenigsten.

Aber ein Makler vielleicht, schließlich ist Verführung sein Geschäft. Und so bot ein südfranzösischer Immobilienhändler beim Besuch der eleganten Dame eine Prachtvilla nach der anderen an. Doch Anne Cox Chambers zeigte sich unbeeindruckt. Mochten andere Amerikaner von Märchenpalästen an der überfüllten Côte d'Azur träumen, sie wollte sie nicht einmal sehen. Ihr war von Freunden die stillere Provence empfohlen worden, und das Höchste, was sie erhoffte, war ein hübsches Ferienhaus zur Miete.

Nur aus Höflichkeit dem bemühten jungen Makler gegenüber ließ sie sich auf eine Besichtigungstour ein. Es war so enttäuschend, wie sie befürchtet hatte: lauter moderne Einheitshäuser in der kargen unzugänglichen Landschaft rund um Aix-en-Provence. Erst auf der Rückfahrt, als sie zwischen Cavaillon und Saint-Rémy-de-Provence die dramatisch gezackte Bergkette der Alpilles sah, hinter der sich das flache weite Land der Camargue bis zum Mittelmeer ausdehnt, begann Anne sich zu entspannen.

Ob der Makler ihr Wohlbefinden bemerkte oder einfach nur einen letzten verzweifelten Versuch wagte, sei dahingestellt. Jedenfalls bog er plötzlich von der Landstraße in einen staubigen holprigen Feldweg ein, um ihr ein Objekt zu zeigen, das seit Jahren zum Verkauf stand und bereits als unvermittelbar galt.

»In dem Augenblick, als ich die Zypressenallee sah«, erinnert sich Anne Cox Chambers, »war es um mich geschehen.« Ein *coup de foudre* hatte sie getroffen, ein Blitzschlag, wie die Franzosen die Liebe auf den ersten Blick nennen. Zwar führte die Allee der eindrucksvollen alten Bäume ins Nirgendwo, und ringsherum war nichts als Verfall und Verwilderung, dennoch wußte Anne Cox Chambers sofort, daß sie dieses Anwesen kaufen würde. Und das, bevor sie auch nur einen Blick ins Innere des Hauses geworfen hatte! Es war ein geräumiges, wenn auch sehr heruntergekommenes Bauernhaus mit guten Proportionen; Stall und Scheune direkt angebaut, aber seit Jahren nicht mehr genutzt. Der Makler staunte nicht schlecht, als Anne Cox Chambers noch am gleichen Wochenende den Kaufvertrag für die 22 Hektar Wald und Wildnis, ungepflegte Olivenhaine und ertraglose Weinreben unterschrieb. Aber bei Amerikanern, mag er gedacht haben, muß man mit allem rechnen ... »Sicher war es verrückt«, bestätigt Anne, »und naiv war es auch.«

Mutige Entscheidung: Anne Cox Chambers, hier mit einem ihrer Shi-Tzu, kaufte das verwahrloste Anwesen Hals über Kopf.

Sie war zum erstenmal in der Provence, wußte nichts über das Leben dort und kannte keine Menschenseele. »Dennoch habe ich nicht eine Sekunde gezweifelt.« So sicher war sie sich ihres Gefühls, daß sie nicht einmal Rücksprache mit Mann und Kindern hielt, weil sie sich nicht vorstellen konnte, daß irgend jemandem dieser Platz, der so lange als unverkäuflich gegolten hatte, nicht gefallen könnte.

In der Tat hatte sie einen ganz besonderen Grund und Boden erworben: Nicht nur, daß man hier römische

Das grüne Zimmer: Beim Eintritt wird der Gast von feinen Fontänen besprüht. Im Hintergrund steht eine Sonnenuhr auf einem Sockel.

Muschelgrotte: Das bizarre Kunstwerk einer Französin schmückt die Stirnwand in der Orangerie.

Münzen und Reste eines Aquädukts gefunden hatte, dieses Fleckchen Erde war bereits im Jahre 1350 unter dem Namen Fontanille in die Geschichte eingegangen. Damals ließ Doña Constanza de Tarascon auf den sanften Hügeln die ersten Weinberge anlegen. Fünfhundert Jahre später wurde der Besitz in Le Grand und Le Petit Fontanille aufgeteilt, wobei der damalige Besitzer seiner Ehefrau gegenüber behauptete, daß ihn Spielschulden zum Abtreten eines Teils des Landes gezwungen hätten. In Wahrheit jedoch, so geht die Legende, habe er seiner Geliebten ein Stück des Terrains geschenkt, um sie in erreichbarer Nähe zu wissen. Bis auf den heutigen Tag gibt es zwischen den beiden Fontanilles einen versteckten Verbindungsweg, den auch Anne Cox Chambers niemals zupflanzen wird – zu gut gefällt ihr die romantische Idee, in einem ehemaligen Liebesnest zu leben.

Sie kaufte Le Petit Fontanille, weil nach vier Jahren Amtszeit als Amerikas Botschafterin am Hof von Brüssel der Abschied von Europa drohte. Wenigstens ein Standbein wollte sie im französischsprachigen Teil des alten Kontinents behalten. Deswegen nutzte sie das durch den Labour Day (Tag der Arbeit) verlängerte Wochenende im September 1981 für ihre erste Erkundungsfahrt in die Provence – und verlor prompt ihren sonst so kühlen Kopf.

Was wie eine unbedachte Wahl erscheint, war in Wirklichkeit vielleicht ein spontanes Erkennen: Dies war ihre Landschaft, hier, wo sie nie zuvor gewesen war, fühlte sie sich zu Hause. Und sie hatte eine genaue Vorstellung davon, wie Haus und Garten eine Einheit eingehen würden, die ihren hohen Ansprüchen genügte und doch ganz und gar der mediterranen Tradition entsprach.

Zunächst ließ Anne das schlichte alte Steinhaus samt Scheune und Stall durch einen Architekten aus Saint Tropez renovieren und ausbauen, ohne den Charakter zu verändern. Schon nach wenigen Monaten, zu Ostern 1982, konnte sie ihren Mann und ihre drei erwachsenen Kinder samt Anhang zu den Ferien in die Provence einladen. Und ihr Gefühl hatte sie nicht getrogen: Auch die Familie verliebte sich prompt in den verwunschenen Ort. Zu der Zeit war die Region um Saint-Rémy-de-Provence noch eine gottverlassene Ecke. Heute drängen sich dort die Schönen und Reichen, vor allem aber die Schicken aus der Pariser Modewelt. Pierre Bergé, der

Einladend: In der Orangerie finden, vor allem zur Weihnachtszeit, große Empfänge statt.

Liebesnest: Hinter dieser romantisch bewucherten Fassade empfing einst die Geliebte den Besitzer von Fontanille.

mächtige Geschäftspartner von Yves Saint Laurent, besitzt in Saint-Rémy ein Haus und einen vielfotografierten Garten, und Inès de la Fressange, ein früher als Inkarnation von Coco verhätscheltes Chanel-Model und heute selbst eine erfolgreiche Modedesignerin, verbringt jeden zweiten August im eigenen Feriendomizil – um nur zwei der prominenten Namen zu nennen, die dem Ort Glanz und Gedränge gebracht haben.

Auch Le Petit Fontanille hat sich vom unbekannten Mauerblümchen zu einer gerühmten Schönheit entwickelt. »Obwohl ich das nicht geplant habe«, beteuert Anne Cox Chambers.

Eher war es eine gewisse Schüchternheit und der Respekt dem geschichtsträchtigen Boden gegenüber, die Anne bewogen, eine Freundin um die Adresse eines guten Landschaftsarchitekten zu bitten. Denn Ahnung vom Gärtnern hatte sie selbst seit ihrer Kindheit, als sie ihrer Mutter auf dem heimischen Boden in Ohio beim Pflanzen und Pflegen der Blumen geholfen hatte. Und in Atlanta, dem Hauptwohnsitz der Familie, legte sie eigenhändig den großen Garten an: »Viel Buchsbaum, viel Grün.«

Nach der erfolgreichen Wahlkampagne Jimmy Carters, bei der Anne und ihr Mann den siegreichen Präsidentschaftskandidaten nach Kräften unterstützt hatten, wurde Anne als Botschafterin nach Brüssel entsandt. Auch dort widmete sie sich sofort wieder dem Gärtnern, obwohl nicht viel Platz zur Verfügung stand. Immerhin geriet die von ihr gestaltete Blumenrabatte besonders üppig: »In dem Klima gedeiht alles so gut.«

Doch vor den 22 Hektar in der südfranzösischen Provence verließ sie der Mut, und als die Freundin fragte, wie gut der gesuchte Gartengestalter denn sein solle, sagte sie schlicht: »Der Beste muß es sein.«

So kam es, daß Peter Coats aus London geholt wurde. Er nahm sich Zeit für einen langen schweigsamen Rundgang. Dann gab er sein Urteil ab: »*Well,* Sie haben hier kein Versailles, und Sie können auch keines daraus machen. Aber immerhin haben Sie ein paar wundervolle Bäume.« Damit meinte er die Zypressen, in die Anne

Versteckte Freuden: Den Blicken entzogen liegt der Pool auf einer Anhöhe – als Badehaus dient ein Pavillon aus dem 17. Jahrhundert.

sich verguckt hatte, aber auch einige große elegante Akazien, mehrere *Sophora japonica* (Schnurbäume) mit ihrem lichtgrünen gefiederten Laub und ganz besonders die ausladenden *Micocouliers de Provence* vor dem einstöckigen Haus – die den Ulmen ähnelnden Zürgelbäume sind wunderbare Schattenspender, die auch in dem öffentlichen Park von Arles wachsen, wo Vincent van Gogh sie gemalt hat. Sie gaben den Ausschlag dafür, daß der gesuchte Landschaftsarchitekt den Auftrag annahm, denn ausgewachsene Bäume sind ein Gut, dem kein Gartengestalter widerstehen kann.

Zunächst wurden die alten Zypressen zur Geltung gebracht: Grasbewachsene Steinstufen führen nun zwischen der Doppelreihe den Hügel hinan, an ihrem Ende geflankt von zwei antiken steinernen Urnen; Oleander und Flieder entfalten ihre Blüten vor dem immergrünen Hintergrund, und zu ihren Füßen blühen weiße Tulpen, besonders blasse Vergißmeinnicht und blauer Rosmarin. Als Peter Coats vor einigen Jahren starb, setzte Anne Cox Chambers ihm zu Ehren einen schlanken hohen Obelisken aus Stein ganz ans Ende des Zypressenweges, dorthin, wo der gestaltete Garten in unberührte Wildnis übergeht. Jetzt entspricht er endgültig ihrer Vision von einer *grande allée,* wie der ansteigende Weg von der Familie immer schon genannt wurde.

Vieles erinnert in Le Petit Fontanille noch an Peter Coats: »Er sorgte für die Grundstruktur«, sagt Anne Cox Chambers. Aber sie selbst war es, die den Charakter bestimmte. So viele Fachleute auch mitgearbeitet haben, der Garten trägt eindeutig Annes Handschrift, mehr noch: Er sieht ihr ähnlich. Er ist genauso fein und zurückhaltend, elegant und vielseitig, kurzum dieser Garten ist so kosmopolitisch wie seine Schöpferin, hinter deren zarter Gestalt sich viel Energie verbirgt – und eine unstillbare Sehnsucht nach Romantik. Allen Mitarbeitern hat sie auf ihre sanfte Art eingebleut, daß sie sich einen Garten der leisen Töne wünscht, einen Ort, an dem sogar Liebesgeflüster noch gehört wird.

So kommt es, daß auch ihre Gärtner bei Rundgängen in lyrische Erklärungen verfallen: »Das ist Veronicas Schleier«, sagt der aus Atlanta zu Besuch gekommene Ryan Gainey zu einer *Clematis montana rubens,* die mit ihren rosa Blüten eine hochwachsende Zypresse bedeckt. »Und das sind ihre Tränen«, erklärt er und deutet auf den Beifußteppich zu ihren Füßen.

Gemeinsam mit Peter Coats beschloß Anne, vom Haus bis zum Beginn der großen Allee einen weitläufigen Rasen anzulegen – ein Luxus im wasserarmen Süden – und den ausgedörrten Platz vor der ehemaligen Scheune als Terrasse zu pflastern. Dort ist jetzt ihr Eßzimmer im

Formal: Beschützt von Zypressen und bewacht von einer antiken Statue wächst zwischen Buchsbaumhecken Annes Lieblingsrose 'Claude Monet' (vorhergehende Doppelseite).

Freien: »Mahlzeiten draußen einzunehmen ist für mich der Inbegriff des mediterranen Lebens«, sagt Anne. Als gäbe es in Atlanta nicht ebenso heiße Sommer! Das Klima ihrer beiden Wohnsitze unterscheidet sich nicht so sehr, wohl aber ihr Esprit – Anne, vielgereist, gebildet und kunstinteressiert, fand in der Provence das Lebensgefühl, das ihr entsprach.

Unzählige Kübelpflanzen schmücken die Terrasse, mit weißen Kamelien und Petunien, rosa Geranien und Lobelien und natürlich Oleander. Das Haus ist mittlerweile zugewachsen mit Rank- und Schlingpflanzen; echter und wilder Wein, Sternjasmin und eine seltene Sorte von Prunkwinden überwuchern die steinerne Fassade. Zwei uralte Kirschlorbeeren rahmen die Haustür ein. Peter Coats ummantelte ihre Stämme mit Holz, so daß es aussieht, als wüchsen sie in typischen Versailler Kübeln, während sie doch in provenzalischer Erde wurzeln.

Von Peter Coats stammt auch der formale kleine Rosengarten westlich der Zypressenallee, in dessen von Buchsbaum eingefaßten Beeten Annes Lieblingsrose kultiviert wird: die pink-rosa-weiß marmorierte 'Claude Monet', begleitet von kleinblütigen rosa Begonien. Dahinter liegen ein kreisrunder Springbrunnen (der nachgebildete Kopf von Annes Enkel sprüht die Wasserfontänen) und eine schattige Grotte aus Naturstein.

Östlich und von der *grande allée* wegstrebend pflanzte Peter Coats noch einmal eine Reihe von Zypressen an. Diese bildet zusammen mit dem alten Weg fast ein V und dient als Hintergrund für eine weniger formale Bepflanzung. Hier wachsen Oleander, schmalblättrige Ölweide, Kirschpflaume, Schneeball, violetter Flieder, Säckelblume, Zwergmispel, indische Lagerstroemie und Eukalyptus in lockerem Wechsel. Sogar Palmen, Yucca, Aralien und Kreuzkraut dürfen sich ausbreiten. Ungewöhnlich für die Provence, aber typisch für Peter Coats, sind die Bodendecker mit rotem und gelbem Laub, wie gelber Oregano, purpurner Günsel und Glersch.

Ob man nun die prächtige Allee hinaufschreitet oder dem Pfad durch die Wildnis folgt, man landet immer beim Pool, der auf Annes Wunsch vom Haus aus nicht zu sehen sein sollte. Nun liegt er versteckt auf einem Plateau am Hügel, geschützt von Bäumen und Büschen und doch mit einem Blick weit ins Land hinein bis nach Tarascon. Als Poolhaus dient ein steinerner Pavillon, der im 17. Jahrhundert auf einem Schloß im Departement Gard die Wäscherei beherbergte.

Soweit die Grundausstattung des Gartens. Alles andere kam nach und nach hinzu, inspiriert durch verschiedene Gestalter. Ihrem amerikanischen Nachbarn und Freund Rory Cameron verdankt Anne die beiden Elemente, die man am ehesten für naturgegebene Bestandteile halten würde: hundertjährige Olivenbäume und eine Wiese mit Wildblumen. Die Baumveteranen ließen sich erstaunlicherweise unabhängig von Alter und Jahreszeit problemlos verpflanzen, während man die Wiese getrost als Sorgenkind bezeichnen kann. Nicht umsonst wurde Anne von Christopher Lloyd, dem »Papst« aller englischen Gärtner, gewarnt: »Die Natur nachzuahmen ist das Schwierigste.« Nach jahrelangem Herumexperimentieren kann Anne dem nur zustimmen, und doch hält sie an der geliebten blühenden Wiese fest, schon als Erinnerung an den verstorbenen Freund.

***Werkstatt:** In einer ehemaligen Remise warten Töpfe und Vasen darauf, mit Blumen gefüllt als Tischschmuck zu dienen.*

Dieser Freund, Rory Cameron, hat ihr auch ein pflegeleichtes Schmuckstück direkt vor dem Eingang zum Haus hinterlassen: den *dog garden*, dessen Name einer steinernen Hundeskulptur in der Mitte zuzuschreiben ist. Er besteht aus zwei rechteckigen Buchsbaumparterren, ist im Muster eines typisch englischen *knot garden* angelegt und mit Fleißigen Lieschen, Vergißmeinnicht und Lobelien bepflanzt.

Von Rory Cameron hat Anne die Abneigung gegen grelle Farben übernommen, die für viele geradezu der Inbegriff eines üppigen südlichen Gartens sind: »Er hat

Fröhliche Wächter: Die steinernen Löwen gewähren Durchlaß vom neuen Rosengarten in den uralten Olivenhain.

mir beigebracht, daß leuchtendes Rot in starker Sonne nur wie ausgewaschen wirkt – und Orange hasse ich sowieso.« So beherrschen sanfte Pastelltöne das Bild, aber das entspricht ohnehin Annes Vision von einem romantischen Garten. Dazu passen auch die vielen antiken Urnen und verspielten Statuen.

Viele finden die viereinhalb Hektar bedeckende Anlage *very British.* Aber das bestätigt sich nur auf den ersten Blick. Le Petit Fontanille hat viele verschiedene Seiten, und es ist Anne Cox Chambers großes Verdienst, daß sich die formalen Anlagen harmonisch mit den naturnahen Bereichen verbinden und sich alles zusammen unauffällig in die umgebende Landschaft fügt. Das Erstaunlichste aber ist, daß dieses riesige Areal wie ein intimer Garten wirkt. Hier läßt sich immer noch nach der blauen Blume der Romantik suchen … »Ein bißchen Blau«, sagt Anne, »gehört in jeden Garten.«

Anne hat der Versuchung widerstanden, ein *showpiece* zu gestalten. Le Petit Fontanille liegt, ganz wie in früheren Zeiten, abgeschirmt von der Außenwelt und abseits des mondänen Lebens. Und bei aller Perfektion sind sympathische Ausreißer gestattet: Da wachsen Lobelien, die sich selbst ausgesät haben, zwischen den gepflegten Platten der Terrasse, und im *cutting garden* zwischen den ausgesuchten Schnittblumen in gedämpften Farben werden auch rote und orangefarbene »Einwanderer« geduldet.

Appetitlich: Im potager *dürfen die Kürbisse den alten Holzsessel überwuchern.*

Die beiden Gärten für Gemüse und Schnittblumen liegen am westlichen Ende des Grundstücks. Die Initiative dazu ergriff Ryan Gainey, Annes Gärtner aus Atlanta, bei einem seiner Besuche in der Provence. Er entwarf den Schnittblumengarten nach einem Muster aus Leonard Meagers Buch *The English Gardener* von 1688 und lockte seine Freundin Rosemary Verey aus England herüber, die den *potager* nach ihrem eigenen berühmten Gemüsegarten in Barnsley House in Gloucestershire gestaltete, ebenfalls im Geist des 17. Jahrhunderts. Da der Buchsbaum Probleme macht, bekommt der *potager* jetzt neue Beeteinfassungen und somit auch ein anderes Muster.

Ständig ist Le Petit Fontanille Veränderungen und Erweiterungen unterworfen. »Gärtner sind nie zufrieden«, sagt Anne Cox Chambers. Und natürlich packte sie irgendwann der Ehrgeiz, einen eigenen Entwurf zu wagen, unterstützt von ihrem Freund Bertrand de la Haye Jousselin. So entstand der *jardin à la française* als östliche Erweiterung: Er besteht aus einer formalen Rosenanlage, einer Staudenböschung und einem Duftgarten. Der Londoner Gartendesigner Tim Rees hat diesen Plan ausgeführt und zeichnet inzwischen verantwortlich für die gesamte Gartengestaltung. Mit ihm und ihrem *head gardener* Serge Pauleau fährt Anne jedes Jahr im Mai zur Gartenbauausstellung bei Paris: »… und jedesmal brauchen wir einen größeren Lastwagen!« Auch ihre Edelrosen – englische, französische und italienische Sorten – hat sie persönlich mit einem Transporter aus Pistoia in Italien geholt: »Da wachsen sie in einem ähnlichen Klima heran wie bei uns, das macht sie robuster.« Die einzige Ausnahme unter all den alten Rosen ist die neue rosafarbene 'Audrey Hepburn': »Ein persönliches Geschenk von ihr.«

Im Duftgarten finden sich die aus Buchsbaum geformten Initialen CC, ineinander verschlungen, als wär's das Markenzeichen von Coco Chanel; in dieser Kreation hat Anne offenbar am deutlichsten ihren persönlichen Stempel hinterlassen. Chefgärtner Serge behauptet, daß Madame ihre beiden langhaarigen Shi-Tzu-Hunde mit Vergnügen durch die Beete mit Duftgeranien, weißem Lavendel, Vervaine und allen nur

Neue Zuneigung: Die Züchtung 'Charles de Gaulle' hat Anne davon überzeugt, daß auch gelbe Rosen schön sein können.

denkbaren aromatischen Kräutern dieser Welt jage, damit sie gut riechen. Er erzählt auch, daß sie es liebt, auf Spaziergängen etwas zum Knabbern zu finden. Deswegen gibt es überall Früchte und Beeren zu ernten, sogar bei den edelsten aller Rosen wachsen noch aromatische Walderdbeeren.

Fragt man Serge Pauleau, wie viele Gärtner sich ständig um die aufwendige Gesamtanlage kümmern, dann antwortet er: »Kommt drauf an – normalerweise vier, aber wenn Madame da ist, sind es fünf.« Womit er sagen will, daß Anne Cox Chambers täglich eigenhändig ins Gartengeschehen eingreift. Nur vor dem Einsetzen von Tausenden neuer Blumenzwiebeln in die Wildwiese, was in jedem Herbst nötig wird (dafür sorgen schon die Mäuse), drückt sie sich gern: »Das ist eine Arbeit, die ich hasse – lieber jäte ich Unkraut.«

Stolz ist Anne auf die Erträge ihres Gartens. Sie erkämpfte sich die Erlaubnis von der Regierung, die seit zwanzig Jahren vernachlässigten Weinreben durch neue ersetzen zu dürfen. Ein benachbarter Weinbauer beriet sie bei der Wahl der Rebsorten, und jetzt baut sie diese so erfolgreich an, daß sie sogar Rotwein und Rosé unter dem Namen Le Petit Fontanille verkaufen kann. Zum Eigenbedarf und zum Verschenken produziert sie Honig sowie duftende Essenzen aus Lavendel. Die größte Freude aber hat sie an der Olivenernte: »Dafür komme ich jedes Jahr im November angereist.« In der örtlichen Presse werden jährlich achtzig Liter feinstes Öl gewonnen, die bei Familie und Freunden höchst willkommen sind.

Wie alle herangezogenen Gartendesigner hat auch Tim Rees einen eigenen Bereich gestaltet. Es ist »Das grüne Zimmer«, das unterhalb des Duftgartens mit einem Rondell beginnt, in dem eine eiserne Sonnenuhr auf einem Sockel steht. Sobald man von da in »Das grüne Zimmer« tritt, sprühen versteckte Fontänen automatisch einen bogenförmigen Wasserstrahl aus, so daß man wie unter einem funkelnden, vergänglichen Laubengang wandelt. Rechts und links des Weges warten vorbereitete Sockel darauf, noch andere Büsten berühmter Gartenliebhaber aufzunehmen: Claude Monet, Thomas Jefferson und Kaiserin Josephine haben ihre Plätze schon eingenommen.

Zuallerletzt führt der Rundgang zum Wintergarten, der in Form und Aussehen dem antiken Poolhaus nachempfunden wurde. An seiner Stirnwand sind eine raumhohe Grotte und ein Neptun zu sehen, von einer französischen Künstlerin aus Muscheln gestaltet. Der weiße Jasmin, der die Innenwände bedeckt, blüht pünktlich zum Weihnachtsfest, das Anne Cox Chambers immer in Le Petit Fontanille verbringt. Und je mehr Freunde sich einfinden, um so eher wird in der Orangerie gefeiert, die für größere Empfänge gedacht ist.

»Einer meiner Freunde«, sagt Anne, »kommt grundsätzlich eine halbe Stunde zu früh, um in Ruhe den Garten zu genießen.« Das ist für sie das schönste Geschenk: »Wenn andere sich hier so wohl fühlen wie ich selbst.«

Gärtnerinnen, das erweist sich immer wieder, scheinen besonders uneigennützig zu sein.

Der Pflanzplan

1. Naturbelassener Grundstücksteil
2. Anzuchtgarten
3. Wald
4. Weinfelder
5. Obstbäume
6. Wildgarten (links), Gemüsegarten (Mitte), Schnittblumengarten (rechts)
7. Lavendelfelder
8. Wohnhaus mit Hauptrasen
9. Wirtschaftsgebäude und Orangerie
10. Waldweg
11. Schwimmbecken
12. Brunnen, Grotte, Zypressenwäldchen
13. Rosengarten
14. Tennisplatz
15. Das grüne Zimmer
16. Der Duftgarten

Nathalie Hodgson
Astley Abbotts

Eine Bienenkönigin mit Lavendelfarm

Wer in Nathalie Hodgsons sonnendurchfluteter kleiner Küche die in England obligatorische Tasse Tee trinkt und dabei den in schönstem BBC-Englisch vorgetragenen Erzählungen der alten Dame folgt, fühlt sich bald wie Alice im Wunderland in eine eigenartige Traumwelt versetzt, in der die Zeit stillsteht und der Tod keinen Zutritt hat. Stundenlang möchte man dieser schönen Stimme zuhören, die Geschichten aus einer fernen, friedlichen Welt vorzutragen scheint. Bis das Schlagen einer Uhr die Wirklichkeit zurückbringt: Es geht hier nicht um eine unterhaltsame Radiosendung über »Vermischtes aus den Midlands« – die Nathalie Hodgson früher moderiert hat –, sondern um ihr eigenes Leben, und das war keineswegs immer ein heiterer Spaziergang durch einen Rosengarten.

Nathalie war erst knapp ein Jahr verheiratet, als der Zweite Weltkrieg ausbrach und ihr Mann zum Nachrichtendienst eingezogen wurde. Sechs Jahre vergingen, bis er wiederkam – der älteste Sohn war schon vier, als der Vater ihn zum erstenmal sah. Wie viele andere mußten die Hodgsons nach dem Krieg völlig neu anfangen, und da bald noch ein weiterer Sohn und eine Tochter geboren wurden, war Henry Edward Hodgson, der vor dem Krieg im Ausland Sprachen studiert hatte, gezwungen sich zu überlegen, wie er die fünfköpfige Familie durchbringen sollte. Notgedrungen trat er in die Familienfirma ein, die auf die Herstellung von gußeisernen Gegenständen wie Gartentore und Balkongeländer spezialisiert war. Lieber jedoch hätte er sich um die Gestaltung von Gärten gekümmert, denn das war seit frühester Jugend seine Leidenschaft und, wie Nathalie hervorhebt, auch seine große Begabung: »Er hätte Landschaftsarchitekt werden sollen.« Aber erst 1953, als sie in der Lage waren, das Anwesen Astley Abbotts mit seinen zwei Hektar Land zu kaufen, hatte er die Gelegenheit, seine gärtnerischen Ideen umzusetzen.

Ein paar der wundervollen großen Bäume standen damals schon. Nathalie schätzt, daß die eindrucksvolle Libanonzeder rechts vom Haus, die wie ein Wahrzeichen wirkt, der älteste Baum auf dem Grundstück ist; älter noch als jener Baumriese, der einem Sturm zum Opfer fiel, und bei dem sie einhundertvierzig Jahresringe zählten. Ansonsten gab es nur ein paar Beete, denn die Vorbesitzer hatten für ihre vier Söhne einen Tennisplatz und eine Radrennstrecke angelegt: »Die hatten hier sicher viel Spaß«, sagt Nathalie, »aber es war eben kein künstlerischer Garten wie jetzt.« Es war ihr Mann, der erst einmal Struktur in das leicht hügelige Gelände brachte und dabei immer auch an die Zukunft dachte: »Er wußte genau, wie sich alles entwickeln und später einmal aussehen würde.« Er legte eine große Terrasse an der Rückseite des Hauses an, die von einigen Beeten begrenzt ist und links zu einem Seerosenteich führt. Den Zugang zu dem abschüssigen Hang, den er von vornherein als Parklandschaft plante, erleichterte er durch eine breite Treppe. Da Nathalies Mann körperliche Arbeit liebte, setzte er seine Pläne zum größten Teil selbst um. So entwarf er die drei unterschiedlichen hölzernen Brücken, die über den Bach ins

Standfest: Nathalie Hodgson ist noch voller Pläne.

Ein Dorf für sich allein: Durch verblühten Lavendel führt ein Trampelpfad zu Nathalies Fachwerkhof.

Szenen eines Gartens: Seerosenteich; handgearbeitete Holzbrücke; zart lila blüht die Clematis am Rosenbogen zum Gemüsegarten.

kleine Waldstück führen, nicht nur, sondern baute diese auch mit Hilfe eines Freundes selbst.

An dem strukturgebenden ersten Entwurf hat sich seit den 1950er Jahren bis heute nichts geändert. Darauf ist Nathalie stolz: »Mein Mann hatte ein wundervolles Auge, er konnte genau sehen, wie etwas sein sollte.« Da er in größeren Zeiträumen dachte – eine Tugend, die vielen Gärtnern fehlt –, galt seine ganz besondere Liebe von jeher den langsam wachsenden Bäumen. Jedes Jahr pflanzte er zehn bis zwölf neue an, und diese Tradition führt Nathalie seit seinem Tod 1989 unbeirrt fort.

Am Anfang jedoch überließ sie die Gartenarbeit grundsätzlich ihrem Mann: »Ich war froh, daß er etwas hatte, wo er sich austoben konnte!« Außerdem hatte sie mit drei Kindern und dem großen Fachwerkhaus eigentlich genug zu tun. Da sie aber ebenso energiegeladen war wie Henry, nahm sie eine alte Liebhaberei wieder auf: die Bienenzucht. Die hatte sie bei ihrem Vater kennengelernt, und von klein auf faszinierte sie die Imkerei. Als sie Ende zwanzig war, schaffte sie ein paar Bienenvölker an, aber damit handelte sie sich nichts als Ärger ein. Nachbarn und Vermieter konnten ihre Begeisterung für das Hobby nicht teilen, und auch ihr Mann zeigte sich »not amused«: »Es hätte fast meine Ehe zerstört.« Nathalie nahm das mit den Bienen nämlich sehr ernst. Weil

es auch in Shropshire, der heute noch sehr ländlichen Grafschaft nordwestlich von London, längst nicht mehr so viele verschiedene Bäume, Hecken und Wiesenblumen gab wie zu ihres Vaters Zeiten, führte sie ihre honigsammelnden Völker immer wieder zu neuen Standorten, damit Abwechslung in ihren Speiseplan kam. »Man muß das nicht machen«, sagt sie, »aber seriöse Bienenzüchter tun es.« Sie tat es wohl so häufig, daß sie ständig zerstochen war, denn Bienen mögen es gar nicht, wenn man sie bewegt.

Als sie mit vierzig Jahren auf Astley Abbotts seßhaft wurde, war sie endlich in der Lage, auch den Bienen ein ständiges Zuhause zu bieten, und seither geht sie ihrer Leidenschaft ungestört nach. Nicht nur, daß die meisten Pflanzen im Hinblick auf die Nahrungssuche der Bienen ausgewählt wurden – Nathalie baute ihnen sogar ein ganzes Dorf mit Kirche, Tankstelle und Pub. Vielleicht nimmt sie auch noch den Vorschlag eines Freundes auf, ein B&B (Bed & Breakfast) aufzustellen. Die Idee, den Bienenhäusern ein individuelles Aussehen zu geben, brachte sie aus Polen mit. In einem Imker-Museum nahe Warschau hatte sie die Skulptur einer Bäuerin gesehen, die unter ihrem voluminösen Rock, den man anheben konnte, einen ganzen Bienenkorb trug. Das fand sie zwar ein bißchen vulgär, aber originell, und deshalb ließ auch sie sich etwas einfallen.

Alle zwei Jahre fährt Nathalie zu internationalen Bienenzüchter-Treffen. »Ich liebe das Verreisen! Und da Bienenzüchter alle arm sind, kommt man meistens sehr bescheiden irgendwo unter. Wir fahren nicht von Hilton zu Hilton, und so lernt man Leute kennen.« Die schönste Stadt, die sie je gesehen hat, ist für Nathalie das Dresden der Vorkriegszeit. Dort hatte sie vor ihrer Ehe Deutsch studiert, und sie erinnert sich noch heute daran, wie intensiv der Flieder duftete, wenn sie aus der Oper kam: »Ringsherum überall Fliederbüsche – ein Traum!« Einige Jahre später kam sie gerade aus der Oper in Covent Garden, als das Bombardement auf London begann, und es traf sie genauso, als später Dresden zerbombt wurde. Seither sind diese beiden Städte in ihrer Erinnerung für immer schmerzlich miteinander verbunden.

Nach zwanzig Jahren auf Astley Abbotts bot sich den Hodgsons die Chance, ein Feld jenseits der Straße dazuzukaufen, und die sechzigjährige Nathalie fing an, dort Schafe zu züchten. Wahrscheinlich suchte sie nach einer neuen Beschäftigung. Schließlich waren die Söhne und die Tochter erwachsen, und die Arbeit als Bibliothekarin für Kinderbücher hatte sie aufgegeben, ebenso wie ihre gelegentliche Moderation von Radiosendungen und ihre politische Tätigkeit im *County Council* (Grafschaftsrat). Jedenfalls machte ihr die neue Aufgabe wahnsinnigen Spaß, und es gab immer das eine oder andere zahme Schaf, das sogar in die Küche spazieren durfte. Irgendwann jedoch wurde ihr das zu anstrengend, denn man muß körperlich sehr fit sein, um ein Schaf beim Scheren umzudrehen und um seine Hufe zu überprüfen. Sie vermißt ihre heißgeliebten Schafe heute noch und bedauert sehr, daß ihr eines Tages die Kraft dazu fehlte – da war sie immerhin 78 Jahre alt! Und zur Ruhe wollte sie sich noch lange nicht setzen. Nachdem alle Schafe verschenkt oder an Altersschwäche eingegangen waren, fing Nathalie an, auf einem kleinen Teil des Feldes Lavendel anzubauen. Dafür fand sie sofort Abnehmer, und ermutigt von diesem Erfolg beschloß sie nach dem Tod ihres Mannes, aus dem knapp zwei Hektar großen Feld eine Lavendelfarm zu machen.

Am Anfang haben sie und der Gärtner, der ihr an zweieinhalb Tagen in der Woche hilft, den Lavendel noch selbst gepflückt. »Aber das«, sagt Nathalie mit dem für sie typischen ironischen Unterton, »war ziemlich dämlich. Man kann nämlich das wunderbare englische Volk dazu bringen, es für dich zu tun – und es zahlt auch noch dafür!« Seit 1995 kann jeder gegen geringes Entgelt seinen Bedarf an Lavendel auf Astley Abbotts selbst ernten. Meistens wollen die Besucher zusätzlich noch ein Souvenir mitnehmen, und deswegen stellt Nathalie Creme, Öl und Duftsäckchen für die Wäsche aus Lavendel her. Natürlich verkauft sie auch Bienenwachskerzen. Spitzenprodukt aber ist ihr Honig, der ganz besonders schmeckt, seit die Lavendelfelder sich den Bienen als gefundenes Fressen anbieten.

Nahrung: Vom Lavendel, hier Lavandula stoechas, *leben nicht nur die Bienen – das Geschäft mit dem duftenden Kraut und seinen Produkten floriert.*

Es gibt etwa zweihundertundvierzig verschiedene Sorten Lavendel, und Nathalie hat dreißig davon angebaut, die meisten allerdings nur zu Studienzwecken. Neben einer weißen besitzt sie auch eine pinkfarbene Sorte, da diese beim Trocknen jedoch häßlich grau wird, will Nathalie sie nicht weiter züchten. Ursprünglich hatte sie sich auf den hochgewachsenen, etwas blassen 'Old English Lavender' beschränkt, der destilliert den schönsten Duft verströmt: »Sogar die Franzosen sagen, er sei

Willkommenes Erbe: Nathalies Mann Henry pflanzte die Bäume, die den Garten heute wie einen Park wirken lassen: Neben einer riesigen Scheinzypresse ein Pärchen aus gestutzten Eiben, rechts ein auffallender gelbblättriger Ahorn.

besser als ihrer – das muß ja ein Kompliment sein!« Aber das Publikum ist wild auf die Sorten mit dunklerer Farbe, um sie in Trockensträuße zu binden, und deswegen baut Nathalie immer mehr davon an. Sie nimmt pro Jahr ungefähr tausend Ableger, die sie in ihrer Pflanzenschule heranzieht und dann verkauft.

Um den Lavendel zu trocknen, hat Nathalie sich einen Schuppen mit Solarheizung bauen lassen. Der Lavendel liegt darin auf Gerüsten, wird durch doppelte Glasscheiben von der Sonne beschienen und gleichzeitig durch von unten zugeführte Luft aufgeheizt. Die Energie kommt von Solarzellen auf dem Dach, die den Strom für den Zentrifugal-Ventilator erzeugen. Die Idee dazu entstand bei Nathalie aus der Not heraus, da das zugekaufte Feld, das auf einer Anhöhe liegt, keine Elektrizität hatte. Aber sie ist ohnehin dafür, die Sonnenenergie zu nutzen: »In Israel haben sie überall Solarzellen.«

Für den Garten hat die 86jährige keine großen Pläne mehr. Es wäre schon ein großer Erfolg, ihn wieder so ordentlich zu haben, wie sie es von ihrem Mann gewöhnt war. Aber sie kennt sich mit den Pflanzen nicht so gut aus wie er, und der Gärtner »fummelt nicht gerne mit den Pflanzen herum, er betätigt lieber Maschinen, wie die meisten Männer.« Wenn Nathalie verärgert oder aufgeregt ist, geht sie am liebsten zu den Brücken hinunter, an der Trauerweide vorbei, weil es da immer grün und ruhig ist und nicht soviel Unkraut gejätet werden muß. Weder schafft sie es, das Haus richtig sauber zu halten noch den Garten – alles ist jetzt zu groß. Aber sie sieht auch darin Vorteile: »Bakterien können mir nichts mehr anhaben, weil ich sie alle schon im Haus habe, deswegen werde ich nie krank.« Obwohl sie mit dem Jäten nicht nachkommt und nicht genug Zeit für all ihre Ableger hat – »Ich bin wie ein Eichhörnchen, ich stecke Sachen in den Boden und vergesse, wo ich sie hingetan habe!« –, liebt Nathalie ihren Garten über alles. Sie sieht sich als Erbverwalterin der zwei Männer, die ihr im Leben am meisten bedeutet haben: Vom Vater hat sie die Bienenzucht übernommen und von ihrem Mann die wunderbare Gartenanlage von Astley Abbotts.

Dennoch hat sie kein schlechtes Gewissen, wenn sie etwas vernachlässigt: »Nachdem ich mich um meine zwanzig Bienenstöcke, die Lavendelfarm und meine acht Enkel gekümmert habe, bleibt nicht mehr viel Zeit. Außerdem habe ich noch andere Interessen und jede Menge Projekte.« So will sie zum Beispiel über Spinoza schreiben – »Ist er nicht der tollste Philosoph?« – und sich mit den Biographien ganz bestimmter Menschen beschäftigen. So würde sie zum Beispiel gern ein Buch über das Leben einer gewissen Francis Cook verfassen, die als 14jährige gegen ihren Willen mit einem Halbidioten verheiratet wurde (»Die Ehe war kein Erfolg.«) und eines Tages nach Shropshire floh, wo ihr Liebhaber während des Bürgerkrieges Gouverneur von Bridgenorth Castle war. Das ist natürlich vorrangig von lokalem Interesse, könnte aber darüber hinaus auch eine breite Leserschicht ansprechen, so glaubt Nathalie. Vorausgesetzt, das Manuskript wird jemals geschrieben: »Bei dem Tempo, das ich vorlege, werde ich wahrscheinlich sterben, bevor ich auch nur eines meiner Projekte fertiggestellt habe. Doch das ist egal, mir gefällt einfach die Arbeit daran.«

Für Nathalie Hodgson zählt der Weg, nicht das Ziel. Und so hat sie in ihrem Leben sehr viel geschafft.

Der Pflanzplan

1. Zufahrt
2. Rosen- und Clematispergola
3. Heckenumschlossene Gärten (kleiner formaler Garten sowie Gemüse- und Anzuchtgarten)
4. Waldteil mit Bach (insgesamt drei Brücken), Rhododendren und Goldregen
5. Große Trauerweide
6. Haus
7. Terrasse
8. Seerosenteich, abgeschirmt von der Rosenpergola; Sitzbänke
9. Stufen hinunter auf den großen Hauptrasen
10. Libanonzeder
11. Paar aus geschnittenem Buchsbaum
12. Uralte Eibe
13. Straße
14. Lavendelfeld hügelaufwärts auf der anderen Straßenseite
15. Weiter oben auf dem Lavendelfeld (außerhalb des Blickfeldes) das Bienenhaus

Diandra Douglas S'Estaca

Ein Weingarten auf Mallorca

Michael & Diandra – we love you«, haben Touristen an die versteckte Einfahrt von S'Estaca geschrieben. Nachträglich hat jemand den Namen von ihr mit einem dicken Balken durchgestrichen, wahrscheinlich vor zwei Jahren, als das berühmte Hollywood-Paar sich offiziell trennte. Diese unfreundliche Inschrift erinnert Diandra Douglas bei jedem ihrer Aufenthalte auf Mallorca an zwei schmerzliche Tatbestände: Sie steht ständig unter Beobachtung – und sie steht immer im Schatten.

Hausherrin: Diandra Douglas vor dem antiken Eingangstor zu S'Estaca.

Obwohl das Grundstück nur sehr schwer über abenteuerliche Serpentinen zu erreichen ist und kein Schild den Weg weist, wird es fast das ganze Jahr von Journalisten und Touristen belagert. Dafür sorgen schon Hotelangestellte und andere Trinkgeldempfänger in Valdemossa, die gegen einen entsprechenden Obolus heiße Tips geben. Zwar gelangen nur ganz wenige direkt bis zum Gelände, aber das ist auch nicht nötig: Es gibt genügend Standorte am steilen Küstenhang, die einen freien Blick auf die Terrassen von S'Estaca gewähren und vor allem auf den Pool, auf den sich alle Ferngläser und Teleobjektive richten. Manche Fotografen hat der bullige Hausverwalter Juan, der aussieht wie Gérard Dépardieu, geradezu von den Bäumen schütteln müssen. Kein Wunder, daß Diandra es vorzieht, den schmalen Feldweg zum Strand hinunterzugehen, wo ihr Boot liegt, und den ganzen Tag auf dem Meer zu verbringen – oder das, was vom Tage übrig bleibt. Denn Diandra taucht nie vor Nachmittag aus ihren privaten Gemächern auf, und das ist mit ein Grund, warum viele sie für eine kapriziöse und distanzierte Diva halten.

Michael Douglas dagegen gibt sich volkstümlich und deswegen nimmt man ihm so schnell nichts übel – weder seine Alkoholexzesse noch seine Sexeskapaden. Je offener er darüber spricht, um so eher wird ihm vergeben. Und so läßt er sich immer wieder auch in seinem Feriendomizil auf Mallorca abbilden, das in der Presse grundsätzlich als »die Luxusvilla des Hollywoodstars« beschrieben wird.

Daran ist zweierlei falsch: Erstens ist S'Estaca keine Luxusvilla, sondern ein relativ kleines Haus, das nur durch seine fotogene Architektur mit den maurischen Zinnen spektakulär wirkt – und zweitens ist es, moralisch gesehen, Diandras Besitz, auch wenn er auf dem Papier beiden gehört. Denn es ist Diandra, die von Kindesbeinen an ihre Ferien auf Mallorca verbrachte, die die Sprache spricht und alle Brauche kennt, die hier ihre ältesten Freunde hat und Projekte entwickelt, um die Zersiedelung und Zerstörung der Insel zu stoppen. Als einziges Kind eines amerikanischen Diplomaten und einer französischen Künstlerin wuchs Diandra zum größten Teil in Europa auf, und die schönsten Erinnerungen hat sie an Miramar, den ehemaligen Wohnsitz des Habsburger Erzherzogs Ludwig Salvator an der Nordwestküste Mallorcas, den die Mutter gemietet hatte. Stundenlang stöberte Diandra auf dem Speicher herum, wo in großen Korbtruhen Zeichnungen, Fossilien und verstaubte Ausgaben des *National Geographic* vom Ende des 19. Jahrhunderts lagerten. Dort träumte sie sich in die Welt des Habsburgers, der mit seiner Yacht Nixe die Meere besegelt und als Aussteiger

Wasserspiele: Ein Springbrunnen sorgt ständig für frischen Zulauf im Pool.

Mallorca zu seiner Wahlheimat gemacht hatte. Als Teenager lud sie ihre Freunde aus Deià, alles Kinder aus Künstlerfamilien, zu Spaghetti-Parties ein. Einer ihrer liebsten Spazierwege führte die Steilküste entlang nach S'Estaca, wo einst Catalina Homar, die lebenslange Geliebte Ludwig Salvators, gelebt hatte und wo die Künstlerin Yannick Vu wohnte, mit der Diandra bis heute befreundet ist. Gerade weil S'Estaca, verglichen mit anderen mallorquinischen Landsitzen, fast wie ein Puppenhaus wirkt und durch seinen Standort auf einer Klippe über dem Meer ungeschützt den Elementen ausgesetzt ist, verliebte Diandra sich in diesen Besitz, und als vor neun Jahren die Möglichkeit bestand, ihn zu kaufen, zögerte sie nicht eine Sekunde.

Da war sie längst die Frau von Michael Douglas. Kennengelernt hatte sie ihn 1977 auf einer Party zu Ehren Jimmy Carters, der am nächsten Tag sein Amt als amerikanischer Präsident antreten sollte. Die 19jährige absolvierte gerade ihr zweites Studienjahr in Georgetown und sammelte erste politische Erfahrungen als Praktikantin im Weißen Haus. Sie hatte keine Ahnung, wer der 32jährige war, der in Begleitung von Warren Beatty und Jack Nicholson zur Party kam. Hollywoodstars interessierten sie nicht, sie suchte nur die Gesellschaft von Künstlern, und Michael Douglas fiel ihr auf, weil er der einzig avantgardistisch aussehende Mann in der Menge war. Sie wiederum fiel ihm auf, weil sie aussah »wie ein Engel auf einem Botticelli-Bild«. Drei Monate später waren die beiden verheiratet. Michaels Bruder Joel wunderte sich nicht über die schnelle Entscheidung: »Diandra ist wie eine Märchenprinzessin.«

Märchenhaft: Wie eine Filmkulisse für 1001 Nacht wirkt die strahlend weiße Sommerresidenz auf den Klippen hoch über dem Mittelmeer.

Genauso sieht sie auch aus, als sie mit zweistündiger Verspätung zum Interview im Garten auftaucht, begleitet von ihrer zierlichen Whippethündin Pumpkin. Sie trägt ein langes braunes Kleid aus Leinen, dazu um die Fesseln geschnürte Espadrilles mit hohem Keilabsatz und eine üppige afghanische Silberkette, die das ganze Dekolleté bedeckt. Ihre blonden Locken fallen bis über die Schultern, das Gesicht ist unauffällig, aber perfekt geschminkt – Diandra weiß, was vor der Kamera wirkt. Es wirkt auch auf Kinder und Tiere: Von allen Ecken des Grundstücks kommen sie herbeigelaufen, um in ihrer Nähe zu sein. Ihre Stimme ist sanft, ihre Ausstrahlung extrem weiblich, und sie ist auf eine individuelle Weise schön, die tatsächlich eher an Märchen erinnert als an Hollywood.

Daß sie im Garten arbeitet, kann man sich kaum vorstellen. »Gestern hatten wir Weinlese«, sagt sie. »Wir haben den ganzen Tag Merlot-Trauben geerntet.« Es stimmt, auch wenn der Tag für sie sicher später angefangen hat als für alle anderen, darunter die vielen Freunde und ihre Familien, die auf Diandras Einladung hier Ferien machen. Sie ist ein Nachtmensch und verbringt viel Zeit in ihren Privaträumen im ersten Stock des Haupthauses. Dennoch ist sie eindeutig das Herz von S'Estaca. Nur zu ihr kommen die sechs wilden Esel, deren Aufgabe es ist, das unwegsame Gelände säuberlich abzugrasen. Sie fressen Diandra das Brot, das sie ihretwegen stets bei sich trägt, aus der Hand – vor jedem anderen Menschen, auch vor Michael, fliehen sie.

Diandra kennt jeden Stein und jede Pflanze auf dem riesigen Gelände. Sie hat dafür gesorgt, daß die verwilderten Terrassen, die schon vor tausend Jahren dem Steilhang abgerungen worden sein dürften, wieder gesunde und ergiebige Trauben tragen. Vor hundert Jahren hatte eine Krankheit alle Reben zerstört, und es war vorbei mit dem wunderbaren Wein, der hier zu Zeiten des Erzherzogs von seiner bäuerlichen Geliebten Catalina produziert wurde. Diandra ließ 1991 tausend Stöcke aus Amerika kommen und bepflanzte den ganzen Weingarten neu mit Merlot-, Monte Negro- und Cabernet Sauvignon-Trauben. Daraus werden pro Jahr siebenhundert Flaschen Rotwein gewonnen: Gran Reserva Kirk, zu Ehren von Michaels Vater Kirk Douglas, und Crianza Cameron, benannt nach ihrem Sohn. Die fünfhundert Flaschen Weißwein heißen schlicht Vinya S'Estaca. Der Wein wird von Freunden und Gästen hoch geschätzt.

Von Diandra weniger. Der Alkohol spielt in ihrem Leben eine tragische Rolle. Ihr Vater starb viel zu früh an

Liebe zur Geometrie: Ganz formal ist der Ziergarten am Haus angelegt: Vier Beete, mit Buchsbaum eingefaßt, gruppieren sich um einen Brunnen.

Gastgeschenk: Im geschützten Innenhof vor einem der Gästehäuser reifen frühe Orangen.

den Auswirkungen seiner Trunksucht, und ihre Ehe ist daran nach zwanzig Jahren gescheitert. Sie hat ziemlich früh gemerkt, daß Michael zu viel trank, aber wie alle Kinder von Alkoholikern hatte sie eine hohe Toleranz, da sie normale Trinkgewohnheiten nicht kannte. Außerdem war Michael als Produzent und Schauspieler ständig unterwegs, so daß sie vieles nicht mitbekam. Auch nicht seine angeblich zahlreichen Seitensprünge. Sie hält das für ein Glück, weil sie die Ehe sonst viel zu früh aufgegeben hätte. So aber fühlte sie sich nach wie vor bei dem 13 Jahre älteren Michael geborgen: »Er war meine Familie – Großvater, Großmutter, Mutter und Vater. Er war alles für mich.« Sie hatte außer ihrer Mutter keine Familie mehr; von ihres Vaters Seite wollte niemand mehr etwas von ihr wissen, seit sie sich für das oberflächliche Hollywood entschieden hatte. In der Tat paßte sie dort nicht hin. Diandra war auch nach zwei Jahrzehnten noch eine Fremde, die niemand kannte und die offenbar auch niemand kennenlernen wollte. Alles drehte sich immer um Michael Douglas, den zweifachen Oscar-Preisträger. An Diandra bewunderte man ihre europäische Eleganz und Zurückhaltung, gleichzeitig warf man ihr Kälte und Arroganz vor. Auf die Idee, daß sie scheu war und Schutz suchte, kamen nur wenige.

Häufig nahm sie Zuflucht auf Mallorca und bei ihren alten Freunden. Dazu zählt auch der Architekt Tony Guncosa, mit dem gemeinsam Diandra den Um- und Ausbau von S'Estaca plante. Im Haupthaus blieb das Erdgeschoß mit seinen vier Zimmerchen, darunter die alte Küche mit einem Gasherd, der wie ein antiker Kohleherd aussieht, nahezu unverändert. Im ersten Stock wurde das private Appartement eingerichtet, mit einem holzvertäfelten Bad und einer überdachten Veranda, die einen unbegrenzten Ausblick auf das Mittelmeer bietet.

Für die stets willkommenen Gäste mußte erst Platz geschaffen werden. Sehr geschickt ließ Diandra vorhandene Ruinen restaurieren und mit neuen Nebengebäuden verschachteln, so daß sich das ganze Ensemble aus landesüblichem Naturstein auf mehreren Ebenen unauffällig in den Hang fügt. Im Zentrum liegen die Gemeinschaftsräume: ein großer neuer Salon mit Marmorkamin und dunkler Balkendecke, ein Eßzimmer mit einem langen Refektoriumstisch und eine geräumige funktionale Küche. Auch der Fitneßraum mit modernsten Geräten ist für die Allgemeinheit gedacht. Nur das Poolhaus wurde im Stil dem Haupthaus angepaßt und leuchtet mit seinem strahlenden Weiß ebenso heraus. Hier hat Diandra die maurischen Elemente noch unterstrichen, indem sie antike Türen, Kacheln und eine wunderschöne holzgeschnitzte und bemalte Mudejardecke aus Marokko hat einbauen lassen. Verstreut über die einzelnen Gebäude finden sich weitere marokkanische Antiquitäten, unter anderem ein winziges Minarett, das einen kleinen Innenhof in arabischer Manier schmückt.

Diandra hat sich für den Umbau und die Einrichtung von S'Estaca viel Zeit genommen. Monate verbrachte sie auf dem spanischen Festland, um bei Antiquitätenhändlern und Trödlern nach alten Türen, Brunnen, Kamineinfassungen und anderen architektonischen Elementen zu suchen. Alles kam auf einen Lastwagen, der sie begleitete, und wurde erst einmal im Hafen von Barcelona gelagert. Mit Architekt Tony, dem Freund aus Jugendjahren, fuhr sie ins Lagerhaus, um alles zu vermessen –

und dann wurden die Gebäude entsprechend dem vorhandenen Material geplant. »Hier gibt es keine zwei Türen oder Fenster mit dem gleichen Maß«, sagt Diandra. »Dafür haben sie eine Geschichte.« Die Tür zum Salon zum Beispiel stammt aus dem 11. Jahrhundert, und die marmorne Arbeitsplatte in der neuen Küche wurde aus den Treppenstufen eines Klosters in Sevilla geschnitten. Auch die Brunnen und Steinstufen, Säulen und Amphoren im Garten haben eine Vergangenheit. »Ich liebe alte Häuser und alte Dinge, weil sie eine Seele haben«, erklärt Diandra. Damit diese Seele nicht »gestohlen« wird, hat sie trotz aller Angebote noch nie die Innenräume fotografieren lassen. Und für den Garten hat sich offenbar noch nie jemand interessiert. Er ist ganz allein Diandras Werk. Sie hat festgelegt, wo Terrassen sein sollen, Säulen, Laubengänge, Stufen. Ein winziger *hortus conclusus* mit einem antiken Brunnen in der Mitte, vier Zitronenbäumchen als »Eckpfeiler«, *Agapanthus* rundherum und weißen Kletterrosen an den Mauern ist ebenso ihr Werk wie der kleine formale Garten östlich vom Haupthaus mit seinen beschnittenen Buchsbaumhecken und den vier formalen Beeten, die jeweils eine hohe Palme beherbergen und gemeinsam einen Brunnen einrahmen.

Diandra liebt weiße Blüten, überall sind weiße Kletterrosen zu finden, und der Jasmin vor dem Haus bringt das ganze Jahr über weiße Blüten hervor. Auch die wildwachsenden Kapern dürfen sich ungehindert ausbreiten, da ihre Blüten zarte weiße Wunderwerke sind, die sich bei Sonnenaufgang öffnen und bereits in der Mittagshitze welken. Vor dem Haupthaus, das nach dem Willen Ludwig Salvators eine sizilianische Villa mit arabischen Zinnen sein sollte und heute wie ein anachronistisches Postkartenmotiv wirkt, stehen noch die alten Palmen, die der Erzherzog selbst pflanzen ließ. Auch ein alter Affenbrotbaum und zahllose *Opuntia* (Feigenkakteen) mit ihren stachligen Früchten waren schon vor Diandra da. Wieder angepflanzt hat sie den heimischen Palmito, der nur auf einer Strecke von wenigen Kilometern entlang

Mit Blick aufs Meer: Wer den steilen Weg zum Strand hinunter scheut, findet Erfrischung im Pool.

Zur Zierde: Die Früchte von Feigenkaktus (Opuntia) *und Dattelpalme* (Phoenix dactylifera) *werden selten geerntet.*

der Nordwestküste wächst und der traditionell zu widerstandsfähigen Besen verarbeitet wird. Auf der westlichen Terrasse, deren Laubengang mit weißen Kletterrosen und Efeu berankt ist, stehen in alten Terrakottatöpfen sogenannte Chicas – besonders kleine, dekorative und teure Palmen. Vor das Poolhaus hat Diandra vier Magnolienbäume gepflanzt, und die weißen Säulen läßt sie von *Bignonia* mit rosaroten trompetenförmigen Blüten beranken.

Diandra hat sich schon als Kind für Gärten interessiert, besonders für den ihrer Mutter in Miramar, und deshalb weiß sie: »So nah am Meer muß man immer Kompromisse schließen. Salzwasser und Wind machen Probleme, der Boden und auch die Topographie – wir liegen schließlich auf einem Kliff – spielen eine Rolle. Man kann einfach nicht machen, was man will.« Außerdem ist sie nur wenige Wochen im Jahr da. Aber egal, wo Diandra sich aufhält: Sie ist immer von Tieren und Pflanzen umgeben. Bei ihrem Haus in Santa Barbara in Kalifornien hat sie gerade einen Zen-Garten nach japanischem Muster angelegt und dafür zum erstenmal einen Landschaftsarchitekten beauftragt. Aber obwohl er seine

Reiche Ernte: Die schöne Merlot-Traube lagert später als hauseigener Rotwein im geräumigen Gewölbekeller.

Sache hervorragend gemacht hat, trennte Diandra sich vorzeitig von ihm: »Ich mußte den Garten einfach nach meinen eigenen Vorstellungen vollenden.«

Seit vielen Jahren macht Diandra Dokumentarfilme fürs Fernsehen. Sie war die erste, die sogar ihr Büro im Museum hatte und dort ihre Filme drehte. Mittlerweile machen es alle dem Metropolitan Museum in New York nach. Diandra, die früher die europäischen Künstlerfreunde ihrer Mutter, wie Miró und Calder, langweilig fand, hatte ursprünglich Politik und Jura studiert. Als Amateurin kam sie dann zurück zur Kunst und fing an mit einem Film über die Dada-Bewegung. Die Beschäftigung mit der Kunst ließ die Beziehung zur Mutter noch enger werden. Gerade verbringt sie ihren vielleicht letzten Sommer mit Diandra auf Mallorca; sie leidet an einem Gehirntumor und erkennt kaum mehr die eigene Tochter.

Sieben Jahre hat es gedauert, bis S'Estaca innen und außen den Vorstellungen von Diandra entsprach. Aber das heißt nicht, daß es so bleiben wird. Für sie gleicht ihr Besitz einem *work in progress*, das sich immer wieder ändern wird: »Weil ich mich ändere.«

Vor fünf Jahren hat sie Michael vor die Wahl gestellt: »Entweder der Alkohol oder ich.« Er hat sich einer Therapie unterzogen, an der auch seine Mutter, sein Vater, Diandra und der gemeinsame Sohn Cameron, der mittlerweile Anfang zwanzig ist, teilgenommen haben. Für die ganze Familie war das ein Fortschritt. Dennoch ging die Ehe drei Jahre später in die Brüche. Es ist S'Estaca, wo Diandra Trost in dieser Zeit fand. Auch wenn es heißt, dies sei die Traumvilla des Hollywoodstars Michael Douglas, so spürt sie doch, daß jede Pflanze und jedes Tier hier – und dazu zählen zwei dänische Doggen, das Äffchen Puma, ein weißer und ein grauer Kakadu sowie unzählige Katzen – ihre Hand kennt und weiß, wer die Seele des Ganzen ist.

Der Pflanzplan

1. Beginn der sich nach oben (links) erstreckenden Weinberge
2. Zufahrt von oben durch die Weinberge
3. Gästehaus
4. Palmengarten
5. Schwimmbad
6. Badehaus
7. Formaler Garten mit Brunnen
8. Parkplatz
9. Fitnessraum

Liesel Stokes
Nantekara

Von der Oase in die Wildnis

Der Weg führt steil bergan, hinauf in die grünen Hügel Afrikas. Kaum vorstellbar, daß hier oben, in der tiefsten Wildnis, in der sogar noch Leoparden frei leben, eine Frau einen bemerkenswerten Garten angelegt haben soll. Aber er ist verzeichnet auf der Garden Route of South Africa, und wenn Liesel Stokes auch mehrmals darauf hingewiesen hat, daß ihr Garten »wirklich nichts Besonderes« sei, so gebietet es schon die Höflichkeit, den angekündigten Besuch auch abzustatten.

Auf den ersten Blick ist kaum ein Garten zu erkennen. Ein paar Rosenbüsche vor dem Haus, die seltsam deplaziert wirken, einige vereinzelte gelbe oder violette Blüten – und ansonsten Grün, so weit das Auge reicht.

Aber wie weit das Auge reicht! Ein Rundumblick von dreihundertsechzig Grad erlaubt eine ungehinderte Sicht auf eine Landschaft von einzigartiger Schönheit: im Norden über dichtbewaldete Hügel hinweg bis auf die Kette der Outeniqua-Berge, im Süden über den großen Canyon mit dem Touw River hinweg bis zum Indischen Ozean in zwei Kilometern Entfernung. Der Busch ringsherum ist so dicht, daß kleines und großes Wild, Stachelschweine, Wildschweine, Paviane, Fischadler und dieses seltenste aller Tiere, der scheue schnelle Leopard, hier ungestört leben können.

Sich in diese grandiose Landschaft unauffällig einzufügen und doch Abwechslung zu bieten, das macht den Garten von Liesel Stokes so einmalig. Es ist bezeichnend für ihre ganze Art, daß sie untertreibt. Als Landschaftsarchitektin hätte sie leicht der Versuchung erliegen können, in diesen ungewöhnlichen Rahmen einen spektakulären Garten einzufügen, der ihr Ruhm und reiche Klienten eingebracht hätte. Statt dessen stand für sie die »Integrität der Atmosphäre« im Vordergrund: »Man muß das Vorhandene respektieren und sich anpassen.« Dazu gehört für sie zum Beispiel, daß man in Japan Tee und keine Cola trinkt. Und wenn sie einen Garten anlegt, dann lautet ihre erste Frage: »Was paßt in die Gegend, was bietet die Natur?«

So hat sie es schon im Elternhaus gelernt. Sowohl ihr Vater, ein Augenchirurg, als auch ihre Mutter liebten einheimische Pflanzen. Was nicht schwer ist, wenn man bedenkt, daß Südafrika das Land mit der größten Pflanzenvielfalt der Welt ist. Dennoch setzte ihre Mutter in den Garten in Johannesburg, wo Liesel geboren ist, nicht nur riesige Thorn Trees, Aloen und Erikas, sondern auch englische Zwiebelgewächse – eine läßliche Sünde im Vergleich zu dem, was andere ehrgeizige Gärtner aus aller Herren Länder anschleppten. Diese *aliens* aus fremden Gegenden machen heute der einheimischen Flora mehr und mehr zu schaffen, da sie keine natürlichen Feinde vorfinden und sich ungehindert ausbreiten können – allen voran Akazien aus Australien. Liesels Mutter war Mitglied der Wild Flower Society und nahm ihre Tochter oft auf Wildpflanzen-Ausstellungen mit, aber Liesel schätzte nur die Blumen, nicht die Shows.

Ursprünglich wollte sie Tierärztin werden, aber sie merkte sehr schnell, daß sie dafür nicht geeignet war. Als sie erfuhr, daß an der Universität in Pretoria ein neuer Studiengang für Landschaftsarchitektur eingerichtet worden war, verließ sie Johannesburg und schrieb sich

Naturfreundin: Liesel Stokes, umringt von ihren drei lebhaften Mischlingshunden.

Fast ein Versteck: Wie ein Baumhaus liegt Nantekara hinter dichtem Blattwerk.

dort ein: »Das gab mir die Möglichkeit, meine Liebe zu Tieren und Pflanzen mit meinen künstlerischen Interessen zu verbinden.« Ihre vierjährige Ausbildung erreichte im letzten Jahr ihren Höhepunkt, als die Studenten eine Woche lang gemeinsam mit berühmten Landschaftsarchitekten wie Marx, Odum, Werkmeister und MacHarg einen Wasserlauf in der Innenstadt von Pretoria neu planen durften. Das war 1974 – im selben Jahr heiratete Liesel ihren Studienkollegen Brian.

Zunächst lebten sie auf einem kleinen Pachtgrundstück außerhalb von Pretoria, wo Liesel ihren ersten eigenen Garten anlegte. Er war klein, die Erde war trocken, es wuchsen dort fast nur Steppengräser. Um so größer war ihre Freude, als sie und Brian aufgrund der Wirtschaftskrise in Südafrika »in die Wüste geschickt« wurden. Da es sonst keine Arbeit gab, hatten sie praktisch keine andere Wahl, als das Angebot anzunehmen – doch das erwies sich als großes Glück. Sie kamen hoch in den Norden, wo die Kalahari-Wüste beginnt, die sich von Südafrika über Botswana, Namibia und den Kongo bis nach Gabun erstreckt, und damit die größte zusammenhängende Sandmasse der Welt bildet. Wer denkt, dort gäbe es kaum Leben, irrt gewaltig: Liesel war überrascht, wie viele Pflanzen sich den Bedingungen der Wüste angepaßt haben. Obwohl die Temperatur im Sommer auf fünfzig Grad Celsius ansteigt und im Winter auf minus zehn Grad Celsius fallen kann, gedeihen akklimatisierte Pflanzen hervorragend. Ein Thorn Tree kann beispielsweise in nur fünf Jahren eine Höhe von acht Metern erreichen. Natürlich braucht er dazu Wasser, aber darüber verfügte Liesel an ihrem neuen Wohnort in ausreichendem Maße. Sie lebte in Upington am Ufer des großen Orange River, der heute Gariep heißt, wo man unbegrenzt billiges Wasser verbrauchen konnte. Upington ist eine grüne Oase in einem Meer roter Sanddünen, und Liesel hatte dort den schönsten und üppigsten Garten angelegt. Allerdings bedurfte es einiger Vorbereitungen, denn das knapp zehntausend Quadratmeter große Grundstück lag im ehemaligen Überflutungsgebiet des Flusses, der Boden war aus schwerem Lehm und extrem salzig. Liesel mußte herausfinden, wie sie die Pflanzen an diesen ungewöhnlich hohen pH-Wert gewöhnen konnte. Zudem lag der Grundwasserspiegel sehr hoch. Liesel behalf sich, indem sie die Konturen so beschnitt, daß die Wurzeln nicht bis ins Wasser ragten. Es gelang ihr, Weinreben, Feigenbäume, Palmen und andere Wüstengewächse in ihrem Garten gedeihen zu lassen. Auch beruflich erwies sich die Wüste als ergiebiges Feld: Liesel und Brian hatten einmalige Möglichkeiten, auf dem Gebiet der Architektur und Landschaftsgestaltung, sowohl in der Umgebung von Upington als auch in verschiedenen Nationalparks, zu experimentieren.

Als sie nach acht Jahren die Wüste verlassen mußten, um neue berufliche Perspektiven zu suchen, stand eines für sie fest: »Wir wollen nie wieder in der Stadt leben.« Sie sind süchtig nach der »reichen Leere« der Wüste geworden und halten ihre jährlichen Treffen mit Landschaftsarchitekten und Umweltschützern jedesmal an einem anderen entlegenen Ort ab. Der Mittelpunkt ihres Lebens liegt heute jedoch an der Südküste, wo das Klima sehr mild und gemäßigt ist: Der Temperaturunterschied zwischen Sommer und Winter beträgt nicht mehr als zehn Grad Celsius. Es regnet häufig, und so entwickelt sich eine geradezu dschungelartige Flora. Ihr Traum war es, ein kleines Steinhaus zu bauen, das von einer sanften Wiese mit Wildblumen umgeben sein sollte. Es erwies sich aber als sehr schwierig, ein geeignetes Grundstück

Lieblingsplatz: Die Fenster mit Blick über das weite Tal von Wilderness ersetzen das Fernsehgerät.

zu finden, und so lebten sie zunächst in einem Haus in George am Fuße der Outeniqua-Berge; ein kalter Gebirgsbach floß durch den Garten. Wieder mußte sich Liesel umstellen und erst einmal lernen, was unter diesen Bedingungen gedeihen könnte. Diesmal wurde es ein Garten mit Sumpfpflanzen im tiefliegenden Bereich und typisch südafrikanischen Blumen, wie *Protea* (Silber- oder Schimmelbaum), in den höher gelegenen Beeten.

1984 fand Brian ein Grundstück, das ihren ursprünglichen Vorstellungen nicht im geringsten entsprach: ein sechs Hektar großer, undurchdringlicher Dschungel aus überwiegend fremdländischen Pflanzen im naturgeschützten Seengebiet von Wilderness. Hier würde nie eine Wildblumenwiese wachsen, und ein Haus aus Stein wäre fehl am Platz … Dafür war die Aussicht grandioser, als sie je zu träumen gewagt hätten, und der Preis war erschwinglich. Die Umgebung von Wilderness war immer arm gewesen, und vor hundert Jahren etwa wurde kräftig abgeholzt, um auf dem neugewonnenen Ackerland Süßkartoffeln anzupflanzen. Dieses Unternehmen stellte sich aber als zu mühsam heraus, da man die Kartoffeln nur in Kiepen auf dem Rücken hinuntertragen konnte, und so wurde diese Kultur wieder aufgegeben. Auf den brachliegenden Feldern machten sich schnell *aliens* breit, die den heimischen Gewächsen kaum eine Chance ließen. Viele der Buschpflanzen waren bereits geschwächt. Liesel und Brian nahmen sich vor, alles Fremde und Kranke zu entfernen. Das dauerte fünf Jahre, und erst dann entschieden sie, an welche Stelle sie ihr Haus bauen wollten, damit es so wenig wie möglich störte. In nur vier Monaten entstand das von Brian entworfene Holzhaus, das aussieht, als wäre es dem Busch

Fruchtbarer Dschungel: Die Passionsblume fühlt sich an der Veranda so wohl, daß sie eifrig Früchte trägt.

In schwindelnder Höhe: Wer hier schwimmt (links), sieht in der Ferne das Meer. Über den Wipfeln: Wie in einem Adlerhorst sitzt man auf den hohen Stelzenterrassen.

entwachsen, so perfekt fügt es sich in das Landschaftsbild ein. Verwinkelte Terrassen öffnen nach allen Seiten den Blick auf das unglaubliche Panorama. Der Swimmingpool wirkt, als könne man von ihm aus direkt ins Meer schwimmen – auf jeden Fall muß man aufpassen, daß man beim Heraussteigen nicht den steilen Abhang hinunterstürzt.

Auch der Garten entstand in sehr kurzer Zeit. Alle Pflanzen, die Struktur geben, also Bäume, hohe Sträucher und Büsche, befanden sich bereits auf dem Grundstück. Vieles hat Liesel aus Samen gezogen; ihrer Erfahrung nach wachsen einheimische Bäume sogar schneller aus Samen als aus Stecklingen. Die riesige Passionsblume, die sich an der Veranda emporrankt, ist in nur zwei Jahren so groß geworden. Sie hat zwei »Füße«, einen an der Nord- und einen an der Südseite, deshalb trägt sie sowohl im Sommer als auch im Winter Früchte.

Liesel hatte mit einigen Schwierigkeiten zu kämpfen, bevor ihr Garten seine endgültige Form annahm. Zu ihrer Enttäuschung war der lehmhaltige Boden viel zu schwer, um ausgerechnet die typischste aller südafrikanischen Pflanzen, die *Protea,* zu kultivieren. Lediglich drei Varianten der 115 verschiedenen *Protea*-Arten, die immer grün sind, bis zu drei Metern hoch werden und die erstaunlichsten Blüten hervorbringen, vertragen den schweren Boden. Da Liesel keinerlei Insektizide verwendet, kommen außerdem Besucher wie Schnecken, Spinnen und besonders Stachelschweine, die in der Abenddämmerung Liesels Garten als Restaurant betrachten. Aus diesem Grunde lautet ihre bescheidene Devise: Alles, was grün ist, ist ein Erfolg, zumal sie selbst zu wenig Zeit hat, sich um den Garten zu kümmern, denn als Landschaftsarchitektin ist sie ständig für ihre Auftraggeber unterwegs. Ihr Gärtner, der eigentlich täglich kommen soll, kann das aufgrund seiner Epilepsie nicht immer. Dafür hat er ein gutes Gefühl für den Garten, und Liesel mag ihn sehr.

Obwohl Liesels Begeisterung den Wildpflanzen gilt, ließ auch sie sich zunächst von ein paar Exoten verführen, die ihr ein achtzigjähriger Freund schenkte. Doch *Berberis* und *Abelia* sahen neben den Buschgewächsen einfach nicht aus. Auch Palmen wirkten fremd, einzig ein paar *Phoenix roebelenii* (Zwergdattelpalmen) haben sich diskret in einer Hecke angesiedelt. Nur vor dem Haus, wo sich »die einzig gute Erde befindet«, hat die Zivilisation in Form von traditionellen Beeten Einzug gehalten. Dort blühen vor allem Rosen, die in erster Linie für die beiden Töchter Megan und Lesley angepflanzt wurden, weil es in Südafrika üblich ist, Schulfreunden und Lehrern zum Geburtstag eine Rose zu schenken. Die Töchter sind längst zum Studium außer Haus, und Liesel schätzt inzwischen die Rosen als Schnittblumen.

Am meisten aber freut sie, daß sich auch einheimische Bäume von allein wieder ansiedeln. Ihr Lieblingsbaum ist der Rock Elder *(Canthium mundianum)* mit seinen wenigen eleganten Zweigen, der in der Waldregion des Südkaps früher verbreitet war, heute aber nur noch sehr selten zu finden ist. Jedes Exemplar, das sie ergattern kann, setzt sie in die Gärten ihrer Kunden, und da die Rock Elders am besten wirken, wenn sie in einer Gruppe zusammenstehen, ist für Liesels eigenen Garten noch keiner übriggeblieben. Aber sie ist zuversichtlich, daß – auch aufgrund ihrer eigenen Bemühungen – der Rock Elder bald wieder von alleine überall Fuß fassen wird.

Der Süden des Landes gilt als das Gebiet, das botanisch gesehen weltweit am meisten zu bieten hat. Genau wie in Italien wird die ursprüngliche Vegetation Macchia genannt. In Südafrika besteht sie in erster Linie aus *Fynbos,* was »kleine Blätter« bedeutet. Es gibt mehr als zehntausend örtliche Sorten allein in dieser Region, in erster Linie *Proteas,* aber auch Erikas, Zwiebelarten und *Restios* oder Riesenschilf. Liesel Stokes hat es geschafft, daß sich auf ihrem Hügel wieder die heimische Flora ausbreitet. Nicht ohne Grund wurde deshalb ihr Besitz von der Regierung 1990 als Private Nature Reserve anerkannt und unter Schutz gestellt.

Vor kurzem bekamen Liesel und ihr Mann den Auftrag, ein Gemeindehaus im Gebiet von Wilderness, was nichts anderes als Wildnis heißt, zu planen. Bei der Gelegenheit fanden sie heraus, daß der ursprüngliche Name ihres Hügels Nantekara ist. So nannten die Ureinwohner, die Khoi-san, einen Busch, der heute als *Cape sumach* oder *Colpoon compressum* bezeichnet wird. Mindestens zehntausend Jahre ist es her, daß das »Volk der Strandläufer« die Höhlen und Strände im Seengebiet von Wilderness bewohnte. Es gibt viele Überreste von Werkzeugen und Kunstwerken aus Stein, die noch nicht erforscht sind, und beim Ausheben der Baugrube für das Gemeindehaus stießen Arbeiter sogar auf den Stoßzahn eines Elefanten. Auf diese Weise erfuhr Liesel, daß noch bis vor hundert Jahren der Knysna-Elefant in ihrer Gegend gelebt hat.

Bei soviel natürlichen Wundern, meint Liesel, wie sollte sie da stolz auf ihren Garten sein? »Das Schönste daran ist der Ausblick auf diesen Berg«, sagt sie, »und der macht überhaupt keine Arbeit.«

Der Pflanzplan

1. Zufahrt
2. Rosengarten
3. Garage
4. Haus
5. Pool
6. Gemähte Wiese mit vielfältiger Randbepflanzung
7. Terrasse
8. Terrassen auf hohen Stelzen
9. Busch- und Waldgelände

Charlotte Fraser
Long Meadow

Ein Londoner Stadtgarten an der Themse

Eigentlich träumte Charlotte Fraser von einem Garten ganz in Weiß. Als Designerin wußte sie, daß die Beschränkung auf eine Farbe der einfachste Weg zu großer Eleganz ist; nicht ohne Grund kleidet sich die Modebranche meist von Kopf bis Fuß in Schwarz. Ein schlichter Garten mit ausschließlich weißen Blüten, dachte die Kleidermacherin, würde am besten zu ihrem Londoner Stadthaus passen.

Heute jedoch finden sich in ihrem Garten auffallend kräftige Farben – nicht gerade bunt durcheinander, aber in Form von sehr satten, vorwiegend dunklen Tönen, die von Violett über Brombeer bis fast Schwarz reichen. Schließlich sind bereits fünfzehn Jahre vergangen, seit sie und ihr Mann Nick Long Meadow gekauft haben, und in dieser Zeit hat sich Charlottes Geschmack mehrmals geändert. Zunächst durften Hellgelb, zartes Pink und Blau Einzug halten, und heute sind es eben die samtigen Nachttöne. Bei der Einrichtung ihres Hauses geht es ihr genauso. Manchmal mag sie überhaupt keine Farben dulden, dann wieder können es kaum genug sein. »Man muß sich verändern«, sagt sie. Alles Statische ist ihr verhaßt, sie liebt alles, was in Bewegung ist: die Mode ebenso wie das Wetter, die Jahreszeiten sowie das Auf und Ab von Ebbe und Flut. Nicht umsonst ist dies bereits der zweite Wohnsitz direkt an der Themse: zuvor lebte Charlotte südlich des Flusses, jetzt an seiner Nordseite. Sie ist fasziniert von der sich ständig verändernden Landschaft am Wasser.

Es war der *rivergarden*, das Stückchen Grund direkt an der Themse, das den Ausschlag für den Kauf dieses Hauses gab. Es liegt zwar durch die Straße getrennt vom übrigen Garten, dafür genießt man aber vom Haus aus, das wegen der Überschwemmungsgefahr erhöht liegt, einen uneingeschränkten Blick auf den »Dschungel«, in dem dank Wärme und Feuchtigkeit alles besonders üppig gedeiht. Am Anfang allerdings hätte Charlotte die Augen am liebsten geschlossen gehalten: »Den Fluß konnte man kaum sehen, so viel Schrott lag im Garten.« Genau wie zwei vernachlässigte Nachbargrundstücke hatte er als wilde Müllkippe gedient, auf der sich verrostete Kinderwagen, ausgediente Kühlschränke und ähnliches sammelten. Charlotte gelang es, die Nachbarn dazu zu bewegen, gemeinsam eine Mauer zum Fluß hin bauen zu lassen, nicht allein zum Schutz gegen den unerwünschten Abfall, sondern auch als Bollwerk gegen die Themse, die sich langsam aber sicher die brachliegenden Gärten Scholle für Scholle einverleibte. Zuerst allerdings mußte Charlotte einige Exemplare des *Acer pseudoplatanus* (Bergahorn) loswerden, jene »ganz gemeinen« Bäume, die sich in England wie Unkraut vermehren und mit ihren Wurzeln jede Mauer zerstören. Acht Ahornbäume standen allein auf Charlottes Grund, und zwar so eng beieinander, daß sie sich gegenseitig bedrängten.

Das Gelände an der Themse ist Naturschutzgebiet, so daß man dort eigentlich nichts ohne behördliche Erlaubnis verändern darf. Aber was ungefragt wächst, wie der Bergahorn, der sich selbst ausgesät hat, so Charlotte, kann auch ungefragt wieder entfernt werden. Sie heuerte ein paar junge Baumfäller an, die ihre Gurte in

***Wandlungsfähig:* Charlotte Fraser liebt es, beruflich und privat Neues auszuprobieren.**

***Stilsicher:* Der Vorgarten mit rosenberankter Pergola paßt zur Eleganz der weißen Hausfront.**

die Äste schleuderten und ihre Motorsägen zückten: Eine Stunde später waren die ungeliebten Eindringlinge weg. Um die Mauer zu bauen, mußte die Ebbe abgewartet werden. Erst dann konnte ein Stahlgerüst in den Boden gerammt und mit schnelltrocknendem Beton aufgefüllt werden, bevor die nächste Flut kam. Zusätzlich ließ Charlotte ihren *rivergarden* höher legen, damit er nicht mehr so leicht überflutet wird.

Flußlandschaft: Der rivergarden *am Ufer der Themse hat fruchtbare Erde und ein fast südliches Klima.*

Danach jedoch erwies sich Long Meadow als der unkomplizierteste Stadtgarten, den man sich in London vorstellen kann. Weil er im ehemaligen Flußbett liegt,

ist die Erde von einer hervorragenden Qualität. Jahrhundertelang hat sich hier fruchtbarer Schlamm, angereichert mit allen möglichen Mineralstoffen, abgelagert. Besonders interessant findet Charlotte, daß sie zwei verschiedene Klimazonen hat: Der Vorgarten und *rivergarden* liegen dem Fluß zugewandt nach Süden und sind extrem warm. Vor dem Haus mit seiner eleganten weißen Front wächst sogar eine hohe Palme, und die Pelargonien im Topf können draußen überwintern. Am meisten freut sich Charlotte über das zartlilablühende 'Geranium ibericum', das sich selbst aussät, überall zwischen den Steinplatten wächst und auch den ganzen Winter hindurch blüht. Auf dem langen Rechteck hinter dem Haus dagegen kann es sehr kalt werden, deshalb halten sich dort nur absolut winterharte Pflanzen. Dennoch könnte Charlotte nicht sagen, welcher Teil des Gartens ihr besser gefällt. Manchmal sieht der *rivergarden* absolut spektakulär aus, dann wieder hat die Ebbe

Auftragsarbeit: An die Wellen des Wassers soll das Muster erinnern, das der Künstler Randell-Page in Stein schlug.

Kehrseite: Dem Norden zugewandt ist die dunkle Seite des Hauses mit weißem Wintergarten und der »langen Wiese«, auf der Kamelien für die ungewöhnlichsten Blüten sorgen.

alles weggeschwemmt oder die Flut hat eine Spur der Verwüstung hinterlassen. Der Nordgarten dagegen wartet nicht mit solchen Überraschungen auf, da ist es allein Charlotte, die für Veränderungen sorgt. Als sie den Garten übernahm, gab es in diesem hinteren Teil des Gartens nur zwei schmale Beete rechts und links. Sie hat das ganze Areal verändert, und zwar ohne fachliche Hilfe. Da sie ihr Leben lang in Häusern mit Gärten gewohnt hat, vertraut sie einfach ihrem Auge – das erinnert sich, was gut ausgesehen hat. Die Hauptsache ist, gerade Linien zu vermeiden, alles muß in Kurven und Wellen verlaufen. Der Rest ist Charlottes wechselnden Vorlieben unterworfen. Wenn ihr etwas nicht gefällt oder größer wird als vorgesehen, rupft sie es erbarmungslos wieder aus. Dabei stört es sie keineswegs, wenn eine Lücke entsteht.

Trotzdem sollte man Charlottes Verhalten nicht mit Launenhaftigkeit verwechseln. Immer steht eine Entwicklung hinter ihren Entscheidungen. Es wäre falsch anzunehmen, daß sie über Nacht alles über den Haufen werfen würde, vielmehr ergänzt und verändert sie. So finden sich noch überall weißblühende Blumen aus der Anfangszeit, wie die 'Bobby-James'-Kletterrose auf der Pergola, deren Blüte Charlotte nach wie vor kaum erwarten kann. Die Rose teilt sich den Platz mit einer unglaublich duftenden Glyzinie, die so alt wie das Haus sein dürfte – einhundertzwanzig bis einhundertdreißig Jahre. Sie blüht im Frühjahr und noch einmal im August, aber die erste Blüte ist beeindruckender, weil die Glyzinie dann noch keine Blätter trägt. Auch Charlottes Vorliebe für Tulpen ist ungebrochen, weil sie im Gegensatz zu anderen Zwiebelpflanzen, etwa Narzissen, die Blätter schnell einziehen – sie sorgt höchstens für einen Farbwechsel. Waren es am Anfang weiße Tulpen, so ist jetzt die dunkle 'Queen of the Night' Charlottes Favorit.

Eine Liebe fürs Leben ist die Kombination von Skulpturen und Pflanzen. Sie entstand durch den Vater, der Bildhauer war und dessen imposante weibliche Holzfigur, seine Abschlußarbeit an der Kunstakademie, ihren vorläufigen Ruheplatz unter einem Maulbeerbaum gefunden hat. Charlotte sammelt seit ihrer Jugend die unterschiedlichsten Skulpturen und verteilt sie nach Gutdünken auf Haus und Garten. Nur einmal hat sie eine Auftragsarbeit vergeben, und zwar für den *rivergarden,* das Ergebnis überzeugt sie jedoch nicht. Sie hat es lieber, wenn eine Skulptur nicht für einen bestimmten Platz vorgesehen ist, denn das gibt ihr freie Hand, wenn es um die Wahl des Standortes geht. Wie man sich denken kann, werden die Skulpturen in etwa so oft gerückt wie die Möbel.

Ständig stellt Charlotte Gewohnheiten in Frage. Als die beiden Töchter erwachsen waren und das Haus verlassen hatten, fiel ihr auf, daß der Swimmingpool, der unterhalb des Wintergartens an der Rückseite des Hauses lag, kaum mehr genutzt wurde. Kurzerhand ließ sie ihn zuschütten – Nick und sie haben es bis heute nicht bereut. Demnächst wird sie den ganzen Platz unter der Pergola an der Südseite zupflastern, weil die Rosen so wuchern, daß nichts anderes mehr wächst. Nur für ein paar Kamelien mit ihren wunderschönen Duftblüten wird sie weiterhin um Lebensraum kämpfen.

Eines Tages fragte sie sich, ob der Gemüsegarten nicht überflüssig sei. Er produzierte mehr, als sie verbrauchen konnten, und außerdem bekam Charlotte Bedenken wegen der Umweltverschmutzung. Da in der Nähe eine große Straße vorbeiführt, befand sich sicherlich viel Blei im Boden. Die aus dieser Erkenntnis resultierende Veränderung führte gleich zu einem neuen Beruf: Charlotte gab das Entwerfen von Kleidern auf und ließ sich zur Gärtnerin ausbilden – und zwar bis zum Diplom in Gartenbaukunst, um sodann eine Pflanzenschule zu eröffnen. Etwa ein Drittel ihres Bedarfs baute sie auf der Fläche des ehemaligen Gemüsegartens an, den Rest lieferte ihr Freund John Cook, der eine renommierte Gärtnerei in Surrey betreibt.

Charlottes Geschäft war nur freitags und samstags geöffnet, und sie verkaufte nur ungewöhnliche Stauden, die in London damals kaum zu bekommen waren. Immer schon hatte sie sich über das ewig gleiche Angebot in den Gärtnereien geärgert: »Die Einjährigen sind der Fluch englischer Gärten – überall Fleißige Lieschen und Begonien, Tagetes und Salbei!« Sie bot grundsätzlich keine Saisonpflanzen für Blumenkästen und Beete an, sondern nur Mehrjährige, die ihr selbst gefallen. Zum Beispiel *Agapanthus* (Schmucklilie), dessen lange riemenförmige Blätter ähnlich attraktiv sind wie seine runden blauen Blütenköpfe. Auf Charlottes Südterrasse überstehen sie sogar den Winter draußen. Ein großer Erfolg war auch die Einführung von *Diascia,* der unermüdlichen, allerdings nicht immer ganz winterharten Blüherin aus Südafrika. Als John Cook vor zehn Jahren mit der Zucht begann, gab es nur zwei, drei hellrosa Sorten. Mittlerweile kann man *Diascia* in allen möglichen Farben haben, und Charlottes momentaner Liebling ist von einem »wunderschönen, ganz, ganz dunklen Brombeer«. Kunden kamen von weither, um diese Art Pflanzen bei ihr zu kaufen, dennoch schloß sie ihre Staudengärtnerei bald wieder.

Dafür gab es gleich mehrere Gründe: Weil immer häufiger auf der Straße geparkte Autos von Vandalen beschädigt wurden, brauchten Charlotte und ihr Mann Garagen, und die konnten nur dort gebaut werden, wo

Vielfalt: Zu jeder Rose pflanzt Charlotte eine Clematis (links oben). Die duftende Verbene übersteht im warmen rivergarden *sogar den Winter (unten rechts). Edel wie eine uralte Sorte wirkt die moderne Patio-Rose vor Funkienblättern (unten links).*

der Pflanzenshop war. Außerdem erwies sich das Heranziehen der Stauden als Vollzeitjob, und Charlotte konnte sich nicht ununterbrochen um ihre Zöglinge kümmern – längst hatte ein neues Unternehmen ihr Interesse geweckt: ein Weingut in Frankreich.

Die Domaine de Perches gehört zu einem Schloß aus dem 18. Jahrhundert, das im Südwesten Frankreichs liegt. Ganz abgesehen davon, daß dort ein ganz wunderbarer Sauvignon wächst, glaubte Charlotte, hier das Rohmaterial für ihren Traumgarten gefunden zu haben. Wie so viele Engländer dachte sie, daß jenseits des Kanals die Lebensqualität ganz allgemein besser sei. Aber wenn es um Gärten geht, so ihre Erfahrung, sind die Engländer einfach überlegen. Eine Freundin, die ständig in Frankreich lebt, wollte einen Rosengarten anlegen und mußte alle Sorten aus England einführen. Die Gärtnerei nebenan bietet jetzt die beste Auswahl der ganzen Gegend – dank der Ableger, die Charlottes Freundin abgegeben hat. Sie selbst bringt die meisten Pflanzen aus ihrem Londoner Garten mit. Was soll sie auch machen, wenn sogar ein so weit verbreitetes Gewächs wie eine *Buddleja alternifolia* für französische Gärtner schon ein Problem darstellt? Sie wollten Charlotte eine *Buddleja davidii* andrehen, wie sie an jedem Provinzbahnhof wächst: »Die haben eben keine Ahnung, wie viele verschiedene Sorten es gibt – genau wie beim Lavendel, der als typisch französisch gilt. Ist das nicht erstaunlich?«

Mittlerweile glaubt Charlotte, daß Frankreich zwar das ideale Land für formale Gärten ist, »aber einen richtigen Garten kann man nur in England haben«. Und da ihr Mann Nick, seit er nicht mehr als Börsenmakler endlose Arbeitsstunden in der City verbringen muß, sich plötzlich ebenfalls für Pflanzen interessiert, wird wohl bald ein Grundstück in der tiefsten englischen Provinz angeschafft werden, »da, wo sich nicht schon Vorort an Vorort reiht – wahrscheinlich in Worcestershire oder Shropshire«.

Dann wird Charlotte Wein in Frankreich anbauen, den Noblesse Gaillac, und Blumen in England. Vor allem Rosen, obwohl sie in ihrer Liebe zu ihnen sehr wankelmütig ist: »Manchmal machen sie einfach zu viele Probleme.« Beständig dagegen bleibt Charlotte in ihrer Zuneigung zu Clematis: »Zu jeder Rose gehört eine Clematis. Sie gibt Farbe und Schutz und macht alle Konturen weicher. Für jeden Zweck gibt es eine passende Sorte, die blüht und blüht ...«

Der Brunnen (rechts) ist eingerahmt von Hortensien, Kamelien, Korkenzieherhasel, Buchsbaum, Elfenblume, Immergrün und Spanischem Gänseblümchen.

Schöner Rahmen: Die Fossilskulptur (ganz rechts) von Charlotte Meyer kommt vor der Backsteinmauer, begleitet von Jasmin und panaschierten Funkien, gut zur Geltung.

A Neolithischer Block aus Finnland, den der Künstler Peter Randell-Page in der Mitte geteilt und in den er ein Wellenmuster gehauen hat
B Skulptur von Timothy Shutter
C Vogelbad von Jean Lowe
D Zwei Köpfe links und rechts der Treppe, Frühling und Herbst darstellend, von Jane Norbury
E Fossilskulptur von Charlotte Meyer
F *The Wave* (Die Welle) von Greg John
G Wandbrunnen, davor kleiner Seerosenteich
H Skulptur von Tim Harrison
I Kopf des Schwiegervaters, geschaffen von dem Künstler Jacob Ebstein
K Amphore von Chris Lewis
L Liegende Frau aus Holz (die Abschlußarbeit von Charlotte Frasers Vater John Warren-Davis, der Bildhauer war)

Der Pflanzplan

1. *Philadelphus* (Pfeifenstrauch)
2. *Crambe* (Meerkohl)
3. *Catalpa* (Trompetenbaum)
4. Magnolie
5. *Skimmia japonica*
6. *Crinum* (Hakenlilie)
7. *Choisya* (Orangenblume)
8. Staudenbeet
9. Rosen
10. Gelbe Rose
11. Ramblerrose 'Bobby James' überwächst Pergola
12. Buchsbaumkugeln
13. Phönixpalme
14. Alte *Wisteria chinensis* (Glyzinie)
15. Christrosen und Funkien
16. Korkenzieherhasel
17. Verschiedene Pfingstrosen
18. *Eleagnus pungens variegata* (Ölweide)
19. Verschiedene Kameliensorten
20. *Loquat eriobotrya* (Wollmispel)
21. *Virburnum* (Schneeball)
22. Verschiedene *Cornus*-Sorten (Hartriegel)
23. *Phornium* (Neuseeländischer Flachs)
24. *Caragana* (Erbsenstrauch)
25. *Amelanchier* (Felsenbirne)
26. Rosen- und Staudenbeet an der Wand
27. Birne
28. Maulbeerbaum

I Themse
II Flußgarten
III Straße
IV Zugang
V Haus von der Straßenseite
VI Haus von der Gartenseite
VII Wintergarten
VIII Gartenhaus

Christa Schuhmacher
Der Hasengarten

Wer Schmetterlinge liebt, muß Raupen füttern

Als ihr Sohn Matthias in das Alter kam, in dem Kinder flügge werden und mit Freunden ihr Wochenende im Zelt verbringen wollen, fiel Christa Schuhmacher ein, daß sie einige Grundstücke geerbt hatte, die seit Jahrzehnten verpachtet waren. Eines gefiel ihr ganz besonders, weil es an einen kleinen Bach grenzt und ihr Vater nach dem Krieg dort viele Pappeln gepflanzt hatte. Aber als Zeltplatz fand sie es dann doch nicht geeignet, da das Grundstück in einem naturnahen Gebiet liegt: »Ich mußte einsehen, daß man dieses Stück Natur auch der Natur überlassen sollte.« Aber von der Pappelwiese aus schaute sie auf einen kleinen Hügel, auf dem sie ebenfalls zwei Parzellen besaß, und plötzlich hatte sie so etwas wie eine Vision: Sie sah ein Stück Land vor sich, das weniger gepflegt war als ein Garten und weniger zweckgebunden als ein Acker, auf dem dennoch etwas zum Essen wuchs, das heimischen Pflanzen, Vögeln und Schmetterlingen Platz bot – kurzum, vor Christa Schuhmachers geistigem Auge war ihr ganz persönliches Paradies entstanden.

Diese Idee setzte ungeahnte Energien in ihr frei. Fleißig sammelte sie Samen von Sträuchern und Wildrosen, säte sie in ihrem winzigen Stadtgarten aus, pikierte sie, befreite sie täglich von Schnecken, Läusen und ähnlichem, bis sie etwa zweihundert brauchbare Jungpflanzen besaß. Gleichzeitig nahm sie Kontakt zu Naturschutzgruppen und -verbänden auf und beschaffte alles an Zeitschriften und Büchern, was sie über ökologisches Gärtnern bekommen konnte. Noch aber war ihr Paradies ein ordinärer Rübenacker, und selbst gute Freundinnen, denen sie das Land zeigte, schüttelten nur den Kopf: »Du spinnst!« Niemand konnte sich vorstellen, daß zwischen all den Feldern ein Garten entstehen sollte. Christa aber wußte, was da wachsen würde, und »wie eine schwangere Frau« schaute sie ihren unscheinbaren Acker immer wieder mit großer Liebe an: »Du wirst mal mein Garten«, sagte sie voller Vorfreude.

Zunächst gab es allerdings noch einige Formalitäten zu erledigen. Sie kündigte den Pachtvertrag und verhandelte mit den Nachbarn rechts und links, die glücklicherweise ihre Parzellen verkaufen wollten. Bald war Christa Schuhmacher Besitzerin eines knapp achttausend Quadratmeter großen Ackers, dessen Verwandlung sie Ende 1995 in Angriff nahm. Sie suchte Rat bei einem ortsansässigen Obstbauern, der integriert anbaute, und konnte ihn als Verbündeten gewinnen. Er pflügte den ehemaligen Rübenacker um und half ihr an einem trüben Samstag, einen Wildzaun um das Gelände zu ziehen. Von einer ökologisch orientierten Baumschule ließ sie zwanzig Hochstamm-Obstbäume liefern und von einer Öko-Gärtnerei noch einmal zweihundert heimische Sträucher – zusätzlich zu den selbst gezogenen. Drei volle Tage von Sonnenaufgang bis Sonnenuntergang brauchte Christa, bis sie mutterseelenallein die vierhundert Meter lange Hecke und die zwanzig Bäume gepflanzt hatte – am 15. November 1995 war sie damit fertig, auf den Tag genau zwanzig Jahre nach der Geburt ihres einzigen Sohnes: »Seither habe ich keine so anstrengende körperliche Arbeit mehr vollbracht.« Als sie völlig durchnäßt und halb erfroren in der Dunkelheit ihre Schlamm-

Lebenstüchtig: Christa Schuhmacher arbeitet mit der Natur, nicht gegen sie.

Zuflucht: Ein Dach und ein paar Strohballen dienen als Laube, Wildblumen und Kräuter säumen den Weg aus Rindenmulch.

wüste verließ, in der nun alle Pflanzen an ihrem Platz saßen, empfand sie etwas, das fast so schön war wie der Augenblick, als die Hebamme ihr vor zwanzig Jahren den Sohn auf die Brust gelegt hatte. »Es ist geschafft!« dachte sie. Aber es war erst der Anfang.

Kaum stand der »Rohbau«, erwachte eine ehrgeizige Idee in Christa: »Wenn ich Wasser hätte, könnte ich einen richtigen Gemüsegarten anlegen, mit Heilkräutern und allem Drum und Dran.« Da sie eine Frau der Tat ist, findet sie auch einen Weg, wenn der Wille erst einmal da ist – und sie hatte beschlossen, auf ihrem Grundstück über eigenes Wasser verfügen zu wollen. Drei Wünschelrutengänger bestätigten ihr, daß Wasser vorhanden sei, ein jeder ortete das Vorkommen jedoch woanders: Der eine sagte, die Ader verliefe ganz oben, für den anderen lag sie ganz unten, und der Dritte meinte gar, es gäbe »Wasser wie der Teufel«, nämlich überall. Das erschien selbst der optimistischen Christa wenig wahrscheinlich, schließlich liegt ihr Garten auf einem einhundertsechzig Meter hohen Hügel. Sie bat die Rutengänger zur gemeinsamen Konferenz und brachte sie dazu, sich auf eine Stelle zu einigen. Der Brunnenbauer rückte an und bohrte: fünf Meter, zehn Meter, fünfzehn Meter. Es wurde dunkel. Er bohrte weiter: 17 Meter, 18, 19 … Das Bohrmaterial wurde immer trockener. Der Brunnenbauer brach ab und fuhr nach Hause. Als Stille eingekehrt war und auch Christa vor lauter Enttäuschung nichts mehr zu sagen wußte, vernahm ihr Mann ein verheißungsvolles Geräusch: »Klick, klick, klick« – aus 16 Metern Tiefe tropfte es in das 19 Meter tiefe Bohrloch.

Da konnte Christa erst so richtig schätzen, was es bedeutet, einen Musiker mit einem absoluten Gehör geheiratet zu haben. Ansonsten profitiert sie nur wenig von seiner Begabung. Sie wußte von Anfang an, daß er ihr auf dem Gebiet der Musik weit überlegen ist und hat nie versucht, mitzuhalten – und erst recht nicht, ihn davon abzuhalten: »Ich dachte, das ist die Chance deines Lebens! Während der Zeit kannst du machen, was du willst.« Erst hat sie ihre ehefreien Wochenenden, wenn er zum Musizieren unterwegs war, für den Sport genützt, dann für Kurzreisen und für ihre berufliche Weiterbildung. Jetzt widmet sie sich nur noch dem Garten. Im Sommer fährt Christa, die als Chefsekretärin in einem großen Versicherungsunternehmen arbeitet, samstags oft schon um fünf Uhr morgens auf ihren Acker. Manchmal bringt ihr Mann ein paar Stunden später das Frühstück, und dann sitzen sie gemeinsam auf den Strohballen in der Laube und unterhalten sich. »Es bekommt unserer Ehe gut, daß wir unterschiedliche Interessen haben«, sagt Christa.

Der Garten ist allein ihr Werk, und sie nimmt sich Zeit für seine Entwicklung. Den ersten Winter nutzte sie, um die umgepflügten Schollen zu beobachten, so wußte sie im Frühjahr genau, wo es die beste Erde gab: auf der Südseite, wo sie sich zuerst erwärmte und hell wurde. Da also sollte der Gemüsegarten entstehen, möglichst weit vom Tor entfernt, damit nicht jeder gleich »hineinfällt«. Der Weg dorthin durfte auf keinen Fall gerade verlaufen. Christa findet es schon schlimm genug, daß ihr Grundstück fast

Ökologie: Aus Farnen (unten), Brennesseln und anderen Gewächsen werden Jauchen, Tees und Brühen gewonnen. In Christas Garten gibt es Platz für Eidechsenverstecke (ganz unten links) und Igelbauten (ganz unten rechts).

quadratisch ist: »Rund oder mit Ausbuchtungen oder wie auch immer wäre mir lieber, schließlich kennt die Natur keine geraden Linien.« Gepflasterte Wege kennt sie auch nicht. Christa suchte nach einer preisgünstigen, naturnahen Lösung und entschied sich für Rindenmulch. Jedes Jahr läßt sie von der Genossenschaft eine LKW-Ladung anfahren und verteilt sie dann schubkarrenweise auf ihrem leicht gebogenen Weg. Zwölf Monate später ist die Auflage verrottet und eine neue Lage Rindenmulch wird fällig; das sind jedesmal einhundertfünfzig Mark. »Für einen gepflasterten Weg müßte ich Tausende zahlen und dazu noch die Männer, die ihn auskoffern und ab und zu instandsetzen.« Mit diesen Überlegungen tröstet sich Christa über die Tatsache hinweg, daß auch der Rindenmulch pflegebedürftig ist: »Da muß Unkraut genauso gezupft werden wie in jedem Beet.«

Überfluß: Die weißen Margeriten haben sich so stark verbreitet, daß sie Christas Schutz nicht mehr brauchen.

Rechts und links vom Weg sollten nach Christas Vorstellung heimische Blumen und Wildkräuter wachsen, möglichst bunt und robust: »Ich dachte, das muß so sein wie ich – pflegeleicht, widerstandsfähig, nicht kleinzukriegen.« Welche Pflanzen dafür in Frage kamen und wie sie zu behandeln waren, das wollte Christa von den Nonnen des Benediktinerinnenklosters St. Maria in Fulda wissen, die Broschüren über ökologisches Gärtnern herausgeben. Aber die Schwestern waren nicht bereit, sich von Besuchern die Zeit stehlen zu lassen – nur gegen Mitarbeit wollten sie ihr Wissen preisgeben. Auf diese Weise wurde Christa Schuhmacher Volontärin im tausend Quadratmeter großen Klostergarten, der hinter hohen Mauern mitten in der Stadt liegt und immerhin vierzig Nonnen versorgt. Sie lernte die verschiedensten Jauchen und Brühen kennen und wie man sie zur Düngung oder gegen Schädlinge einsetzt.

Manche Bauern wunderten sich nicht schlecht, als sie Christa eines Tages mit der Spritze in der Hand erwischten. Hatte sie nicht gesagt, daß sie nur die Natur wirken lassen wolle? »Ich spritze Tee«, antwortete sie fröhlich. Ganz allmählich faßten die Bauern Vertrauen zu dieser Amateurgärtnerin, von der sie zunächst befürchteten, sie würde nur Unkräuter und Ungeziefer einschleppen. Jetzt erinnerten sie sich, daß schon ihre Mütter mit Brennesseljauchen und Rhabarbertees gearbeitet hatten. Heute tun das nur noch Öko-Bauern, und die kaufen ihren Bedarf in großen Mengen: »Soviel Brennesseln könnte man gar nicht sammeln und einweichen, um damit einen großen Acker zu versorgen«, sagt Christa. Sie selbst macht das auch nicht konsequent, jedenfalls noch nicht, weil die Zeit fehlt.

Außerdem ist sie viel zu spontan, um sich strikt ans Lehrbuch zu halten. Eigentlich wollte sie sich bei der Aussaat nach dem Mondkalender richten, aber als sie gerade an einem Beet arbeitete und noch Platz blieb, legte sie eine Reihe Erbsen aus, weil sie fand, das wäre jetzt schön. Doch die Zuckererbsen wurden nichts, »und vor lauter Wut habe ich sie wieder ausgerissen«. Eine ähnliche Erfahrung machte sie mit Karotten, die sie laut Mondkalender zur Unzeit aussäte – auch diese kamen einfach nicht.

Christa versucht nicht, gegen die Natur anzukämpfen. Wenn Pflanzen nicht geraten wollen, obwohl sie eigentlich auf trockenem Kalkboden wie bei ihr gedeihen müßten, dann sollen sie es eben lassen. So entstehen

Verborgene Schönheit: Ganz alltägliche Pflanzen werden zu Stars, sobald man sie aus der Nähe betrachtet: Johannisbeeren, Leinsamen, wilder Rittersporn (von links nach rechts).

manchmal Lücken am Wegesrand, die Christa »mit so gelben Blümchen« auffüllt, die überall bereitwillig wachsen. Sie behauptet, sie ginge planlos vor und gerade deswegen seien die Seiten des Weges so bunt bewachsen, wie sie es sich gewünscht hat. Wahrheit ist, daß sie sehr wohl eingreift, wenn etwas überhand nimmt. Die Margeriten zum Beispiel entwickeln sich wie wild, deswegen hat sie sie aus dem Pflanzstreifen rausgeschmissen: »Sie brauchen meinen Schutz nicht mehr.« Ähnliches gilt für den Mohn, denn auch er setzt sich ganz allein auf der Wiese durch. Aber nur, weil Christa dafür gesorgt hat, daß Vielfalt entstehen kann. Im ersten Jahr verdrängte Glatthafer alles andere. Sie mußte ihn abmähen, weil die Bauern sich sonst beschwert hätten, daß der Samen in der ganzen Gegend herumfliegt. Im zweiten Jahr machte sich die Ackerkratzdistel breit. Christa war schon nahe daran, alles abzumähen, als sie sah, daß ein Hase gesetzt und eine Wachtel und eine Lerche gebrütet hatten, und so beschränkte sie sich darauf, die dicksten Disteln zu köpfen, bevor der Samen anfing zu fliegen. Ihre Wiese pflegt sie sehr. Im ersten Jahr wuchsen drei bis vier verschiedene Sorten, im zweiten waren es bereits fünfzehn, und heute dürften es siebzig bis achtzig verschiedene Gräser, Kräuter und Blumen sein: »Unscheinbare und andere, die sich wichtig machen, wie die Margeriten.« Natürlich hätte sie auch einfach Rasen ansäen können. »Aber dann hätte ich eben keine Eidechsen und Mäuse, keine Lerchen, Hasen, Igel, Hamster, Siebenschläfer, Rotschwänzchen und Grünfinken …«

Tiere, die in ihrem Garten leben, müssen sich dort auch ernähren können. Also läßt Christa einen Teil der Kohl- und Salatpflanzen ohne Schutz von Netzen heranwachsen, zur gefälligen Selbstbedienung. Sie hat herausgefunden, daß Spinatsamen bei Grünfinken sehr beliebt sind und daß kleine Wachteln Erdbeeren über alles lieben. Die Mäuse bevorzugen Gemüsebeete, Greifvögel die Nähe des Komposthaufens. Der rote Milan jagt vor Publikum, Rotschwänzchen dagegen mögen es nicht, wenn jemand in ihrer Nähe arbeitet, während sie ihre Brut füttern – sie vertreiben Christa im Sommer oft für Stunden. Aber da sie ohnehin nichts spannender findet als Naturbeobachtungen, machen ihr die Unterbrechungen nichts aus: »Wie oft habe ich schon vergessen, daß ich eigentlich jäten wollte oder ernten!« Das sind die Momente, in denen sie bewußt wahrnimmt, wie sich Wind auf der Haut anfühlt – etwas, was sie nach vielen Jahren in klimatisierten Büros nicht mehr wußte. Sie hatte auch noch nie zuvor gesehen, wie sich ein Marienkäfer entpuppt oder gar eine Raupe auf die Hand genommen. Aber ein ungewöhnliches, grünoranges Exemplar mit Schwarzweißmuster faszinierte sie derart, daß sie es einfach berühren mußte – und siehe da, es streckte leuchtend rote Hörner aus, so oft Christa auf seinen Rücken drückte. Das fand sie so toll, daß sie sofort nach Hause eilte und in einem Buch nachschlug: Sie hatte mit der Raupe eines Tagpfauenauges geflirtet. Seither zitiert sie mit Vorliebe das chinesische Sprichwort »Wer Schmetterlinge liebt, muß Raupen füttern«.

Mit mindestens zehn Jahren rechnet Christa, bis sich in ihrem Garten ein intakter Kreislauf der Natur gebildet hat. Das Ende dieser Anfangsphase wird mit dem Ende ihrer Berufstätigkeit zusammenfallen: Der Garten ist ihr Einstieg in den Ausstieg, er ist der Grund, warum sie sich aufs Alter freut. Zwei Wünsche hat sie noch: Sie hätte gern eine Hütte mit einer Feuerstelle, auf der sie Jauchen oder Brühen kochen oder Obst darren könnte. Und aus der äußersten Ecke würde sie gern einen Festplatz mit Tischen und Bänken für viele Gäste machen.

Schon jetzt kommen jedes Jahr im Juni viele Freundinnen und Bekannte zum Frauen-Singabend. Sie gehen die zwei Kilometer vom Dorfrand des rheinhessischen Sulzheim zu Fuß, sitzen auf Strohballen und singen bei Fackellicht bis Mitternacht, was ihnen gerade einfällt. Letztes Jahr haben sie Christa ein Türschild geschenkt, das sie sofort aufgehängt hat: »Garten Eden« steht drauf.

Für Christa aber wird es immer der Hasengarten bleiben: »Weil die Hasen vor mir da waren und hoffentlich auch noch dort sind, wenn ich schon lange tot bin.«

Der Pflanzplan

1. Zufahrt
2. Brunnen
3. Mulchweg
4. Ligusterhecke
5. Laube mit kleiner Hütte
6. Heimische Mischhecke mit Wildrosen
7. Rosen
8. Obstbäume (18 Hochstämme)
9. Pfirsich und Aprikose
10. Himbeeren
11. Gemüsegarten
12. Margeritenfeld
13. Schnittgut mit Igelbau

PLEASE
SHUT THE GATE

Cécile Chancel
Val Joanis

Ein *potager fleuri* für eine Schloßherrin

Eine Terrasse in voller Sonne mit Blick auf endlose Weinfelder, der Tisch geschmückt mit Blumen und Früchten aus dem Garten, eine Runde von Müßiggängern in seidenen Negligés versammelt zum späten Frühstück – so könnte ein Boulevardstück beginnen, das auf einem französischen Schloß in der Provence spielt. Auftritt des leicht zerknitterten Hausherrn im eleganten *dressing gown* über gestreiften Pyjamas, jovial die bereits vollzählige Runde grüßend. Er wird seiner Gattin ansichtig, die als einzige bereits angekleidet ist: »Ah, Madame heute im Matratzen-Look«, sagt er in Anspielung auf ihr langes schmales Kleid aus grauweiß gestreiftem Leinen. Dabei strahlen seine Augen und verraten bereits, was er sagen will: »Wie schön Sie heute morgen wieder sind, meine Liebste!« Einstimmiger Protest der versammelten Freunde: »Was heißt hier: heute morgen?«

Dieser Art sind die Dialoge, die man von Protagonisten aus galanter Zeit erwartet. Wir aber befinden uns in der Jetztzeit, und Val Joanis ist kein Schloß, obwohl es so aussieht, sondern »nur« ein festungsartiger Landsitz aus dem 17. Jahrhundert. Aber seine Besitzer agieren, als wär's ein Stück von – na, sagen wir Noel Coward. Der war zwar Engländer, aber unsere Hauptdarsteller haben ihren momentanen Hauptwohnsitz schließlich in London, und ihr Esprit ist so international wie zeitlos. Cécile und Jean-Louis Chancel gehören zu den seltenen Menschen, die fürs Glück geboren scheinen. Dabei hat es ganz sicher auch in ihrem Leben genügend Kämpfe gegeben. Als sie einander trafen, hatte jeder schon eine Ehe hinter sich, beide brachten je zwei Kinder mit in die neue Verbindung. Zusammen mit den drei gemeinsamen Nachkommen hatten sie also für sieben Kinder zu sorgen, was auch dann eine tagesfüllende Beschäftigung ist, wenn man sich Personal leisten kann. Aber für die energiegeladene Cécile war das offenbar nicht genug. Sie entwickelte großen Ehrgeiz beim Einrichten ihrer Häuser in Paris und London, wo ihr Mann als Bankier arbeitet, und erwarb sich mit ungewöhnlichen Einladungen sowohl diesseits als auch jenseits des Kanals den Ruf einer exzellenten Gastgeberin.

Vor zwanzig Jahren kam mit Val Joanis, nahe dem Städtchen Pertuis im südfranzösischen Luberon gelegen, ein dritter Wohnsitz hinzu, der ausgebaut, dekoriert, instandgehalten und belebt werden mußte. Allein die Organisation der Reisen im, wie Cécile es nennt, »teuflischen Dreieck« zwischen Paris, London und Pertuis könnte einen Manager auslasten, und es ist Céciles Geschick zu verdanken, wenn noch nichts und niemand verlorenging, wie es im berüchtigten Bermuda-Dreieck üblich ist. Mit leichter Hand hält sie alles am Laufen und schafft eine Atmosphäre, in der sich die große Familie, zu der jetzt auch schon Enkel zählen, die vielen Freunde und zahlreichen Geschäftspartner wohl fühlen – wobei es von großem Vorteil ist, daß Cécile über einen umwerfenden Charme verfügt, mit dem sie jeden innerhalb von zwei Minuten um den kleinen Finger wickeln kann.

Vielleicht fällt ihr deshalb alles so leicht, da sie ständig auf der Suche nach neuen Herausforderungen ist. In

***Lebenslust:* Mit Charme und Energie bewältigt Cécile Chancel ihre vielfältigen Aufgaben.**

***Eintritt erlaubt:* Hinter dem schmiedeeisernen Tor liegt der viel besuchte potager.**

Barocke Idylle: *Cécile sammelt skurrile alte Eisengegenstände wie diese Gartenbank.*

Val Joanis bot sich ihr ein riesiges Betätigungsfeld. Von den vierhundertsiebzig Hektar sind einhundertzweiundachtzig dem Weinanbau gewidmet, um den sich ihr Mann mit Spezialisten kümmert, der Rest sind Wald und Olivenhaine. Cécile war von Anfang an klar, daß sie einen Garten anlegen würde, aber es sollte ein ganz besonderer sein. Schließlich war sie zwar Amateurin, aber keine Anfängerin auf diesem Gebiet.

In Aix-en-Provence, wo sie aufgewachsen ist, hatte ihr Vater einen großen Garten mit einheimischen Pflanzen, die Cécile damals nicht zu schätzen wußte – sie träumte von einem Garten am Meer mit subtropischen Gewächsen. Der Wunsch wurde ihr in erster Ehe erfüllt: Sie lebte nahe Marseille direkt an der Küste. Leider befanden sich in der Nähe große Ölraffinerien, und wann immer der scharfe Mistral wehte, bekamen ihre wunderschönen Exoten eine Dusche aus öligem Salzwasser. Sie mußte einen Windschutz aufstellen, pflanzte Feigen quasi als Stützpfeiler dahinter und setzte den starken *Phornium* (Neuseeländer Flachs) sowie Efeu, Lorbeer und *Arbutus* (Erdbeerbaum) den Gewalten aus. Soviel zu ihrem Traum von einem Garten am Mittelmeer.

Ihr nächster Garten lag in Paris, geschützt zwar, aber dafür total im Schatten. Wieder lernte Cécile, sich anzupassen. Diesmal experimentierte sie mit den verschiedensten Arten von Blattpflanzen.

Und nun also hatte sie ihre Chance im Herzen der Provence! Was die meisten für den Traum jeden Gärtners halten mögen, ist in Wirklichkeit ein schwieriges Terrain. Da sie im Midi aufgewachsen ist, kannte Cécile sich aus: »Die Sommer sind heiß; bis zu sechzig Grad Celsius messen wir an den Mauern, wo die Rosen stehen.

Für Genießer: Der potager *ist nicht nur zum Ernten da, sondern vor allem zum Schauen. Den besten Blick hat man von der Terrasse über die formale Anlage.*

Gut gerüstet: Dekorative Holzstützen geben dem Garten Struktur und den Tomaten Halt.

Im Winter kann die Temperatur dagegen auf minus fünfzehn Grad Celsius fallen.« Hinzu kommt, daß der Boden extrem kalkhaltig ist, Cécile muß sich mit einem pH-Wert von achteinhalb herumschlagen. Aber es gibt genügend Quellen mit Wasser, ohne die in der Provence überhaupt kein Garten möglich wäre: »Dies ist ursprünglich eine arme Gegend, deswegen gibt es keine Tradition für Gärten. Nur in den Städten Aix und Eze gab es einige wohlhabende Bürger, die sich Gärten leisten konnten.« So wenigstens war es in ihrer Kindheit. Für ihren Garten in Val Joanis griff Cécile noch weiter zurück. Da die *bastide*, das Landhaus der Chancels, im 17. und 18. Jahrhundert erbaut worden war, versuchte Cécile, sich in die Situation einer Hausherrin aus jener Zeit zu versetzen: »Wie hätte sie in diesem Gelände wohl einen Garten angelegt?«

In Terrassen natürlich, soviel war klar. Dieses Wissen hatten schon die Römer ins Land gebracht, die auch in Val Joanis ihre Spuren hinterlassen haben, wo man die Überreste einer antiken Ölmühle fand. Cécile wußte, daß eine Schloßherrin jener Epoche einen *potager fleuri*, einen Gemüsegarten mit Blumen, gehegt hätte – aber wie der ausgesehen hatte, konnte ihr niemand sagen. Damals gab es über derlei Gärten kaum Unterlagen und keine Bücher, offenbar interessierte sich niemand dafür. Das hat sich in den zwanzig Jahren seither gründlich geändert, aber Cécile kann für sich in Anspruch nehmen, daß sie einen originalgetreuen *potager* angelegt hat, bevor er in Mode kam – und der ihre basiert nicht auf alten Plänen, sondern allein auf ihrer Vorstellungskraft. Erst im nachhinein hat sich erwiesen, daß sie ziemlich genau eine zeitgenössische Anlage nachempfunden hat.

Einschließlich der Verrücktheiten. So leistete sie sich einen siebzig Meter langen Laubengang, den ein Schloßbesitzer in der Region um 1850 für die Wettrennen seiner Straußenvögel hatte konstruieren lassen – bei Cécile ist das alte Eisengestell mit Rosen und Glyzinien überrankt und dient als schattiger Zugang zu den drei Terrassen ihres *potager.* Einen antiken Käfig für Wölfe, die früher in den dichten Wäldern des Luberon zu Hause waren, hat sie zu einem attraktiven Stall für chinesische Hühnchen umfunktioniert. Eine extravagante Idee war es sicher auch, daß sie als Begleiter für ihr Gemüse ursprünglich nur weiße Blüten zuließ, um eine ähnliche Eleganz zu erreichen, wie sie in Vita Sackville-Wests legendärem weißen Garten von Sissinghurst in England zu bewundern ist. So hat sie die *Kniphofias* (Fackellilien), die sie wegen der attraktiven stachligen Blätter angepflanzt hatte, jedes Jahr vor der Blüte geköpft. Einmal ist sie nicht rechtzeitig dazu gekommen, und die *Kniphofias* konnten endlich ihre schönen Blüten öffnen. Seither ertrinkt Cécile jedes Jahr im Mai in einem Meer von Orange – und genießt es sehr. Viele Pflanzen, die sie früher langweilig fand, faszinieren Cécile heute, in erster Linie die heimischen, die sie noch aus ihrer Kindheit kennt. Zunehmend pflanzt sie Rosmarin, Lavendel, Heiligenkraut und Zistrose an. Um einen *Clerodendrum* (Losstrauch) zu bekommen, den sie früher in allen großen Gärten der Provence gesehen hat, mußte Cécile sogar bis ins Loiretal fahren: »In hiesigen Gärtnereien gibt es die normalen Pflanzen nicht mehr, sie gelten als zu gewöhnlich.«

Wer in die Provence kommt, hat meist Orangenbäume und Jasmin im Sinn. »Aber für die ist es speziell hier – wir liegen zweihundertundneunzig Meter über dem Meeresspiegel – viel zu kalt«, sagt Cécile. Sie war klug genug, einen Landschaftsgärtner zu engagieren, der die Flora der Region genau kannte: Lou de Viane, dessen Handschrift einige der schönsten Gärten Südfrankreichs prägt. Cécile hatte bereits den Platz festgelegt – einen in voller Sonne liegenden und vor dem gefürchteten Mistral geschützten Südhang – und ihn mittels Stützmauern (Steine fanden sich genügend auf dem Grund) in drei langgezogene Terrassen unterteilen lassen. Jetzt sollte Lou de Viane ihre Ideen in einen Plan umsetzen.

Die oberste Terrasse wurde dem *potager fleuri* gewidmet und nur mit Gemüse und Blumen bepflanzt, die ausschließlich nach Farbe und Form ausgewählt wurden. Hier steht Lavendel neben Tomaten und Mahonien, Dill und Distel wachsen vor Spalierbirnen und Kletterrosen, die Reihen von Stockrosen oder Dahlien wechseln sich mit Zucchini und Karden (Spanische Artischocke) ab, Rosen rahmen grüne Bohnen und Mangold ein – der wegen seiner leuchtendroten Stiele gewählt wurde und deshalb als Schmuckstück und nicht als Gemüse behandelt wird. Rote Beete und verschiedene Kohlsorten sind auch nur zur Zierde gedacht – wehe, jemand versucht, sie zu ernten! Es bleibt genug, was in der Küche landen soll und darf. Aber Cécile achtet streng darauf, daß ihre ästhetischen Maßstäbe respektiert werden: »Es geht nicht, daß jemand zwei Salatköpfe mitten aus einer Reihe reißt – es versteht sich, daß sie am Anfang oder am Ende geerntet werden.« Alle Beete sind streng geometrisch unterteilt, und zunächst kamen nur niedrige Eiben- und Buchsbaumhecken als Umrahmung in Frage. Mittlerweile ist Cécile experimentierfreudiger geworden. Lavendel, Rosmarin, Rosen, Salbei, Liguster, Sternastern und Schafgarbe dürfen sich als Beetbegrenzung bewähren.

Die zweite Terrasse gehört den Rosen, begleitet von Schnittblumen. Die Leidenschaft für Rosen wurde zur Leidenspassion. Vier Jahre lang hat Cécile ein Vermögen für alte und neue englische Rosen ausgegeben, aber sie vertrugen das extreme Klima nicht. »Außerdem«, findet

Alles für die Schönheit: Der Mangold darf nicht gegessen werden – mit seinen roten Stengeln dient er als Schmuck.

Prachtexemplar: Der amerikanische Perückenstrauch (Rhus cotinoides) *ist zu einem veritablen Baum herangewachsen.*

Cécile heute, »sind sie viel zu schick für hier.« Sie kauft ihre Rosen nur noch auf der deutschen und Schweizer Seite des Bodensees, weil sie dort durch die kalten Winter abgehärtet sind. »Wenn englische Rosen hierherkommen«, sagt sie, »erleiden sie einen Kulturschock. Und die Rosen von der Loire erkranken an einem Klimaschock.« Nur zwei der englischen Rosen hat sie quasi als Zeugen stehenlassen, sie sind jedoch so schwach, daß sie Cécile vor weiteren Mißgriffen bewahren werden.

Die dritte und am tiefsten liegende Terrasse ist in erster Linie mit ungewöhnlichen oder Obst tragenden Bäumen bepflanzt. Eine kleine berankte Laube steht auf der Mittelachse, die sich optisch über alle Terrassen zieht, aber keinen Zutritt gewährt – der ist nur durch den Straußengang möglich, der den *potager* nach Osten hin abgrenzt. Die westliche Begrenzung besteht aus einer eindrucksvollen Allee, die von uralten Olivenbäumen gesäumt wird – bereits die dritte Pflanzung, die Cécile durchführen ließ. 1985 war der Winter so kalt, daß alle Olivenbäume erfroren; zwei Jahre später passierte das gleiche noch einmal. Unerschrocken ging Cécile wieder auf die Suche nach alten Olivenbäumen, die sie den Bauern der Region abkaufte.

Seit dem erstem Entwurf vor zwanzig Jahren hat Cécile nicht viel geändert, allerdings ist die Bepflanzung etwas bescheidener geworden. Sie hat nicht mehr den Ehrgeiz, mit besonderer Eleganz oder Exotik zu beeindrucken. Je mehr sie über Pflanzen weiß, um so mehr respektiert sie deren natürliche Umgebung. Kaum war ihr *potager* angelegt, da wollte sie plötzlich mehr wissen. Fünf Jahre lang besuchte sie einen Gartenkurs nach dem anderen in England, der Heimat der Amateurgärtner. Zudem nutzte sie jede Gelegenheit, um Gärten in anderen Ländern zu besuchen. Dabei fand sie ein altes Sprichwort bestätigt: »Italiener konstruieren einen Garten, Franzosen gestalten ihn, und Engländer pflanzen ihn.«

Bei ihrem Wohnsitz in London hat Cécile keinen Garten angelegt: »Das ist keine Herausforderung, was man dort in die Erde steckt, wächst – alles wächst da.« Auch in Paris besitzt sie keinen Garten, nicht einmal einen Balkon oder eine Terrasse. Darüber ist sie froh: »Mit Gärten ist es wie mit Männern: Man kann nur einen lieben.« Die häufigen Trennungen – Cécile ist nur im Sommer sechs Wochen durchgehend in Val Joanis – bekommen der Beziehung gut: »Nach jeder Abwesenheit sehe ich meinen Garten mit anderen Augen.« Sie kennt ihren *potager* bis in den letzten Winkel auswendig, und so kann sie sich auch aus der Ferne um ihn kümmern. Jeden zweiten Tag telefoniert sie mit ihrem Gärtner, und ihre Wünsche gibt sie detailliert per Fax durch.

Cécile zählt zu den Abenteurerinnen, deren Leidenschaften wechseln. Mal sammelt sie möglichst viele Sorten einer Familie – so besitzt sie die größte Kollektion französischer Kartoffeln und die ungewöhnlichste Sammlung der kuriosesten Kohlarten –, mal spezialisiert sie sich auf Mini-Gemüse. Ihr Pech ist, daß die Japaner mit ihrer Bonsai-Tradition fast alle Rechte an den winzigen Züchtungen erworben haben. So sucht sie seit längerer Zeit vergeblich nach Miniatur-Zucchinis. Wann immer sie aber einer Sorte habhaft wird, die ihr gefällt, zieht sie selbst Nachwuchs aus Samen heran. Im letzten Jahr waren es zweitausend Pflänzchen!

Euphorbien dagegen, denen ihre aktuelle Vorliebe gilt, braucht sie im Naturschutzpark Luberon praktisch nur am Wegesrand aufzuklauben. Bei einem einzigen Ausflug hat sie neun verschiedene Wolfsmilcharten ohne jede Anstrengung gefunden: »Das liegt sicher an den geschützten Vögeln, die hier ihre Nistplätze haben und viele Samen fallen lassen.«

Sehr ernst nimmt Cécile das Studium alter Heilpflanzen, denen sie den sonnigsten Platz im Schutze des Gartenhäuschens und seiner angrenzenden Mauer eingeräumt hat. Sie ist in diese Wissenschaft so weit eingedrungen, daß sie glaubt, »alles, wirklich alles heilen zu können – aber niemand vertraut mir, am wenigsten mein Mann.« Nun, immerhin könnte sie ihre Kenntnisse bei sich selbst anwenden. »Bei mir?« fragt da Cécile, die fröhliche Nachwuchs-Hexe, ganz erstaunt. »Aber ich bin doch nie krank – nie!«

Der Pflanzplan

1. Sonnenterrasse
2. Gartenhaus mit Kletterrosen berankt
3. Schattiger Sitzplatz
4. Beet mit Zierkohl
5. Lavendelbeete
6. Olivenbaumallee
7. Rosen und Tomaten, zusammengepflanzt
8. Rosenbeete
9. Kohlbeete
10. Wandelgang mit Kletterrosen und Schlingknöterich, teilweise zugewachsen
11. Wunderschöner Perückenbaum *(Rhus cotinoides)*
12. Mit Rosen und *Bignonia* berankte Laube
13. Verschiedene Obstbäume

Yannick Vu
Sa Bassa Blanca

Ein *hortus conclusus* der Erinnerung

Für vier wunderbare Wochen im Jahr schwimmt Yannick Vu im Gartenglück, und zwar im Mai, dem Wonnemonat, wo sich in dem von ihr angelegten *hortus conclusus* auf der Sonneninsel Mallorca wie über Nacht ein Meer von zartfarbenen Rosenblüten ergießt. In unablässiger Folge öffnet sich eine Knospe nach der anderen, vereint sich mit den bereits vorhandenen zu einer überschäumenden Fülle, die ein Duften und Sehnen verströmt, daß man wünscht, darin zu ertrinken – so schmerzhaft schön und schwerelos soll es bleiben bis in alle Ewigkeit.

Der Mai geht zu Ende, die Rosenblüte auch. Zurück bleibt ein formaler Garten, dem selbst das Grün für den Rest des Jahres abgerungen werden muß. Aber das betrübt Yannick Vu nicht. Denn dieser verschwenderische Blütenrausch, der ihr für die kurze Zeit der Herrlichkeit so viel Arbeit abverlangt, ist für sie Symbol für höchste Kunst: Im Augenblick der Vollendung ist auch schon alles vorbei – »ein Happening«.

Man muß erst jenseits aller Eitelkeit angekommen sein, um akzeptieren zu können, daß die Vollkommenheit der Schönheit gerade in ihrer Vergänglichkeit liegt. Gärtnern fällt das oft besonders schwer, gilt ihr ganzes Bemühen doch dem Überlisten der Natur: größer, schöner und vor allem länger soll alles blühen, was sie hegen und pflegen. Nicht so Yannick Vu. Früher als die meisten Menschen mußte sie lernen, daß wir nicht halten können, was wir am meisten lieben. Ohne diese Erfahrung hätte sie dieses Kunstwerk von einem Garten nie erschaffen.

1992 kam ihre 19jährige Tochter Maima auf Tahiti ums Leben. Yannick suchte sich in Arbeit zu betäuben, um das Unfaßbare ertragen zu können. Sie schrieb ein Buch über gemalte Kinderporträts aus drei Jahrhunderten – und sie legte für die Stiftung Yannick und Ben Jakober einen *hortus conclusus* an, einen Raum, der ihrer Trauer, ihrer Erinnerung und ihrer Hoffnung Ausdruck gibt. »Die Arbeit im Garten war wie ein unendliches Gebet, von dem ich Erlösung erhoffte. Geradeso, als könnte diese Erde uns entschädigen für das, was sie uns genommen hatte. Sie sollte Rosen blühen lassen für Maimas Grab.« Während eines ganzen Jahres verbrachte Yannick jede Stunde des Tages in diesem Garten: »Hier fand ich meine Ruhe – und sie ganz sicher auch.«

Als Yannick und ihr Mann Ben Jakober vor zwanzig Jahren nach Sa Bassa Blanca an der nördlichen Küste von Mallorca kamen, entdeckten sie auf dem 17 Hektar großen Grund die Reste einer Militärsiedlung aus dem Spanischen Bürgerkrieg und den »Garten des Hauptmanns«, wie Yannick das Arrangement aus betonierten Wegen und wehrhaften Kakteen ironisch nennt. Heute ist aus der Unterkunft des Hauptmanns ein Gästehaus geworden, und seinen Garten gibt es nur noch auf dem Papier: Die karge, militärisch streng ausgerichtete Anpflanzung inspirierte Yannick zu einer hinreißenden Kurzgeschichte, in der sie sich über das Wesen und Wirken des Hauptmanns so ihre Gedanken machte. Sie und Ben jedenfalls wollten für ihre gemeinsame Stiftung alles ganz anders gestalten.

Trauerarbeit: Yannick Vu legte ihren hortus conclusus *wider das Vergessen an.*

Junge Schönheit: Noch ist die Zeit der Reife nicht gekommen für den Garten, der nur einen Monat im Jahr in voller Blüte steht.

Ihr schneeweißes Haus mit den vielen verschiedenen Ebenen, Terrassen und Zinnen erinnert an den spanisch-maurischen Stil, in dem Erzherzog Ludwig Salvator von Österreich vor über einhundert Jahren S'Estaca bei Valdemossa erbauen ließ. Dort lebte Yannick seit 1968 mit ihrem ersten Mann, dem italienischen Maler Domenico Gnoli, der 1970 im Alter von nur 36 Jahren an Lungenkrebs starb. Was dieser Verlust für die damals 28jährige bedeutete, konnte nur Ben Jakober verstehen, Domenicos bester Freund. Zwei Jahre später heiratete Yannick Ben, den sie als Zwanzigjährige am selben Tag wie ihren ersten Mann in Paris kennengelernt hatte – bei der Eröffnung einer Ausstellung, in der zum erstenmal ein Bild von ihr gezeigt worden war.

Einsicht: Hinter dem schweren Holztor fand Yannick Frieden bei der Gartenarbeit. Nahrung: Nicht nur die Seele, auch der Leib will versorgt werden. Die Gemüsebeete sind gut bestückt.

In ihrer ersten Ehe gab Yannick, Tochter eines Malers und Bildhauers aus Hanoi und einer Pianistin aus Paris, ihre eigene künstlerische Tätigkeit nahezu auf. »Freiwillig«, betont sie. »Domenico war in seiner Kunst so weit voraus, daß ich ihm nur assistieren wollte.«

Sie nahm die Malerei erst wieder auf, als für eine Gedächtnisausstellung mehrere Jahre nach Domenicos Tod aus Versehen ein Bild von ihr in den Katalog geriet. Yannick verlangte vom Galeristen, das Gemälde zu entfernen. Der aber glaubte nicht, daß sie die Künstlerin war: »Wenn du so gut malen könntest, dann würde ich dir sofort eine Ausstellung widmen!«

Da stand Yannick jeden Morgen in der Dämmerung auf, stellte sich prüfend vor den Spiegel und skizzierte alle Stadien ihrer Zweifel und ihrer Verzweiflung, bis sie den Galeristen – und sich selbst vielleicht auch – davon überzeugt hatte, daß sie sehr wohl so malen konnte. Entstanden sind in dieser Zeit wunderbare Porträts der Selbstsuche, von denen sich einige in der Stiftung finden, neben vielen Werken von Domenico Gnoli. Und so ist dieses Haus ein Ort der Erinnerung. Wie auch der *hortus conclusus.*

Er ist nicht der erste Garten, den Yannick angelegt hat. Ihre Begeisterung für Blumen reicht zurück bis in die Kindheit. Es waren die Stiefmütterchen, die ihre Mutter

Stilleben: Auf der Konsole an der Innenseite des ummauerten Gartens entstehen zufällige Arrangements.

vor das Schlafzimmerfenster in Paris pflanzte, die zunächst Yannicks Phantasie beschäftigten. Yannick glaubte, daß sie sehen könnten; jedenfalls schauten sie ihr immer geradewegs in die Augen und nickten zart, während sie ihren leicht süßlichen Duft verströmten. Später, als ihre Eltern ins Hinterland der Côte d'Azur

umgezogen waren, wuchs Yannick zwischen endlosen Feldern mit Rosen, Nelken, Anemonen und Orangenbäumchen auf, die für die Parfumherstellung – damals noch die Haupteinnahmequelle der Region – gezogen wurden. »Es schien mir ganz natürlich, daß mir meine Mutter eine Ecke des Gartens überließ«, erinnert sie sich. »Darin habe ich Erdbeeren gepflanzt und Kakteen und Sukkulenten.« Die Mutter selbst kümmerte sich nur sporadisch um den kleinen Garten, dann aber mit Enthusiasmus.

Sehr bald begann Yannick, sich für die Heilkräfte der Pflanzen zu interessieren. Aus botanischen Büchern erfuhr sie, daß der Schachtelhalm zum Beispiel abführend, der Fenchel blutbildend wirkt. Mit großem Vergnügen lernte sie die kompliziertesten Worte auswendig – wie etwa Flatulenz, Meteorismus, Erythem, Adstringens – und reicherte so ihr kindliches Vokabular an. Und natürlich braute sie im Vollbesitz ihres neuen Wissens die ungewöhnlichsten Heiltees zusammen. Übrigens pflückt sie immer noch gern auf gut Glück am frühen Morgen Kräuter in ihrem Garten, allerdings ist die Wirkung ihrer Aufgüsse heute in etwa absehbar …

Als junge Ehefrau verbrachte sie mit Domenico Gnoli jeden Sommer auf Mallorca und begann dort, eine Art Saisongarten zu entwickeln: »Aussaat im Mai, Blüte im Juli und verwelkende Wildnis Ende September, wenn wir abreisten.« Sie behauptet, daß sie damals keinerlei Wert auf raffinierte Farben oder Formen legte: »Hauptsache schnell, einfach und auffallend.« Prunkwinden, die an rasch gespannten Schnüren die Hauswand hochkletterten, leuchtende Zinnien mit kratzigen Blättern, Stockrosen, Petunien, die in der Hitze schnell ihr Aussehen verloren und einen leicht abstoßenden Duft verströmten, und Wunderblumen, die ihre Blüten erst in der Dämmerung öffneten – all das wuchs in einem wilden Durcheinander zusammen mit Tomaten, Minze und Basilikum.

Erst als Yannick und Domenico ihre Sommer auf S'Estaca verbrachten, wo einst die Geliebte des Erzherzogs Ludwig Salvator schaltete und waltete, entwickelte Yannick gärtnerischen Ehrgeiz. Sie legte zwei ordentliche Beete an und einen Gemüsegarten. »Die Ernten waren beeindruckend«, sagt sie, »aber die Blumen hätte es nicht gebraucht. Die unbeschreibliche Schönheit dieses Ortes wurde keineswegs erhöht durch meine bunten Beete, in die ich immer noch alles fröhlich durcheinander pflanzte.«

Wenn manchmal doch etwas gelungen wirkte, so glaubt sie, war das ihrer Unbekümmertheit und dem glücklichen Zufall zu verdanken. Zu ihrer Überraschung hat von all den Pflanzen, die sie nur für eine Saison plante, ein duftender Jasmin bis heute überlebt. Sie ließ ihn zurück, als Domenico starb und sie beschloß, S'Estaca aufzugeben.

1972, nach der Hochzeit mit Ben Jakober, unternahm Yannick den ersten ernsthaften Versuch, einen Garten anzulegen. Sie kaufte sich Lehrbücher und erkannte, daß sich unerhörte Möglichkeiten auftaten, wenn sie erst aufhörte, »wie eine Touristin« nur für einen Sommer zu pflanzen. Es war auf dem Bauernhof in den nördlichen Kordilleren, wo sie eine Ahnung von dem bekam, was sie mit ihren eigenen Händen aus einem Boden herausholen konnte. »Es gab Erfolge nach Plan«, erinnert sie sich, »aber auch Enttäuschung und Verbitterung, wenn zum Beispiel die Schafe in einer schönen Vollmondnacht über meine Beete herfielen …« Damals lernte sie, daß man mehr erreicht, wenn man mehr Geduld hat – eine der wichtigsten Lektionen für alle Gärtner.

Vogelfutter: Dekorativ ist die Japanische Wollmispel (Loquat) *immer, aber die Früchte sind von sehr unterschiedlicher Qualität.*

Arabisches Ideal: Dem Garten der Alhambra ist die Anlage im Innenhof nachempfunden, passend zum maurisch-spanischen Stil des Hauses (folgende Doppelseite).

Fundstück: Der mit Muscheln und Rosetten verzierte Tonkrug schmückt einen rustikalen Steintisch.

Eine andere grundlegende Lektion erteilte ihr der »Feriengarten«, den sie zur gleichen Zeit auf der polynesischen Insel Huahiné anlegte, wo sie mehrere Monate im Jahr verbrachten. Dort pflanzte sie für die Küche europäische Kräuter an, die in diesem feuchtwarmen Klima zu Monstern mutierten: Harmloser Majoran und zartes Basilikum wuchsen zu immergrünen meterhohen Sträuchern mit Stämmen und Zweigen heran, und der empfindliche Ruccola bekam riesige Blätter von bedrohlich-schwarzgrüner Farbe. Da begriff sie, daß falscher Ehrgeiz zu nichts führt und man sich besser der heimischen Flora anpaßt: »Wie alle anderen habe ich dann grünen Pfeffer angepflanzt und Riesenfarn, Papayas und Hibiskus, Tiarés (eine Jasminvariante) und natürlich Frangipani, die so stark duften, daß man sich eine Blüte hinters Ohr steckt, um die ganze Haarpracht zu parfümieren.«

Nach vier Jahren verließen Yannick und Ben diese immerblühende Insel ohne Jahreszeiten, genauso wie den Bauernhof in den mallorquinischen Bergen. Sie zogen nach Sa Bassa Blanca an der Küste und ließen das Haus von dem berühmten ägyptischen Architekten Hassan Fathy erbauen, der einen typisch arabischen Innengarten einplante. Yannick legte ihn in Anlehnung an Granada an, mit Bogengängen und plätschernden Brunnen – ein Traum, wie viele finden. Aber für Yannick hat er wenig Bedeutung: »Meine Schöpfung ist der Garten, den ich später zwischen den Trockenmauern im Schutze der Zypressen angelegt habe.«

Am Anfang gab es dort nichts als ein paar verkümmerte Orangenbäume an einem steinigen Hang oberhalb des Haupteingangs. Daß sich daraus allmählich eine Art Garten entwickelte, ist einer Reihe von Verhängnissen zu verdanken.

Zunächst wurde die bereits vorhandene Mauer mit Steinen aus dem Wildbach aufgestockt, nur um die bestellten Bauarbeiter zu beschäftigen, als die Arbeiten am Haus unterbrochen werden mußten. So war der unansehnliche »Hinterhof« wenigstens allen Blicken entzogen.

Zehn Jahre später setzte ein sintflutartiger Regen – mehr als hundert Liter pro Quadratmeter in einer halben Stunde! – das ganze Gelände in Bewegung, trug Erde und Steine mit sich fort in den Wildbach zurück und

Rückblick: Gerahmt von zwei Wollmispeln präsentiert sich der hortus conclusus *vom Gemüsegarten aus als ein von Rosen beschützter Ort.*

Schmerzliche Erinnerung: Von der tödlich verunglückten Tochter Maima hat Yannick früher viele Büsten modelliert.

hinunter ins Meer. Zurück blieb eine Spur der Verwüstung. Yannick beschloß, *Lolium (rye-grass)* einzusäen, das die Erde auch bei starken Regenfällen an Ort und Stelle halten würde. Aber einen Garten konnte man die ganze Anlage beim besten Willen noch nicht nennen: Es gab einen niedrigen Schuppen, einen Hundezwinger, einen gemauerten Backofen, einige uralte Feigendisteln, einen Grillplatz, Mandelbäume und ein Taubenhaus im ägyptischen Stil aus alten Ziegeln. Getrennt wurden die obere und die untere Hälfte schon damals von einer niedrigen zweireihigen Rosmarinhecke.

1991 bekam Yannick Lust, einen Gemüsegarten anzulegen, weil sie endlich wieder frischen Ruccola und andere Salatsorten, Frühlingsgemüse und vor allem Kartoffeln der Sorte 'Roseval'essen wollte. Deshalb reicherte sie einen Teil des kargen steinigen Bodens mit gut verrottetem Mist an, schützte die Erde mit Mulch und konnte die Küche bald mit reichhaltigen Ernten versorgen.

Aber der eigentliche Garten entstand daraus erst, als sie nach dem Tod der Tochter auf diesem ummauerten Stück Erde Zuflucht suchte. Da begann Yannick, das Gelände endgültig von Geröll und Unrat zu befreien. Sie grub die vierzig Meter an der Längsmauer in einer Breite und Tiefe von einem halben Meter um, wobei sie jeden Brocken Erde genau unter die Lupe nahm. Aus den Steinen, die sie dabei entfernte, baute sie einen Weg, der rund um das Taubenhaus hinauf in die Berge führt. Genauso sorgfältig bearbeitete sie den Boden vor der Rosmarinhecke, und das sogar auf einer Breite von zweieinhalb Metern. Dann pflanzte sie in den beiden vorbereiteten Beeten alte Rosen und englische Rosen an, zunächst nur weißblühende, wie sie das in vielen Büchern aus England gesehen hatte. Doch schon bald erschien ihr diese Komposition zu blaß – sie wünschte sich eine reichere Palette in Pastelltönen. Und so änderte und ergänzte sie Jahr für Jahr. »Tausende von Litern Wasser mußten fließen und fast ebenso viel Schweiß«, sagt sie mit der ihr eigenen feinen Ironie.

Bald mußte Yannick die »an Trauer gestorbenen« Orangenbäume ersetzen. Dafür wählte sie Lorbeerbäumchen, in Pyramiden- und Kugelform geschnitten. Auch der Gemüsegarten wurde der formalen Gestaltung angepaßt, mit exakten Wegen aus Marés, dem landestypischen weichen Stein, der sehr schnell eine schöne graue Patina annimmt. Den Schuppen verwandelte Yannick in eine Art Wohnraum im Freien, dem sie mit Farbe ein neopompejanisches Aussehen gab, und aus dem Hundezwinger wurde ein Geräteschuppen.

Später legte Yannick ein Querbeet an, das den Rosengarten vom *potager* trennt. Wieder pflanzte sie Edelrosen wie die pinkfarbene 'Dorothy Perkins', die an drei Obelisken emporrankt. Jetzt fehlen ihr nur noch einige Bänke, strategisch richtig plaziert, dann sieht ihr ganz privater Garten so aus, wie sie ihn sich erträumt hat. »Er

Festung: Im Stil eines ribat *ist das kuppelgekrönte Haus um einen Innenhof gebaut. Hier gedeiht der Jakarandabaum mit seinen malvenfarbenen Blüten.*

nähert sich seiner Vollendung«, sagt sie. »Wie wir selbst vielleicht auch …«

Seit 1986 arbeitet Yannick künstlerisch oft im Team mit Ben Jakober, der nach einer erfolgreichen Karriere als Bankier im reifen Alter von fünfzig Jahren zur Kunst fand. Berühmt wurde ihr gemeinsames Werk *Il cavallo di Leonardo,* eine 14 Meter hohe Skulptur, die 1993 zum Symbol der XLV. Biennale von Venedig wurde. Diesmal fühlt sie sich nicht als Assistentin ihres Mannes, sondern als gleichberechtigte Partnerin: »Ich habe längst meinen Weg gefunden. Außerdem arbeite ich immer auch an eigenen Dingen.«

Dazu zählt sie ihre Terrakottaskulpturen und ihr Schreiben, aber auch das Gärtnern und Kochen, das sie gleichrangig neben ihre Kunst stellt: »Ich habe das nie als Zeitverschwendung betrachtet, und ich glaube auch nicht, daß Karrierefrauen glücklich werden, wenn sie darauf verzichten.«

Männern mag es nicht genügen, wenn sie sich »nur« für ein paar Rosen abschuften. Jedenfalls war das der Grund, warum ihr treuer Gärtner Andrés schließlich kündigte. »Irgendwie hielt er es für unter seiner Würde, dem steinigen Boden etwas so Überflüssiges abzuringen wie Blumen. Er wollte wieder Gemüse anbauen.« Ein Junge namens Lorenzo hat ihn ersetzt, den Ben Jakober einst mit seinen berüchtigten Gloxinien geheilt hat von Hunderten von Warzen, die seine Hände bedeckten. Lorenzo scheint zu verstehen, daß es bei diesem Rosengarten um mehr geht als um den Luxus der reinen Schönheit.

»Gärtnern ist ZEN«, sagt Yannick. Wie die Philosophie des Zen-Buddhismus führt die Beschäftigung mit Pflanzen, mit ihrem Werden und Vergehen, zur Meditation. Und so kommt sie jedes Jahr zur Rosenblüte nach Mallorca, obwohl sie und Ben die meiste Zeit auf Malta leben, wo sie neue gestalterische Herausforderungen gefunden haben.

Der Pflanzplan

1. Eingang Holztor
2. Steinweg
3. Brotbackofen
4. Überdachter Sitzplatz
5. Werkzeuge
6. Steinmauer mit Kletterrosen und Stauden
7. Rasen mit Lorbeerbäumchen
8. Niedrige Rosmarinhecken
9. Strauchrosenbeete und Stauden
10. Stammrosen im Strauchrosenbeet
11. Metallpfeiler mit Rose (Obelisken)
12. Gemüsegarten
13. Zitronengras
14. Metallgerüst mit Kletterrose
15. Olivenbäume
16. Akazienbaum
17. Holztisch und Bänke
18. Steintische
19. Grillplatz
20. Taubenhaus
21. Steinweg
22. Vogelbad
23. *Agapanthus* und Kletterrosen
24. Eisentor
25. Holztor
26. Wollmispeln

Rosamund Wallinger
The Manor House

Die wiedergeborene Gertrude Jekyll

Was macht eine Frau, die aus einem Londoner Stadthaus mit einem Vorgarten en miniature und ohne die geringste gärtnerische Erfahrung hinauszieht aufs Land? Legt sie auf gut Glück los oder beauftragt sie professionelle Gartengestalter? Beides wäre naheliegend. Daß sie jedoch einen fast verlorengegangenen Garten der berühmten Gertrude Jekyll zu neuem Leben erwecken würde, das hatte sich Rosamund Wallinger nicht vorgestellt.

Glückliche Erbin: Rosamund Wallinger erweckte ein historisches Juwel wieder zum Leben.

Sie war vierzig, als sie und ihr Mann John 1983 das Anwesen The Manor House in Upton Grey im südlich von London gelegenen Hampshire kauften. Das ehemalige Gutshaus besaß viel englischen Charme, war aber nach drei unbewohnten Jahren ziemlich heruntergekommen. Genauso wie der Garten, in dem das Unkraut über die Wege wucherte, Steinwälle bröckelten und viele Beete einfach verschwunden waren. Im Haus zeigten 46 Rohre Risse, und bis Ros und John Wallinger samt Sohn und Hund einziehen konnten, bewohnten sie vier Monate lang ein Cottage *up the road*, nicht weit vom Manor House.

Rosamund hatte nach Jahren in einem Einfamilienhaus im Londoner Stadtteil Chelsea nicht mehr Ahnung vom Gärtnern als ihr damals sechsjähriger Sohn Mark, der unter einem Garten vor allem eine Fläche zum Toben und Spielen verstand. Daß sie einmal die »Seelenschwester« von Gertrude Jekyll sein würde, ahnte sie nicht. Als sie und ihr Mann sich in The Manor House verliebten und sich zum Kauf entschieden, wußten sie nur, daß es denkmalgeschützt war. Also fuhren sie zum Institute of Architecture in London, um zu erfahren, warum. Es stellte sich heraus, daß das Haus von einem bekannten Architekten der eduardinischen Zeit stammte, und daß der Garten »möglicherweise« von Gertrude Jekyll entworfen worden war. Rosamund telefonierte daraufhin mit einer langjährigen Freundin, die sie mit Penelope Hobhouse bekanntmachte. Penny, eine erfolgreiche Buchautorin und renommierte Gartenkennerin, konnte bestätigen, daß der Garten des Manor House tatsächlich Gertrude Jekylls Werk war.

Die 1843 geborene Londonerin Gertrude Jekyll wird auch heute noch, über sechzig Jahre nach ihrem Tod (sie starb 1932), von Landschaftsdesignern, Gärtnern und Schülern auf beiden Seiten des Atlantiks als Hohe Priesterin der Gartenkunst verehrt. Ihre Ideen über Farbfolgen, geordnete Pflanzenfülle und die Integrität einzelner Pflanzen in einer bestimmten Umgebung haben Jahrzehnte überstanden. Sie hat in einem ausgefüllten Leben über zweitausend Gartenpläne für annähernd zweihundertfünfzig Gärten entworfen, von denen die meisten aber nicht mehr vollständig erhalten sind.

Als Jekyll 1908 darum gebeten wurde, den Garten in Upton Grey zu entwerfen, war sie fünfundsechzig Jahre alt und auf der Höhe ihres Schaffens. Den Auftrag erteilte Charles Holme, ein Industrieller und wichtiger Repräsentant des Arts & Crafts Movement. Zusammen mit dem Architekten Ernest Newman schufen die drei Upton Grey gemäß der Philosophie dieser Ende des 19. Jahrhunderts einflußreichen Bewegung. William Morris ist

Fleißiges Federvieh: Das Hühnervolk verdient sich sein Futter, indem es den Obstgarten frei hält von Raupen, Larven und Puppen.

Pflanzenschule: Längst zieht Rosamund sich den meisten Nachwuchs aus eigenen Stecklingen.

sches Stilmittel sein darf, losgelöst von so profanen Dingen wie Umgraben und welken Blüten. Trotzdem glaubten Generationen von Gärtnern lange Zeit, daß ein Garten entweder geplant oder reizvoll, aber nicht beides zugleich sein kann.

Der Garten des Manor House in Upton Grey entwickelte sich zu einem der schönsten Beispiele des für Gertrude Jekyll so typischen Wechselspiels von formaler und natürlicher Gartenanlage. Hier kann man die Vielseitigkeit der Ausdrucksformen bewundern: eine von Stechpalmen und Baumpäonien gesäumte Auffahrt, die zwischen Blöcken aus dunklen Eiben endet; ein von hübschen immergrünen Pflanzen und zierlichen Farnen umgebener Vorhof, über den man zu einem ruhigen Wildgarten mit gewundenen Wegen und hinab zu einem versteckten Teich gelangt; eine Pergola, die mit sorgsam ausgewählten Kletterpflanzen

ihr Begründer, denn er setzte sich gegen die damals beginnende industrielle Massenproduktion und damit für das Handwerk ein. Er verstand die schönen Künste als Einheit und betonte die Notwendigkeit des Zusammenwirkens von Herz, Hand und Auge in Kunst und Handwerk.

Seine Theorien fielen bei Gertrude Jekyll auf fruchtbaren Boden – sie entsprachen ihrer einfachen, unprätentiösen, aber kreativen Lebensweise. Als junge Frau hatte sie Malerei studiert, und war insbesondere von den glühenden Farbspielen und der impressionistischen Malweise William Turners tief beeindruckt. Der Gedanke, daß die schönen Künste ein untrennbares Ganzes bilden, zieht sich durch Gertrude Jekylls Gesamtwerk. Sie knüpfte Teppiche, schnitzte, stellte Metallarbeiten her und stickte Muster, die gleichzeitig von einer verschwenderischen Fülle und Disziplin geprägt waren – wie ihre späteren Gärten.

Jekylls wertvollster Beitrag zur modernen Gartengestaltung bestand wohl darin, daß sie die Spaltung in ein planerisches und gärtnerisches Wirken als absoluten Unsinn ansah. Während einer heftigen Diskussion innerhalb der Arts & Craft-Bewegung plädierte sie dafür, daß Gartengestaltung nicht nur ein theoreti-

Leuchtfeuer: Die von Glasscheiben vielfach reflektierte Sonne bringt die tiefrosa Buschmalve (Lavatera) *zum Strahlen.*

geschmückt ist; farbenprächtige Blumenrabatten, die kurzgehaltene Rasenflächen umgeben und sich zu den Seiten hin öffnen; Treppenanlagen und Trockenmauern, die die verschiedenen Ebenen des Gartens verbinden.

Restauriert: ***Gertrude Jekylls ungewöhnliches Rankgerüst mit Seilen wurde originalgetreu wieder aufgebaut.***

Als Rosamund Wallinger das Geschick des Gartens in ihre noch ungeübten Hände nahm, war von dieser Pracht nichts mehr übrig. Sechsmal hatten die Besitzer des Manor House seit dem Tode von Charles Holme im Jahre 1923 gewechselt. »Sie haben es zwar verändert, aber ohne etwas wirklich Schlimmes anzurichten«, erzählt Ros. »Keiner war reich genug, um beispielsweise einen harten Tennisplatz oder einen Swimmingpool zu bauen. Zum Glück!«

Immerhin waren viele Blumenbeete unter Gras und Moos verschwunden, und auch der quellgespeiste Gartenteich mußte wieder ausgegraben werden. Das zeigten die 18 Pläne für den Garten, die wie alle anderen aus dem Jekyllschen Nachlaß in der *Reef Point Collection* der Universität in Berkeley, Kalifornien, aufbewahrt werden – und im April in 1984 kopierter Form in Upton Grey ankamen. Die Pläne mußten allerdings erst einmal entziffert werden, denn sie waren von Hand beschriftet, fleckig und mit alten botanischen Namen versehen!

Sie zeigten, daß Jekylls Garten aus zwei unterschiedlich gestalteten Hälften bestand: Im Norden des Hauses – seitlich der Zufahrt, die an der Grundstücksgrenze zum Vorhof des Hauses führt – liegt der wohl einzige überlebende Wildgarten à la Jekyll. Er wird diszipliniert durch gemähte Graswege, die sich durch die Wiese, die üppig wuchernden Rosen, die Büsche, den Bambus und einige Bäume zum Teich hin winden. Alle Formen scheinen rund und fließend zu sein. Im Frühling ist der Wildgarten ein Teppich von Osterglocken (einige neue Arten wurden den ursprünglichen aus der Jekyll-Zeit hinzugefügt). Schneeball, Primeln und Schlüsselblumen, Windröschen, *Scilla* (Blaustern), *Muscari* (Traubenhyazinthe) und *Fritillaria meleagris* (Schachbrettblume) haben die langjährige Vernachlässigung überlebt. Im Sommer verwandelt sich der Wildgarten in ein Farbenmeer.

Südlich des Hauses kontrastiert ein formaler Garten, in dem eckige Formen dominieren und Eibenhecken eine Gitterstruktur schaffen. Das leicht abfallende Gelände hatte Jekyll in Terrassen gegliedert, indem sie Grasböschungen durch Trockenmauern ersetzte. Diese bepflanzte sie mit überhängenden Polsterstauden, um ihnen einen vertikalen Effekt zu verleihen: *Aubrieta* (Blaukissen), *Arenaria* (Sandkraut), Nelken und Glokkenblumen, Kaskaden von *Cerastium* (Hornkraut) und Blütentrauben weißer Löwenmäulchen beleben die Steine. Eine Pergola aus schwerem Eichenholz führt vom Haus weg und über flache Steintreppen zum Rosengarten. Die Pergolastützen sind mit Kletterrosen im Wechsel mit anderen Pflanzen überwachsen – süßduftendem Jasmin, großblättriger *Aristolochia* (Pfeifenblume) sowie farbenprächtigem Wilden Wein. Alles strahlt eine unbändige Wuchsfreude aus.

Immergrüner Schneeball und Bergenien säumen die Stufen, die von einem Gartenbereich in den anderen führen. Im Sommer bildet ihr hübsches Laub das Rückgrat des Blumengartens, während es fast unmerklich die architektonisch strengen Konturen der formalen Anlage mildert; im Winter und zu Frühlingsbeginn sind sie mit ihren frühen Blüten die Stars. Die dunkel umwölkten rosa Blüten und bronzefarbenen Blätter der Bergenien verbinden sich mit den feinen Farben des moosüberwachsenen Mauerwerks.

Unterhalb der (erneuerten) Trockenmauern liegt der Rosengarten. Hier bildet das formale Muster aus Rosen und Päonien (Pfingstrosen), eingefaßt mit *Stachys*

Rückzug: Von ihrer rosenberankten Laube aus hat Rosamund den besten Blick über die Gartenanlage.

(Ziest), einen Rahmen für zwei gleichgroße Quadrate, die mit auffallend belaubten *Canna* (Blumenrohr) und spektakulären weißen Königslilien in Töpfen bepflanzt sind.

Links und rechts des Rosengartens führen Stufen hinunter zu den rechteckigen Terrains des Bowling- und Tennisrasens. Von hier aus sieht man jenseits der Eibenhecken einen traditionellen englischen *nuttery* (Nußgarten). Die Haselnußbüsche werden gezogen, damit man immer frische biegsame Zweige schneiden kann, die hoch wachsenden Stauden und Einjährigen als Stütze dienen. An ihrem Fuß wachsen blaue Hyazinthen und Primeln. Genau gegenüber, im Osten des Tennisrasens, schließt sich ein Obstgarten an. Auf dieser Seite liegt seitlich des Rosengartens der ehemalige und jetzige Küchengarten. Er ist in Rechtecke unterteilt und beherbergt neben Gemüse heute auch Ziehpflanzen, die ab einer gewissen Größe in die Beete umgesetzt werden.

Zwischen Haus und Rosengarten laufen breite Staudenrabatten links und rechts entlang der Eibenhecken – ein Stilelement, dessen Erfindung häufig Gertrude Jekyll zugeschrieben wird. Wer darunter allerdings nur bunte Blumenbeete versteht, unterschätzt den reichen Jekyllschen Erfahrungsschatz. Die Pläne zeigen, wie weit ihre botanischen Kenntnisse reichten, wie fein ihr Farbgefühl und ihre Liebe zum Detail waren, denn eine Staudenrabatte von Gertrude Jekyll kommt einem Gemälde gleich.

Vom Haus und entlang der Buchsbaumhecken in Richtung Rosengarten führend, ziehen zwei Doppelrabatten den Blick auf sich. Intensive Rot-, Orange- und Gelbtöne in der Mitte – Rudbeckien (Sonnenhut), *Helianthus* (Sonnenblume), *Helenium* (Sonnenhut), Tagetes (Studentenblume) und *Monarda* (Indianernessel), dazu Kerzen der *Kniphofia* sowie Gruppen von Stockrosen und Dahlien – klingen an beiden Enden mit dem sanften Gelb von Studentenblumen, dem gestreiften Ziermais sowie dem klaren Blau von Dreimasterblumen und Lupinen aus.

Wenn Rosamund, eine schlanke, attraktive Brünette, von ihren gärtnerischen Anfängen erzählt, tut sie das so locker und ungeschminkt, wie sie selbst daherkommt. Fast hat man den Eindruck, es war alles ein Kinderspiel. Ihre positive, einfühlsame Art, auf andere zuzugehen und sich selbst eher zurückzunehmen, täuscht über die Mühen hinweg, die sie jahrelang bewältigt hat. Denn der Beginn der Gartenrestauration war alles andere als einfach: Alle Bäume – außer einem Walnußbaum, der »planmäßig« war – mußten mitsamt ihren Wurzeln entfernt werden, weil sie in ursprüngliche Beete gepflanzt und darin groß geworden waren. Gras und Moos mußten entfernt, der Boden sterilisiert und mit Mist vermischt werden. Dazu kam die Tatsache, daß die Restaurierung des (allerdings günstig erstandenen) Hauses Unsummen verschlungen hatte und man rechnen mußte.

Deshalb arbeitete die frischgebackene Gärtnerin viel mit Stecklingen. Sie ließ nicht locker, schrieb an Spezialsamenhandlungen oder besuchte sie, um nicht nur dieselben Spezies wie in den Jekyll-Plänen, sondern möglichst noch dieselben alten Varianten zu erstehen. Das wiedererwachte Interesse an lange vergessenen Pflanzen hat ihr dabei ebenso geholfen wie neue Bücher zum Thema. Die berühmte Roseraie de l'Hay-les-Roses bei Paris hat ihr zehn Ableger von seltenen Rosenarten gegeben. »Und meine Mutter, die einen großen Garten mit vielen alten Pflanzen hat, schenkte mir die hübsche *Bergenia cordifolia* und eine alte Phlox-Sorte, die man nicht mehr findet.«

Ohne den Rat erfahrenerer Gartenliebhaber ging es damals allerdings nicht. Ihre Freundin Gilly Drummond, die Präsidentin des Hampshire Gardens Trust, hatte ihr in der Person von Penelope Hobhouse eine unerschöpfliche Quelle für gute Bezugsadressen und praktische Ratschläge empfohlen, die ihr beispielsweise auch in Fragen der Unkrautbekämpfung zur Seite stand. »Penny gab mir den Rat, direkt am Haus anzufangen und sich erst dann weiter in den Garten vorzuarbeiten. Das ist wichtig, denn es ist total entmutigend, in Randbereichen anzufangen, weil man den Fortschritt nicht sieht.« Bei den Gartenarbeiten geholfen haben ihr zuerst Dorfbewohner, später ein Teilzeitgärtner, dann war sie drei Jahre lang die einzige, die Hand anlegte, bis endlich ein Vollzeitgärtner eingestellt werden konnte.

Rosamund und ihr Mann necken sich gegenseitig, nicht nur, wenn es um den Garten geht. Der Börsenmakler steigt seiner Frau zuliebe schon mal auf den Rasenmäher, aber nur in der Freizeit, und die ist für Männer, die *in the City* arbeiten, rar. Sie erinnert sich, daß man ihr die Frage nach der Rolle ihres Mannes im Garten schon mal bei einer schicken Lunch-Party stellte, an der zahlreiche wichtige Leute aus der Welt der Gärten teilnahmen. Auf ihre humorvolle Antwort – »er spielt gerne mit den Gartenmaschinen« – hin fragte sie Roy Strong, der Leiter des Victoria & Albert Museum: »Wer hat Ihnen den Garten denn gekauft, meine Liebe?« Womit die Frage danach, was ihr Mann zum Garten beigetragen hat, geklärt war.

Was die Jekyll-Kennerin Jane Brown den »schönsten restaurierten Jekyll-Garten überhaupt« nennt, war nicht immer das, was Ros ursprünglich als schön empfand. Sie mochte eher, was die meisten englischen Hobbygärtner mögen: »sanfte Farben, Grau- und Pinktöne, Cottage-Effekte und vergängliche Dinge wie einjährige Pflanzen, die einen Monat lang blühen und dann ersetzt werden.« Sie mußte sich an Rabatten und die kräftigen »hot colors« von *Helenium, Helianthus,* der *Buphthalmum* (Ochsenaugen) und Rudbeckien erst gewöhnen. Astern zum Beispiel mochte sie nie. »Jahrelang habe ich gedacht, wie häßlich Astern doch sind! Wenn sie blühen, ist alles andere tot. Aber über die Jahre hinweg habe ich sie schätzen gelernt – sie sind noch da, wenn ich die letzten Besucher Ende September empfange!«

Auch mit Bambus hat sie ihre Schwierigkeiten, ganz einfach, weil er sich gefräßig ausbreitet. Vielleicht ein Irrtum von Gertrude Jekyll? Diese pflanzte Bambus in den Wildgarten zu einer Zeit, als Arten aus anderen Teilen der Erde erstmals nach Europa kamen. Farn, Bambus und andere exotische Pflanzengattungen entwickelten sich Ende des letzten Jahrhunderts schlagartig auch in England zu beliebten Gartenelementen.

Das Schlimmste aber ist der japanische Knöterich *(Polygonum cuspidatum),* der als wasserliebende Pflanze um den Teich herum wächst und zu der aufdringlichsten Spezies gehört, die Rosamund sich vorstellen kann. »Aber er zählt heute in England zu den geschützten Arten, man darf ihn nicht ausgraben und verschenken und schon gar nicht verkaufen!« Jekyll pflanzte die neue Errungenschaft aus Asien wegen ihrer schönen weichen Blätter und ihren cremefarbenen kleinen Blüten, die einen pinkfarbenen Punkt in der Mitte tragen – »quite sweet«. Bis die Kostbarkeit endlich ihre Umgebung akzeptiert und zu blühen beginnt, kann es vier Jahre dauern.

Inzwischen hat sich Rosamund mit den Farborgien im Staudenbeet ausgesöhnt und die Astern und sogar die

Stufe für Stufe: Unterschiedlich hoch sind die Trockenmauern, die dem formalen Garten Struktur geben.

afrikanischen Ringelblumen liebgewonnen. Sie liebt die Päonien im Sommer – »sie riechen gut, sie sind wunderschön, und sie ziehen weder Ungeziefer noch Krankheiten an« – und die kleinen blauen Blüten der *Ceratostigma plumbaginoides* (Bleiwurz) am Fuße der Trockenmauern. Und, ganz wichtig ist, so Rosamund:

Stützen: Aus dem traditionellen nuttery *kommt der biegsame Halt für die Rudbeckien.*

Ton in Ton: Gertrude Jekyll stimmte die Rabatten farblich fein aufeinander ab, links Kleines Immergrün, rechts Dahlien, Astern und Fetthenne.

»Ein großer Vorteil des Gartens besteht darin, daß Tiere und Kinder in ihm Spaß haben – es ist nicht so ein manikürter Garten, in dem man nicht herumspringen darf. Man kann Spiele spielen – Krokett, Tennis ...«

Eine Sache, die sie nach und nach lernen mußte, war das richtige Beschneiden: »Kein Gartengestalter schreibt in seine Pläne, wie hoch eine Hecke sein soll!« Als eines Sommers eine Buchsbaumhecke von der Terrasse aus den Blick über den Garten versperrte, fragte sie einen befreundeten Gartenliebhaber. »Schneid sie um die Hälfte runter, Ros«, riet er ihr.

Dafür wußte sie, daß alle Pflanzen, die Gertrude Jekyll in den Gartenplänen vorgesehen hatte, für den hiesigen pH-Wert des Bodens (sieben, stellenweise acht) geeignet waren. Und daß im Prinzip alles das Klima der Gegend – das Thermometer kann im Winter immerhin bis auf zwölf Grad Minus hinunterrutschen – aushält. »Hier gibt's keine empfindlichen Pflänzchen.« Die einzige Ausnahme ist ein Oleander: »Der steht unterhalb des Rosengartens an einer Froststelle und geht alle fünf Jahre kaputt.«

Nun ist der restaurierte Garten im Stadium der Reife. Rosamund lebt mit ihm und mit Gertrude Jekylls Erbe – ein Privileg, das nur sehr wenigen vergönnt ist. Sie genießt den Garten, wenn im Dezember die Schatten über die Trockenmauern kriechen und wenn im Juni die Rosen in der Abendsonne glühen. Jane Brown, die Jekyll-Autorin, wohnt in der Nähe des Anwesens und kommt ab und zu auf einen Sprung vorbei. »Das Bemerkenswerte an Gertrude Jekyll war ihre absolute Bescheidenheit. Sie lebte nach dem Ideal der Arts & Craft-Bewegung, ehrlich und an das glaubend, was sie tat. Niemand hat ihr Gartendesign so verinnerlicht wie Ros.«

Auch im Wesen gleicht sie ihrem großen Vorbild. Selbst jetzt, da Rosamund längst zu einer Gartenexpertin geworden ist, tritt sie bescheiden hinter dem Werk der berühmten Gestalterin zurück. Es genügt ihr, Gertrude Jekylls Schöpfung am Leben zu erhalten. Nicht eine Sekunde hat sie daran gedacht, sich mit einem eigenen Entwurf wenigstens in einer Ecke ihres Grundstückes zu verewigen. »Was soll ich denn ändern, ist der Garten nicht wundervoll?« fragt sie erstaunt. »Ich werde ihn gerade so lassen wie er ist!«

Der Pflanzplan

1. Einfahrt zum Anwesen
2. Bambusfelder
3. Kleiner verwunschener Teich, umgeben von Eiben, Herkulesstauden, Bambus und Schneeballsträuchern
4. Knöterichgewächse
5. Spornblumenstreifen, dahinter Baumpfingstrosen
6. Spornblumenstreifen, dahinter Baumpfingstrosen, dann eine dichte Eibenhecke, die durch einzelne Stechpalmen aufgelockert ist
7. Stechpalmenhecke vor verschiedenfarbigen Kletterrosen, Birken und lorbeerblättrigen Zistrosen
8. Durcheinander von Eiben, Kletterrosen, weißem Geißklee, Goldregen und den lorbeerblättrigen Zistrosen
9. Aufgang zum Haus
10. Sommerblumenrabatte mit Dahlien, Lupinen, Löwenmaul, Studentenblumen, Lilien, Sonnenblumen und vielen anderen Sorten
11. In Form geschnittene Eiben
12. Gewächshaus
13. Pfeilerreihen mit Seilen verbunden, berankt mit Rosen in Girlandenform
14. Reihe von Apfelbäumen hinter halbhoher Eibenhecke
15. Formaler Gartenteil, bepflanzt mit Rosen und Pfingstrosen, mit Lilien und *Canna*
16. Anzuchtgarten für Gemüse und Blumen
17. *Bergenia cordiflora* (Steinbrech)
18. Rasenfläche für Bowling
19. Eibentor als Übergang zum Anzuchtgarten, zum Obstgarten und zum Hühnerhof
20. Tennisrasen
21. Anzuchtbeet für Buchsbaum, Zedern und Zypressen
22. Freilaufgehege für Hühner
23. Übergang zum Ende des Gartens
24. Rosenlaube

Helga Bohlmann
Der Lustacker

Vom Schuttplatz zum Familiengarten

Der Weg steigt steil an, führt durch einen dichten Wald und mündet bei einer »tausendjährigen« Linde, deren genaues Alter niemand weiß, in einen tiefen, düsteren Hohlweg. Danach öffnet sich plötzlich die Landschaft, und man hat eine freie Sicht auf die sanften Höhenzüge der Frankenalb direkt an der Grenze zur Oberpfalz. Dieser weite Blick nach dem eher einschüchternden Anfahrtsweg war es, der Helga Bohlmann begeisterte, als sie im Februar 1963 mit ihrem Mann zum erstenmal in den winzigen Weiler kam. Nur zehn Bauernhöfe standen damals auf dem fünfhundert Meter hohen Plateau, und einer davon sollte bald ihnen gehören.

Der allerdings sah alles andere als einladend aus: Klapperndes, rostiges Blech verkleidete den Fachwerkgiebel des Haupthauses, die große Fachwerkscheune war schon halb zusammengebrochen, und zwischen den beiden Gebäuden thronte ein riesiger Misthaufen. Das gut fünftausend Quadratmeter große Grundstück fiel nach Südosten hin ab, im vorderen Teil standen alte Bäume, dahinter breitete sich ein freies Feld aus. Im Westen verlief die unbefestigte Dorfstraße. Alles lag sanft und gnädig eingehüllt in dicke Schneehauben in dieser schönen Landschaft. Und der Preis war gut!

Die Suche nach einem geeigneten Haus hatte für das junge Paar – Helga war 23, ihr Mann Adolf knapp dreißig Jahre alt – bereits bei der Eheschließung begonnen. Und geträumt hatte jeder für sich schon von Kindesbeinen an davon. Schuld daran war der Krieg, der Adolf aus seinem Paradies Pommern vertrieben hatte und Helga in engen Notwohnungen aufwachsen ließ, nachdem der Vater gefallen und die gesamte Habe der Mutter und der Besitz der Großmutter den Bomben zum Opfer gefallen waren. Seither hatte Helga nur einen Wunsch: schöne Wohnungen und Häuser zu entwerfen und eines Tages vielleicht auch selbst ein Haus zu besitzen. Innenarchitektin wollte sie werden, bestand mit kaum 17 Jahren auch die Prüfung an der Werkkunstschule in Düsseldorf, aber dann hieß es: sie sei zu jung zum Studieren und sie müsse eine Schreinerlehre oder mindestens ein einjähriges Praktikum vorweisen können. Aber kein Schreinerbetrieb wollte ein junges Mädchen in seine Männermannschaft aufnehmen – man hätte ja eine Extra-Toilette für sie bauen müssen! So begann die zeichnerisch auffallend Begabte durch Vermittlung der Berufsberatung eine Lehre in der Damenkonfektion; zuletzt schnitt sie die Musterkollektion zu.

Vorfreude: Für Helga Bohlmann ist das Planen und Entwerfen die Hauptsache.

In Adolf Bohlmann traf sie eine verwandte Seele: Auch er wollte am liebsten Häuser bauen, war aber einer Firma verpflichtet, die ihm das Ingenieurstudium bezahlte. Mit ihm, dem verhinderten Architekten, machte Helga in der Freizeit große Pläne – von großen Häusern mit großen Gärten und Platz für mindestens sechs Kinder.

Nun waren sie bereits vier Jahre verheiratet und trotz aller Bemühungen hatte es bisher weder mit dem eigenen Domizil noch mit dem Nachwuchs geklappt. Da tat sich jene Chance in Bayern auf, das einzige Angebot, das sie

Gemeinschaftsarbeit: Enkeltochter Lisa half mit, das Futterhaus für Vögel zu bauen.

Besonderheit: Obwohl die apricotfarbene 'Abraham Darby' von modernen Rosen abstammt, verfügt sie über Aussehen und Duft einer alten Rose.

mit ihren mageren Einkünften finanzieren konnten. Verständlich, daß sie das Anwesen nicht mit allzu kritischen Augen prüften, sondern beinahe blindlings zugriffen. Zumal ihr Grundstück ein Teil der überlieferten »Lustäcker« war, die eben wegen ihrer idyllischen Lage von altersher als beliebtes Ausflugsziel galten. Was sie sich da eingehandelt hatten, wurde ihnen erst so richtig klar, als sie in den Osterferien ihr Haus in Besitz nahmen. So verfallen und schäbig hatten sie es nicht in Erinnerung gehabt. Aber sie waren jung und voll des Mutes, und so richteten sie erst einmal zwei Kammern her, in die Helga zunächst mit ihrer alten Großmutter einzog. Ihr Mann konnte erst einige Monate später nachkommen, als seiner Bitte um Versetzung entsprochen wurde. Zu dem Zeitpunkt hatte Helga bereits erkannt, was das allergrößte Problem auf ihrem »romantisch verfallenen« Bauernhof war, dessen ältester Teil aus dem Ende des 17. Jahrhunderts datiert: Der Brunnen gab kein Wasser. Der Vorbesitzer hatte bei dem Versuch, ihn ergiebiger zu machen, die wasserführende Schicht durchbohrt, und nun war der Brunnen ganz versiegt. Und das ausgerechnet, als es nach dem ersten ungewöhnlich harten Winter 1964 einen extrem heißen und trockenen Sommer gab. Zudem ging Helga Bohlmann mit ihrem ersten Kind schwanger und hatte gerade ihren ersten Garten angelegt.

Zusammenspiel: Fingerhut, Edelrose 'L.D. Braithwaite' und Frauenmantel ergänzen sich gut.

Da gaben auch die Brunnen der Nachbarn nicht mehr viel her, und so waren die Bauern des Dorfes endlich bereit, bei der Regierung eine Wasserleitung zu beantragen. Doch der nächste Sommer war kühl und total verregnet, die Brunnen waren wieder voll, und die Bauern zogen ihren Antrag zurück. Jeder Tropfen Wasser mußte weiterhin vom Brunnen des Nachbarn geholt werden, für den Haushalt, für die Wäsche und auch für den Garten.

Als Großstadtkind brachte Helga Bohlmann kaum Pflanzenkenntnisse mit, aber sie erinnerte sich schwach an den wunderschön blühenden Garten des Großvaters, mit einer großen Margeritenwiese, einem Kirschbaum, von dessen tiefhängenden Zweigen auch die Kinder ernten konnten, und mit vielen, vielen Erdbeeren. So etwas Ähnliches wollte sie auch ihrem ersten Sohn, der im Sommer 1964 zur Welt kam, und seinen hoffentlich vielen Geschwistern in spe bieten. Deshalb wurde im freien hinteren Teil des Grundstücks ein riesiges Areal für Johannisbeersträucher, Erdbeerstauden, Gemüse und Kräuter abgesteckt – als ginge es darum, eine zwölfköpfige Familie zu versorgen. Aber die Kultivierung des großen Gemüsegartens war schwieriger als vermutet, nicht nur, weil jeder Tropfen Wasser herangeschleppt werden mußte. Die Erde erwies sich als so sandig, daß sie sich zwar schnell erwärmte, aber weder Feuchtigkeit noch Nährstoffe hielt. Und immer wehte vom Osten der sogenannte böhmische Wind: im Sommer heiß wie Wüstenwind, im Winter eisig.

Darüber hinaus gab es jede Menge Steine! Natursteine, Kalk und eine Art Eisenstein, der sich in einer

Tiefe von eineinhalb bis zwei Metern als handbreite Schicht schräg fast durch das gesamte Grundstück zieht. In Hausnähe lag Schutt von abgebrochenen Gebäudeteilen und von den beiden großen fränkischen Backöfen, die einst auf dem Grund standen und von denen nur noch mit Brennesseln bewachsene Hügel übrig waren. Fundamente aus großen dicken Kalkbruchsteinen finden sich immer noch ab und an, wenn man tiefer in die Erde gräbt. Kein Wunder, daß Helga Bohlmann bald nur noch von »Wind, Sand und Steinen« sprach, wenn sie ihr Gartenreich meinte.

Im Februar 1967 deckte ein Wirbelsturm das im Jahr zuvor erneuerte Dach zu großen Teilen ab und riß die letzten alten Obstbäume um. Sie hätten sie gerne behalten. Im Sommer desselben Jahres starb die Großmutter, kurz nachdem der zweite Sohn geboren war. Der Garten hatte durch mangelnde Pflege sehr gelitten, und ein Jahr später hatte sich die Wiese alles zurückerobert. Zu der Zeit sah das Grundstück wie eine Brennesselplantage mit sich anschließendem Magerrasen aus.

1969 war die Renovierung des Hauses abgeschlossen, und nun ging es ernsthaft an die Gartengestaltung. Eine Wasserleitung fehlte zwar nach wie vor, aber dafür konnten sie sich an die vom Brunnen gespeiste Hauswasseranlage des Nachbarn anschließen – kurz vor der Geburt des dritten Sohnes hatte Helga Bohlmann damit endlich die Möglichkeit, eine Waschmaschine arbeiten zu lassen! Trotzdem fing sie weiterhin jeden Tropfen des Spülwassers auf, um die jungen Gartenpflanzen zu gießen.

Der neue Beeren- und Gemüsegarten war kleiner und überschaubarer und lag näher am Haus. Außerdem war er durch einen Zaun geschützt, damit nicht wieder die Rehe alles fressen würden. Die einjährigen Sommerblumen an der Straßenfront wurden durch Blütensträucher ersetzt, die das ganze Jahr über Schutz bieten. Aber wie alle Anfänger pflanzte Helga alles viel zu dicht, und so verbannte sie später einige Sträucher in den hinteren Garten. An der Front stehen von der ersten Pflanzengeneration nach wie vor ein dunkellila Flieder, ein Goldregen, eine *Kolkwitzia,* spärliche Reste einer Brautspiere *(Spiraea arguta),* ein Pfeifenstrauch *(Philadelphus)* und eine üppige Forsythie, mit der im Frühjahr im Schutz der Hauswand der Blütenreigen beginnt – fast gleichzeitig mit den Wildkrokussen, den Waldanemonen, Winterlingen, verschiedenen *Scilla*-Sorten und Schneeglöckchen. Im Laufe der Jahre ist der ganze vordere Garten von den verwildernden Zwiebelgewächsen erobert worden. Es freut Helga, wenn Pflanzen sich heimisch fühlen und selbst aussäen, wie zum Beispiel das Vergißmeinnicht, die im Frühling wie ein hellblauer Teppich wirken. Im Hochsommer finden sich dann überall Kosmeen in Rosa- und Rottönen. Die Erfahrung hat Helga jedoch gelehrt, daß manche Pflanzen in ihre Grenzen verwiesen werden müssen, weil sie sonst alles überwuchern. Das gilt für viele Bodendecker, die sie am Anfang einsetzte, um die kahle Erde dauerhaft zu begrünen, damit sie nicht so leicht austrocknet. Aber das Immergrün – *Vinca minor* und noch schlimmer *Vinca major* – treibt es, ebenso wie Efeu, so toll, daß es ständig beschnitten werden muß.

Blütenwall: Jasmin, **Kolkwitzia** *und Rosensträucher, wie 'Ballerina' und 'Schneewittchen', säumen die Einfahrt.*

Mit der Zeit entwickelte Helga die verschiedensten Pflanzenliebhabereien. Einmal vom »Fuchsien-Virus« angesteckt, brachte sie es bald auf über einhundertfünfzig Sorten, darunter auch einige eigene Kreuzungen. Wunderschöne Blüten brachten sie hervor – und den Ehemann bald um den Verstand, denn er mußte für ausreichende Winterquartiere sorgen. Einsichtig gab Helga dieses Hobby nach einigen Wintern mit großen Ausfällen auf und reduzierte den Pflanzenpark auf ein normales Maß. Auch Tomaten hat sie selbst gekreuzt, und eine Sorte ist schon seit zwanzig Jahren die Lieblingstomate der Familie.

Grundsätzlich hat Helga immer alle Kerne und Samen, die sie fand oder geschenkt bekam, in die Erde

gesteckt – und erstaunlicherweise fast alles zum Keimen gebracht. Auch von den Stecklingen gingen die meisten an, insbesondere als Anfang der 1970er Jahre endlich die langersehnte Wasserleitung kam und nicht mehr alles per Hand gegossen werden mußte. So hat sie vor einigen Jahren eine richtige Pflanzenschule mit mehreren Hundert Sträuchern und Bäumen ihr eigen nennen können. Es dauerte eine Weile, bis sie alle an Freunde und Besucher verschenkt hatte …

Um ihre ganzen schönen Pläne und selbstgestellten Aufgaben zu finanzieren, schrieb und zeichnete Helga in den Anfangsjahren für eine Wochenzeitschrift über Haus- und Gartenthemen. Später belegte sie einen Kurs für Bauernmalerei, dem Kurse in Zeichnen und Aquarellmalerei folgten. In den letzten Jahren hat sie ihre alte Leidenschaft für das Entwerfen von Plänen wieder aufgenommen und spezialisiert sich zunehmend auf aquarellierte Gartengrundrisse – alle Pläne im vorliegenden Buch stammen von ihrer Hand.

1976 bekam Helga Bohlmann ihren vierten Sohn; er fand bereits einen schönen Spielgarten vor. Aus dem ersten riesengroßen Sandkasten war zwar inzwischen ein Moorbeet für Rhododendren und Azaleen geworden, dafür hatten die Kinder aber ein Baumhaus bekommen, und darunter lag eine weiche Schicht Sand, eingegrenzt von einem Palisadenzaun – so blieb der Sand wenigstens auf einen Bereich begrenzt und wurde nicht im ganzen Garten verstreut.

Anfang der 1980er Jahre hielten die ersten Rosen Einzug in Helgas Garten. Daraus entwickelten sich in kürzester Zeit eine große Leidenschaft und Fachkenntnis. Längst ist Helga Mitglied im Verein der Rosenfreunde, und andere Amateurgärtner suchen zunehmend ihren Rat. Die ersten Rosensträucher, die sie zu den Büschen in die ausgedünnte Vorderfront setzte, waren die *Moyesii*-Hybride 'Nevada' und deren rosa Sport – so nennt man spontane Mutationen – 'Marguerite Hilling' sowie die *Spinoissima*-Hybriden 'Aïcha' und 'Golden Wings'. Außerdem rankt die Kletterrose 'Rosarium Ütersen' über den Zaun.

Zwei, drei Jahre später mußte nach Süden hin das steil abfallende und immer wieder nachrutschende Gelände mit einer Stützmauer abgefangen werden – ein idealer Platz für den Rosengarten, der in Helgas Kopf schon längst Form angenommen hatte. Hier pflanzte sie

Zuchterfolg: Die pinkfarbene Rose unter der japanischen Kirsche (ganz links) wurde von Helga selbst gezogen. Dankbarer Blüher: Die blutrote Kletterrose 'Flammentanz' wird die neue Holzpergola bald überwuchern (links).

Genügsame Fülle: Im Vorgarten vermehren sich gelbes Steinkraut, weiße Gänsekresse und Vergißmeinnicht ohne Zutun.

im Einfahrtsrondell die niedrigen Sorten 'IGA 83' und 'Fleurette', die unverwüstliche 'The Fairy' und die bodendeckende Rankrose 'Weiße Immensee'. Im Hintergrund wachsen die wunderbaren, wenn auch nur einmal blühenden Kletterrosen 'Lykkefund' und 'Treasure Trove', flankiert von der bis zum Herbst blühenden 'Dortmund' und 'Ilse Krohn superior'. Weiter stehen auf der Mauer 'Fritz Nobis', die hohe, frühblühende *Moyesii*-Hybride 'Eddie's Jewel', 'Maigold', 'Westerland', 'Maiwunder', 'Wilhelm', 'Frühlingszauber' und weitere *Moyesii*-Sorten und *Rugosa*-Rosen. Außerdem gibt es noch die Kletterrosen 'Veilchenblau' und 'Maria-Lisa', die in eine Blutpflaume klettert, was besonders schön aussieht.

Helga hat offenbar ein Talent für Rosen. Die schönen Blüher, die manchen Anfängern einfach zu schwierig und kapriziös sind, gedeihen bei ihr ohne Probleme. Am eindrucksvollsten sind die verschiedenen Rank- und Kletterrosen. An einem Laubengang wachsen der blutrote 'Flammentanz', der weiße 'Schneewalzer', die 'American Pillar', 'Hermann Schmidt', 'Schneeflocke' und 'Patricia Macoun', eine weiße kanadische Kletterrose mit großer Frosthärte. Dazu kommen noch 'Sympathie', die überschwenglich blühende 'Venusta Pendula', 'Félicité et Perpétué', 'Super Dorothy', 'Appleblossom' und die ganz früh blühende rosa 'Geschwindt's Nordlandrose'.

An der Hauswand im Innenhof blühen und duften am Spalier 'Gloire de Dijon' und 'Abraham Darby', gegenüber steht 'Madame Grégoire Staechlin'. Am Balkon des Neubaus, der 1980 anstelle der abgetragenen Scheune entstand, wächst die nimmermüde 'New Dawn'. Außerdem ranken die verschiedensten Clematissorten zum Teil mit den Rosen, zum Teil ganz allein an Balkonen und Gerüsten, sowie eine kräftige Glyzinie, die Helga immer wieder zurückschneiden muß, weil sie sonst alles überwuchern würde.

Die Liebhaberei hat sich längst zur Rosensucht entwickelt, und es ist unmöglich, alle Sorten aufzuzählen, die sich mittlerweile in Helgas Garten befinden. Im vergangenen Jahr mußte der Gemüse- und Beerengarten, der sich immer wieder entsprechend der Familie verändert hat, mal größer und mal kleiner wurde, wieder ein Stück hergeben: Helga hat darauf einen kleinen formalen Rosengarten angelegt, mit Bögen an Ein- und Ausgang, einem Rondell, vier annähernd gleich großen Bee-

Der Pflanzplan

1. Wohnhaus
2. Mauernumschlossener kleiner Küchenhof mit Kräutergarten
3. Garage, Werkstatt, Platz für große Gartengeräte und Fahrräder
4. Unterstellplätze
5. Wintergarten, davor Glyzinienberankte Pergola
6. Terrasse
7. Rosenpergola
8. Rosen und Blütensträucher auf der Mauer zur Straße, innen im Schatten Rhododendren
9. Zufahrt
10. Rosenrondell, auf der Stützmauer Strauchrosen
11. Parkplatz und Wasserzisterne
12. Spielrasen mit Schaukel unter der japanischen Kirsche
13. Silberahorn mit Efeu berankt
14. Rosengarten mit Rondell und Laube
15. Eibentor, seitlich mit Geißblatt *(Lonicera heckrotii)* berankt
16. Gemüsegarten mit Spargel, Erdbeer-, Gemüse- und Tomatenbeeten sowie Johannis- und Himbeerecke
17. Kompost
18. Kleine Birkenallee
19. Spielhaus
20. Obstwiese mit Wildblumen von Windschutzhecken (Hasel- und einheimische Sträucher und Bäume) umgeben

ten und einer kleinen Laube. Hier stehen einige *Rosa gallica*, Bourbonrosen, Remontantrosen und neuere englische Rosen von David Austin. Alles in Rosaweißtönen mit einigen dunkleren roten Farbtupfen. Nur ein Beet gegenüber der Laube macht eine Ausnahme: Dort sind alle Farben von Apricot bis Gelb vertreten, die zu 'Buff Beauty' passen – denn sie und die 'Leander' von Austin brauchten einen neuen Platz und bekamen nun die zu ihnen passende Gesellschaft. Viele der Rosen sind durch eigene Okulationen entstanden, vor allem die Kronenbäumchen. Aber auch einige eigene Züchtungen finden sich darunter.

Es sieht nicht so aus, als würde die Liebe zu den Rosen so enden wie die zu den Fuchsien; wahrscheinlicher ist, daß die Rosensammlung mehr und mehr Raum im Garten beanspruchen wird. Doch er unterliegt ohnehin einem ständigen Wandel, und auch Kinder gibt es wieder auf dem Grundstück. Zwei Mädchen diesmal, die Enkelinnen Lisa und Katja. Ihretwegen ist es gerade zu einer neuen Veränderung gekommen: Großvater Adolf hat sich als Architekt betätigt und ihnen ein Kinderhaus gebaut. Und so wird sich der Garten immer wieder seinen Bewohnern anpassen müssen. Aber genau das ist es, was Helga daran gefällt: Sie kann immer neue Pläne machen!

Wuchernde Wildwiese: Unter den Obstbäumen breitet sich der Löwenzahn von Jahr zu Jahr mehr aus.

Vera Munro
Cana Vicenta

Das Hohelied Salomos als Pflanzplan

Als Gast bei Freunden auf Ibiza hatte Vera Munro plötzlich das wunderbare Gefühl, angekommen zu sein – im wörtlichen wie im übertragenen Sinne. Endlich hatte sie einen Ort gefunden, an dem sie sich gleichzeitig entspannt und gefordert fühlte: Sie mußte nicht perfekt aussehen und nicht nach der letzten Mode gekleidet sein, aber sie mußte aufpassen, damit ihr nichts entging. Kein einziges Wort wollte sie verpassen, wenn ihre Freunde über Kunst und Künstler diskutierten, denn sie eröffneten ihr damit eine Welt, zu der sie immer schon Zutritt gesucht hatte.

Als junges Mädchen wollte Vera Kunst studieren, doch der Vater bestand auf einer kaufmännischen Ausbildung. Vera war aber zu schön und zu neugierig, um in irgendeinem Büro zu versauern. Freunde machten Fotos von ihr, sie landete auf dem Titelblatt einer Frauenzeitschrift, und das war der Start zu einer langen und überaus erfolgreichen Modelkarriere. Die zarte Blondine mit dem mädchenhaften Lächeln, das sie sich bis heute bewahrt hat, und den blauesten Strahleaugen, die man sich vorstellen kann, gehörte bald zu den internationalen Spitzenverdienerinnen. Insbesondere der Werbefilm für ein Deodorant machte die Deutsche mit der sauberen Ausstrahlung zu einem Star – das Produkt verkaufte sich nur dort gut, wo Vera dafür warb, und so bestand der Hersteller darauf, daß sie für alle Länder vor die Kamera trat. »Als Model hatte ich die Möglichkeit, die ganze Welt zu bereisen und vier Sprachen zu lernen«, sagt Vera rückblickend. »Das fand ich natürlich toll, aber es hat mich auch fertig gemacht.«

Nach neun Jahren fühlte sie sich ausgehöhlt und leer, und so könnte man es Fügung nennen, daß sie nach Ibiza kam, denn es veränderte ihr Leben total. Die Begegnung mit Künstlern wie Emil Schumacher und mit Galeristen, die auf moderne Kunst spezialisiert waren, öffnete ihr die Augen. Vor allem der Düsseldorfer Galerist Alfred Schmela gewann große Bedeutung für sie: »Er hat mir beigebracht, was Beuys bedeutet.« Sie ist überzeugt, daß man eine Hebamme braucht, die einem die Welt der Kunst erschließt, »und für mich war das Schmela«.

Zurück in Paris begann sie ein Kunststudium, und sie ließ sich von ihrem Weg auch durch die verlockendsten Angebote nicht mehr abbringen. Selbst der Barscheck über einhunderttausend Deutsche Mark, mit dem der Werbefotograf sie überreden wollte, noch einmal für das Deodorant vor die Kamera zu treten, brachte sie nicht ins Wanken – sie hatte ihre Modelkarriere endgültig abgeschlossen. Und sie hatte den Platz gefunden, an dem sie immer wieder neue Kraft tanken konnte: Ibiza.

»Dies ist ein magischer Ort«, sagt sie. »Seit altersher weiß man, daß die Tonerde hier heilt und reinigt.« Auf Ibiza gibt es keine gefährlichen Schlangen und auch keine anderen giftigen Tiere; es wachsen Hunderte Arten wilder Orchideen sowie der gesuchte Sade-Baum *(Juniperus sabina)*, der eines der teuersten Hölzer der Erde ergibt; es ist angeblich so hart, daß keine Würmer und keine Bohrmaschinen ihm etwas anhaben können. Aus diesem Holz wurden traditionellerweise die Dächer auf Ibiza gemacht,

***Verwurzelt:** Nur auf ihrem eigenen Grund und Boden kann Vera Munro sich »erden«.*

***Magischer Ort:** Wer im Schutz des Mimosenbaumes steht, sieht den erhöhten* mirador *als Tempel.*

und das schon vor zweieinhalbtausend Jahren, als die Phönizier ihre Architektur auf die Insel brachten.

Zunächst besaß Vera nur ein kleines Haus in der Nähe ihrer Freunde, aber sie ließ nicht locker, bis sie ihren Traum verwirklichen konnte. 1977 war es so weit: Sie eröffnete eine Kunstgalerie in Hamburg, und im gleichen Jahr kauften sie und ihr Mann Nick das jetzige Grundstück auf Ibiza, weit abgelegen von jeder Zivilisation und doch nur zwanzig Minuten mit dem Auto vom Flughafen entfernt. Die Ruine der zweihundert Jahre

Im Gleichgewicht: Zwei uralte Olivenbäume rahmen Wasserbecken, sprudelnden Brunnen und den Berg in der Ferne ein.

alten Finca Cana Vicenta stand hier, die auf der ganzen Insel als »das weibliche Haus« bekannt war, denn normalerweise heißen die Häuser auf Ibiza *can* und sind männlich. Überall blühten Wildpflanzen wie Fenchel, Rosmarin, Disteln, Klee und Margeriten: »In diesen ›Garten‹ war ich hochverliebt«, sagt Vera.

Nach einem Jahr, in dem die verfallene Finca fast originalgetreu renoviert wurde, war von der blühenden Wildnis nicht mehr viel übrig. Baufahrzeuge und Zementspuren hatten Veras Garten Eden zerstört. Sie unternahm viele verzweifelte Versuche, »um die alte Poesie erneut herzustellen«, und säte beispielsweise die Wildkräuter wieder aus, nur um zu sehen, wie der wilde Fenchel alles andere verdrängte. Dennoch blieb sie dabei, ausschließlich einheimische Pflanzen zu setzen, was allerdings nicht unbedingt bedeutet, daß sie immer gedeihen. Der wilde Salbei und der wilde Thymian wollen auf den höher gelegenen Terrassen seit der Ruhestörung durch die Bauarbeiten einfach nicht mehr wachsen, und der Lavendel, der rund ums Haus willig blüht, will sich dort auch nicht ansiedeln lassen. Inzwischen hat Vera eine geradezu philosophische Haltung eingenommen: »Bestimmte Pflanzen wollen nur an einem bestimmten Ort wachsen, damit muß ich mich arrangieren. Ich muß annehmen, daß der Garten niemals perfekt ist.«

Leicht fällt ihr das nicht: »Ich brauche immer Klarheit.« Für sich selbst findet sie diese zum Beispiel durch Tai-Chi, eine alte meditative Bewegungskunst aus China. Angefangen hat sie damit vor fünfzehn Jahren, weil sie Rückenprobleme plagten. Sie fand einen hervorragenden chinesischen Lehrer in Hamburg, der sie so behutsam in die Geheimnisse von Belastung und Entspannung einführte, daß sie heute keinen Tag mehr ohne ihre Tai-Chi-Übungen vergehen läßt. Seither ist ihr Gefühl für Harmonie so sensibilisiert, daß sie sich intuitiv meist mit den richtigen Dingen umgibt.

Die Bestätigung dafür bekam sie, als sie ihr Hamburger Wohnhaus, das sie vor drei Jahren renoviert und eingerichtet hat, von einem Feng-Shui-Meister überprüfen ließ: »Ein Meisterstück«, befand er, obwohl Vera nur ihrem eigenen Gefühl gefolgt war. Das kann ihrer Meinung nach jeder entwickeln: »Es fängt damit an, daß man sich nicht an die Spitze eines dreieckigen Tisches setzen will.«

Den Gesetzen der Harmonie folgen nicht nur Feng-Shui-Meister, sondern auch Architekten aus den verschiedensten Ländern und Kulturen. Einer von diesen ist der Kanadier Rolph Blakstad, der seit dreißig Jahren auf Ibiza lebt. Er hat sowohl die Gartenkunst der Chinesen als auch die der Araber studiert und dabei herausgefunden, daß sie ähnlichen Grundgesetzen folgen, die überdies auch den meisten Religionen als Ideal gelten. Deshalb war es für ihn selbstverständlich, die Bibel zu Rate zu ziehen, als Vera ihn vor fünf Jahren beauftragte, ihr Grundstück auf Ibiza wieder in einen paradiesischen Zustand zu versetzen. Blakstatt schlug vor, das Hohe Lied Salomos, das der innigen Liebe des Freundes und der Freundin gewidmet ist, als Pflanzplan zu nehmen. Darin ist die Rede von Zedern und Zypressen, von Feigenbaum, Wein, Rose, Granatapfel, Zyperblumen, Lilien, Aloe, Myrrhen und Weihrauch, Safran, Kalmus, Zimt, vom Nußgarten und von Narden. Nicht alle Pflanzen eignen sich für Veras Garten: Rosen etwa ertragen das Klima nicht, und der Wein, der die Pergola beranken sollte, ging ein, obwohl – oder weil? – sie das Holz ökologisch korrekt mit Walnußöl eingelassen hatte. Jetzt hat sie ein Holzschutzmittel verwendet, und die einheimische *Madre silva* (Silberne Mutter) entwickelt sich prächtig.

Die Natur zwang und zwingt Vera immer wieder zu Kompromissen. Wenn der Jasmin mehrmals hintereinander das Anwachsen verweigert, muß sie eben auf andere Pflanzen ausweichen. Deshalb ist es schon eine große Freude, daß Oleander, Orangen, Zitronen und Mimosen

Klarheit: Kreuzförmige Wege und Einfassungen aus Lavendel sorgen für Ruhe und machen den Garten zu einem Ort der Meditation.

Sonnenkinder: Der Orangenbaum trägt Blüten und Früchte gleichzeitig. Spektakulär sind die Blüten und Blätter der Zantedeschia aethiopica*, die nur im mediterranen Klima draußen gedeiht.*

Kontrast: Der Hamburger Stadtgarten ist von dunklen Tönen bestimmt.

ohne Problem wachsen. Und die acht Granatapfelbäume, die vom Hohen Lied der Liebe zeugen, halten sich auch in Veras Garten. Ohne Wasser wäre das alles jedoch nicht möglich. Am Anfang gab es nur eine spärliche Quelle, bis Vera drei Wünschelrutengänger auf die Suche nach Wasser schickte und alle zentimetergenau die gleiche Stelle benannten. Das bedeutete, daß einhundertfünfzig Meter durch Felsen gebohrt werden mußte, um an die Quelle heranzukommen. Immerhin gibt es jetzt eine Besprenkelungsanlage; trotzdem hat es mehr als zwei Jahre gedauert, um diese so zu installieren, daß sie unsichtbar ist.

Wasser ist auch ein gestalterisches Element. Der Planung des Architekten Rolph Blakstad liegt die Kreuzform zugrunde, die das Bemühen um Gleichgewicht symbolisiert. An ihrem »Haupt« gibt es ein bewegtes und ein stilles Wasser, wie es in arabischen Gärten, zum Beispiel der Alhambra im spanischen Granada, üblich ist. Der Brunnen wurde mit der Hand aus einem großen Stein geschlagen, und Rolph Blakstad ließ ihn vor der Bearbeitung auf einem LKW quer über die Insel fahren, damit Vera ihn ansehen und befühlen konnte, um festzustellen, ob er auch »richtig« für sie war. Er sprudelt jetzt mitten auf der Kreuzachse, vor dem viereckigen Becken mit dem stehenden Wasser. Links und rechts davon wachen zwei uralte Oliven – Veras Lieblingsbäume: »Ich habe gelesen, daß jedem Menschen bestimmte Pflanzen zugeordnet werden. Bismarck zum Beispiel lehnte sich immer an eine Eiche, um sich wieder aufzuladen. Für mich sind es Oliven, die heiligen Bäume, die mir wieder Kraft geben.«

Auf dem höchsten Punkt des Grundstücks hat der Architekt einen *mirador* (Aussichtsplatz) gebaut, der einen weiten Blick über hügelige Felder und Wälder erlaubt, von denen ein Großteil zum Grundstück der Munros gehört; vor kurzem erst haben sie so viel Land hinzugekauft, daß sie jetzt etwa einhunderttausend Quadratmeter besitzen und nicht mehr befürchten müssen, daß ihnen häßliche Touristenburgen irgendwann die Sicht versperren werden. Ihnen bleibt der Blick übers Meer bis zur Insel Formentor für immer erhalten.

Ein wahres Kontrastprogramm bedeutet der Garten in Hamburg im üblichen schmalen Handtuchformat aller Großstadtgärten, dessen Aussicht Vera absichtlich durch eine hohe Bambushecke aussperrt, denn nicht alle Häuser sind so schön wie ihres, das aus dem Jahre 1870 stammt und unter Denkmalschutz steht. Bei der umfangreichen Restaurierung wurde die Gestaltung des Gartens von vornherein mitgeplant. Ziel war es, eine optische Verbindung zwischen dem vorderen und dem hinteren Garten sowie zwischen Innen und Außen zu schaffen. Da Vera mit moderner Kunst und einer minimalistischen Einrichtung lebt, ergab sich das Konzept für einen reduzierten Garten, der an japanische Zen-Anlagen erinnert, fast von selbst. Der schwarze Schiefer, aus dem die Freitreppe ins Haus besteht, setzt sich im hinteren Garten fort, wo der Schiefer einen Wasserkanal einrahmt. Für Eleganz sorgt die Beschränkung auf wenige Farben und Pflanzen: Mit dem dunklen Stein harmonieren verschiedene Grüntöne von Esche, Thujen und Eiben, von Bambus und Efeu, verfeinert durch das Weiß der Rhododendronblüten und eine leuchtend rotblühende Gardenie auf der Terrasse. Letztere ist ein weiterer Beweis für Veras Intuition, denn nach den Regeln des Feng-Shui gehört Rot unbedingt in das Arrangement. Darüber hinaus symbolisiert etwas Rundes Vollkommenheit, so die Galeristin, die unter anderem Künstler wie Imi Knoebl, Günther Förg, Helmut Dorner, Jean-Marc Bustamante und Mary Heilmann vertritt. Deshalb wird Vera einen Steinkreis von Richard Long, der schon länger zu ihrer Privatsammlung gehört, jetzt hinauslegen ins dunkle Grün des Efeus. Damit bietet auch der Hamburger Garten alle Elemente, die für Ruhe und Entspannung sorgen.

Zum »Erden« jedoch braucht Vera ihren bäuerlich mediterranen Garten auf Ibiza. Zwar kann sie zusammengerechnet nur zwei Monate im Jahr dort verbringen, aber es ist die wichtigste Zeit für sie. Es berührt sie, daß ihr Gärtner Fernando, wenn er irgendeinen Brauch erklären will, wie alle Bauern auf Ibiza sagt: »Auf meiner Erde machen wir das so und so …«

»Mi terra« ist für Vera zu einer Art Mantra geworden, das ihr Halt gibt: »In der Welt der Mode und der Models ging es nur um Äußerlichkeiten, das hat mich fast kaputt gemacht. Deswegen halte ich so an der Erde fest.«

Der Pflanzplan

1. Pergola mit Kletterrosen
2. Treppe zum Garten
3. Überdachter Sitzplatz
4. Mimosenbäume
5. Pfeiler mit Trompetenblumen *(Bignonia)*
6. Junge Mimose, junge Rosen, Lavendelumrandung
7. Olivenbaum mit Lavendelumrandung
8. Wasserbecken mit Speier
9. Quellbecken mit Sprudelstein
10. Aussichtsplatz
11. Junger Olivenbaum und junge Rosen
12. Granatapfelbäume
13. Junge Olivenbäume
14. Gemüsegarten mit Orangen- und Zitronenbäumen
15. Junge Granatapfelbäume

Sylvia Phillips
Yew Tree Farm House

Ein Garten mit vielen Zimmern

Manchmal, wenn Sylvia Phillips allein sein will, und das ist selten genug der Fall, zieht sie sich mit einer Tasse Kaffee oder einem Glas Wein ans Ende des *secret path* zurück. Hier wird sie von niemandem gestört, selbst dann nicht, wenn der Garten voller Hotelgäste ist. Ganz im geheimen kann sie dann erfahren, was andere über ihre Arrangements denken. Aber egal, wie die Kommentare auch ausfallen – Sylvia ist hochzufrieden mit ihrer Gartengestaltung. Immer wieder beglückwünscht sie sich zu der Idee des »geheimen Pfades«, wo sie sich auf der von Rosen und Geißblatt überrankten Bank, für andere unsichtbar, ausruhen kann. Mögen manche auch lächeln, weil sie vieles klein-klein geraten finden, Sylvia ist immer wieder froh, daß sie ihren Garten in zahlreiche Räume unterteilt hat. Nicht nur, weil sie so ein ruhiges Plätzchen für sich selbst reservieren konnte, sondern vor allem, weil sie auf diese Weise viele verschiedene Pflanzen unterbringt. Und Sylvia liebt sie nun einmal alle und kann nicht aufhören, immer wieder neue in ihr Reich zu holen.

Auch Gäste sind ihr stets willkommen. Denn bis auf die wenigen Momente, in denen sie einfach einmal eine Verschnaufpause braucht, ist Sylvia ein sehr kommunikativer, stets gut gelaunter Mensch. Hätte sie sonst ein Hotel? Nachdem sie erst einen Pub mit Brauerei geführt hatten, übernahmen Sylvia und ihr Mann Henry vor dreizehn Jahren das Hundred House Hotel in Norton, etwa drei Autostunden nordwestlich von London. Wenig später kauften sie für sich persönlich das daneben liegende Yew Tree Farm House, um Privat- und Berufsleben besser trennen zu können. Ihren Garten jedoch plante Sylvia von vornherein als Gemeinschaftsgrund, der allen offensteht. Das entspricht ihrem Prinzip des Teilens und »Mit-teilens«: Jeder soll sehen, was man mit Pflanzen alles machen kann und sich mit Sylvia daran erfreuen.

So hat sie es in ihrer Kindheit gelernt. Gärten und Blumen waren für alle da, und für die meisten waren sie auch der einzige Luxus. Ihre früheste Erinnerung gilt dem Garten ihres Großvaters, in dem sie, als sie gerade ein Jahr alt war, ihre ersten eigenen Schritte unternahm: Lupinen und Fingerhut erschienen ihr wie Riesen, und sie glaubte immer, daß der Garten aus lauter Stufen bestand – aber es waren nur Steine und Schollen, die ihr damals so unüberwindlich schienen.

Als sie acht war, bekam sie ein eigenes Beet am Rande des Obstgartens, und oft lief sie allein ins Dorf, um sich von ihrem Taschengeld Samen zu kaufen, zum Beispiel kalifornischen Mohn, Wicken, Brunnenkresse und Schleifenblume. Ihre große Liebe aber galt den Wildblumen, die sie jeden Tag auf dem zwei Meilen weiten Weg zur Schule pflückte. Sie hatte eine wundervolle Lehrerin, die nach dem Gebet alle Schüler bat, ihre Blumen hochzuhalten, die sie dann identifizierte. Sylvia war das einzige Kind, das davon so begeistert war, daß sie sogar während der Pause im Schulzimmer blieb und Bücher wälzte, um die Pflanzen selbst bestimmen zu können. Heute wachsen in ihrem Garten wilde und gezüchtete Blumen gleichberechtigt nebeneinander.

***Bewahrerin:* Sylvia Phillips will das Gartenwissen von Generationen weitergeben.**

***Himmlisch:* Eine Metallaube mit Gestirnen überspannt den Zugang zum Memorial Herb Garden.**

Entdeckungsreise: Hinter jeder Wegbiegung wartet ein anderes Gartenthema.

Als sie das Grundstück übernahm, gab es nur Rasen und eine verwilderte Hecke. Einzig ein paar gutgewachsene Bäume ließ sie als »Eckpfeiler« unangetastet stehen. Ansonsten veränderte sie die gesamte Struktur. Denn was anderen vielleicht als Ideal erscheint – ein großer grüner Freiraum, der allenfalls von Büschen und Bäumen gerahmt wird – ist Sylvia ein Greuel. Ihren Garten soll man nicht sofort überschauen können, sondern in ihm auf Entdeckungsreisen gehen, und dafür läßt sie sich immer wieder etwas Neues einfallen. Anregungen holt sie von überall her: Sie besorgt sich Bücher, geht jedes Jahr auf die berühmte Chelsea Flower Show und besucht andere Gärten.

Die Idee, einen Buchsbaum in Form eines Korbes zu beschneiden, den sie immer wieder anders bepflanzt, hat sie zum Beispiel aus Madeira mitgebracht. Eine große Inspiration war für sie der Garten des Malers Claude Monet. Sylvia, die in ihrer Freizeit selbst malt, hatte immer geglaubt, Monet habe in künstlerischer Freiheit viele Farben in seinen Bildern übertrieben. Als sie dann selbst in Giverny war, sah sie, daß viele Metallelemente in Monets Garten tatsächlich von einem tiefen satten Petrol waren. Daraufhin hat sie sich eine widerstandsfähige Farbe für Heizkörper besorgt, sich den ungewöhnlichen Ton zusammengemischt und verschiedene Schmuckelemente, wie Teddybären und Schaukelpferd, damit haltbar gestrichen. Sylvia schätzt sich glücklich, weil sie Dinge sieht, an denen andere oft achtlos vorübergehen. Ihr Mann kennt das schon. Wenn sie mit einem gewissen Blick auf etwas zusteuert und sagt: »I'm just thinking …«, fleht Henry: »Please don't!« Aber dann führt er doch ohne Murren aus, was seine Frau ihm aufträgt. »Er ist sehr gut im Pflanzen, besonders wenn es um Bäume geht«, sagt Sylvia. Sie weiß es sehr zu schätzen, daß er sich ansonsten raushält aus der Gartengestaltung.

Allerdings hört sie gern auf den Rat erfahrener Fachleute. So ließ sie als erstes Zäune um ihr Grundstück ziehen, weil ein alter Gärtner aus der Gegend sie vor den

Karnickeln gewarnt hatte, die von allen Ecken und Enden herbeihoppeln, sobald sich irgendwo frisches Grün zeigt. Als nächstes ging sie daran, dem Stück Land eine Struktur zu geben. Sie legte Wege an und pflanzte Bäume, vor allem solche mit hellen und ungewöhnlichen Rinden wie Birken, die auch im Winter interessant aussehen. Um wilden Vögeln, zusätzlich zu den Haustauben, die sie hält, schützende Zuflucht zu bieten, setzte sie viele Stechpalmen (Ilex).

Ganz wichtig sind für Sylvia Steine. Nicht nur, weil sie sie von Kindesbeinen an sammelt und liebt, sondern auch weil sich damit verschiedene Ebenen und Abteilungen schaffen lassen. Sie hatte das Glück, daß sich im Dorf einige Männer fanden, denen die Arbeit mit Steinen Spaß machte. Während sie die schwersten Brocken schleppten, kamen die Helfer auf die Idee, jedem Bereich einen witzigen Namen zu geben. So entstanden die Steps to Heaven, der Sacrificial Table, der Memorial Herb Garden, das Teddy Bears' Picnic und die Henry's Column – letztere ist ein Metallgerüst, das wie ein Schirm ohne Stoff aussieht und auf dessen Mittelstange oben eine Kugel sitzt. Direkt daneben findet sich das Goodnight Sweetheart, eine Art gesteppter Bettdecke aus Buchsbaumkarrees, die mit weißen Blümchen gefüllt sind. Die Bezeichnungen, mit denen man Sylvia zunächst nur necken wollte, sind geblieben, und als Hotelgäste anfingen, sich für den Garten zu interessieren, bekam jedes Gartenzimmer ein Holzschild mit seinem Namen.

Sylvia geht es aber nicht nur um phantasievolle Spielereien, sie mag vor allem funktionelle Dinge. Deshalb ist ihr Nutzgarten so geschickt bepflanzt, daß er auf kleinstem Raum den größtmöglichen Ertrag sichert. Bohnen wachsen auf Bögen, die direkt über dem Weg verlaufen, für die Brombeeren wurde ein spezieller Metall-»Strecker« entwickelt, und die Stachelbeeren wurden zu Hochstämmen gezogen, damit unter ihnen auch Salbei wachsen kann. Manchmal setzt Sylvia sogar neben die Rosen noch Erbsen, häufiger aber verschiedene Bohnensorten, wie die 'Painted Ladies', denn neben allen praktischen Überlegungen denkt sie immer auch an visuelle Effekte. Natürlich versucht sie, Pflanzen so zu gruppieren, daß sie sich gegenseitig vor Ungeziefer und Krankheiten schützen: Schnittlauch steht unter den Obstbäumen, und Ringelblumen sollen grüne und schwarze Fliegen von den Bohnen fernhalten. Sylvia muß den Boden intensiv nutzen, um alles ernten zu können, was sie braucht, sie versorgt schließlich außer ihrem Privathaushalt auch die Hotelküche.

***Rastplatz:* Auf bemoosten Steinen findet Teddy Bears' Picnic statt.**

Letztere profitiert vor allem von ihren Kräutern. Darauf hat Sylvia sich schon vor zwanzig Jahren spezialisiert, als sie mit Henry ihren ersten Pub in Buckinghamshire betrieb. Gemüse konnte man damals schon zu zivilen Preisen einkaufen, aber Kräuter waren noch nicht in Mode und aus diesem Grunde äußerst rar. Deshalb nutzte sie das winzige Stück Erde ausschließlich als *herb garden*. Da blieb nicht einmal für Blumen Platz, außer für ein paar Rosen an der

***Aufstieg:* Steine sind für Sammlerin Sylvia Steps to Heaven.**

Hausfront. Umso glücklicher ist Sylvia heute, da sie einfach alles in ihrem Garten unterbringt. Wenn es um Kräuter geht, darf sogar ihr Sohn Stewart mitreden, schließlich verwendet er sie als Chefkoch im familieneigenen Hotel. Auch der älteste Sohn David arbeitet mit: Er kümmert sich gemeinsam mit Henry um Empfang und Service. Sylvia ist dagegen für die Zimmer, das ganze Ambiente und natürlich für den Garten zuständig.

Im Sommer veranstaltet die Hoteliersfamilie Gourmetabende, die mit einem Cocktail oder Aperitif im Garten beginnen, bei denen Sylvia den Gästen Quizaufgaben stellt, die grundsätzlich mit den dort wachsenden Pflanzen und Kräutern zu tun haben. Wer zum Beispiel sagen kann, was neben dem Teddy Bears' Picnic wächst, gewinnt Champagner oder eine Essenseinladung. Auch für Wohltätigkeitszwecke setzt Sylvia die Erzeugnisse ihres Gartens ein. So verkauft sie eigenen Blumensamen im Pub, das Tütchen für ein Pfund. Auf diese Weise hat sie in einem Jahr sogar einmal eintausenddreihundert Englische Pfund eingenommen, die sie für behinderte Kinder stiftete. Seit sie aus Zeitgründen nicht mehr selbst aktiv helfen kann, was sie früher getan hat, organisiert sie Spendenaktionen für das örtliche Kinderheim. Für die letzte Veranstaltung in ihrem Hotel hat sie 39 verschiedene Kräuter in einer Schüssel zusammengestellt, und gegen fünf Englische Pfund Einsatz konnte jeder versuchen, die Pflanzen zu benennen – der Sieger kam auf 19 richtige Namen! Niemand erkannte zum Beispiel den Teestrauch, und von den Minzesorten wurden auch nicht alle identifiziert, obwohl Sylvia nicht so gemein war, alle elf Arten, die sie in ihrem Garten hat, hineinzumischen …

Original und Abbild: Während die Taube ihr Haus hütet, bewacht das steinerne Pärchen das beschattete Becken.

Sylvias Garten zieht besonders Hochzeitsgesellschaften ins Hundred House Hotel, da er einen so wunderbaren Hintergrund für die Erinnerungsfotos an den »schönsten Tag im Leben« bietet. In die Zimmer hängt Sylvia duftende Lavendelsträuße, und alle Bettücher werden grundsätzlich mit Lavendelwasser besprüht. Das hat ihre Großmutter schon so gemacht, und auch Sylvias Tochter führt diese Tradition bereits weiter. Sie war unter der Woche, genau wie Sylvia früher, in einem Internat untergebracht und mußte ihre Bettwäsche jeden Montag frisch mitbringen – wenn die nicht mit Lavendel besprüht war, konnte sie nicht einschlafen, weil sie sich nicht zu Hause fühlte. Wenn Fisch gekocht wird, läßt Sylvia ein paar Lavendelköpfe auf dem Herd verkokeln, das vertreibt den unangenehmen Geruch.

Was man sonst noch mit Kräutern alles machen kann, wird den Hotelgästen gern verraten. Sylvia läßt immer wieder mal eine bestimmte Pflanze fotografieren und stellt eine kleine Broschüre mit der Geschichte und Bedeutung dieses Krautes zusammen. Die kommt, zusammen mit einem Rezept von Sohn Stewart, auf die Eßtische, und jeder Interessierte ist eingeladen, sich die Pflanze in natura gleich nebenan in Sylvias Garten anzuschauen. Das führt dazu, daß sich manchmal mehr Gäste auf Sylvias Privatgrund befinden als im Hotel, und sie gesteht, daß die Besucher bei aller Begeisterung ab und zu lästig sind.

Dann zieht sie sich zurück auf ihre Bank am Ende des *secret path* und hängt ihren Träumen nach. Einer davon könnte sich vielleicht bald erfüllen: Wenn sie das Nachbargrundstück von knapp einem *acre* (etwa viertausend Quadratmeter) kaufen können, dann wird Sylvia dort einen kleinen Waldgarten kreieren – mit Birken, Rhododendren, Anemonen und wildem Salbei. Viel würde sie nicht zu der bereits vorhandenen Eiche und Eibe pflanzen, damit es nicht zu dunkel wird, denn Sylvia mag keine düsteren Gärten. Ihr war schon die Hecke aus Leyland-Zypresse *(x Cupressocyparis leylandii)*, die sie auf ihrem Grundstück vorfand, viel zu finster, und sie setzte Rankrosen wie 'Wedding Day' und 'Rambling Rector' dazu. Jetzt sieht es so aus, als würde die Hecke blühen, und Sylvia ist sehr zufrieden mit ihrem Experiment, obwohl ihr Nachbar mehr davon hat, weil die Rosen auf seine Seite hinüberwachsen. In eine andere Hecke aus Leyland-Zypresse hat sie eine Forsythie hineingeschmuggelt, um Farbe zu bekommen. Der Nachteil ist nur, daß diese Hecken sehr oft beschnitten werden müssen, da sie so schnell wachsen, daß man sie kaum unter Kontrolle halten kann. Die Leyland-Zypressen führen in England nicht selten zu Nachbarschaftsstreitigkeiten, die vor Gericht geklärt werden müssen.

Das einzige klimatische Problem, mit dem Sylvia zu kämpfen hat, ist der Wind. Manchmal bläst er so stark, daß er die Tür des Gewächshauses aus den Angeln hebt. Im Memorial Herb Garden hatte sie am Anfang Sterne und Mond aus Glas aufgehängt, aber durch den Wind sind sie so oft heruntergefallen, daß Sylvia sie durch Gestirne aus Metall ersetzen mußte. Der Memorial Herb Garden verdankt seinen Namen den alten Grabsteinen, die Sylvia davor bewahrt hat, als Fundamente für neue Häuser mißbraucht zu werden. Lieber hat sie sie in ihrem Garten aufgestellt und dann ihre eigene Gedenkstätte daraus gestaltet, indem sie entlang des Weges alle Pflanzen gesetzt hat, die sie je von Freunden und Verwandten geschenkt bekam. Wenn sie jetzt durch den Memorial Herb Garden geht, hat sie einen guten Grund, sich zu erinnern: »Oh, da kommen Tante Tinis Veilchen …« Manchmal sagt sie: »Ah, ein Freund«, auch wenn die Person schon seit Jahren tot ist. Solange die Pflanze da ist, bleibt auch die Erinnerung.

Sylvia findet es jammerschade, wenn das Wissen alter Menschen mit ihnen zu Grabe getragen wird: »Wie lange es dauert, bis sich jemand seine Kenntnisse angeeignet hat! Und vieles ist vielleicht schon von den Großeltern überliefert …« Das ist bei ihr der Fall. Und weil sie dieses alte Wissen weitertragen möchte, ist das Tor zu ihrem Garten weit geöffnet.

Der Pflanzplan

1. Liebespfad, der Weg vom Hotel
2. Yew Tree Farm House
3. Sylvias Signatur aus in Form geschnittenen Pflanzen
4. Geheimweg
5. See mit Thron für König und Königin
6. Teddy Bears' Picnic
7. Herz aus in Form geschnittenem Buchsbaum
8. Aussichtspunkt
9. Stufen zum Himmel
10. Wiese mit wilden Blumen
11. Kräutergarten
12. Henrys Säule
13. Gute Nacht, Liebling – kleine, mit geschnittenem Buchsbaum eingefaßte Beete und weißen Blumen in der Mitte, die eine Bettdecke darstellen
14. Heilkräutergarten mit Gedächtnissteinen und Metallaube über dem Wegkreuz mit Sonne, Mond und Sternen
15. Gewächshäuser
16. Gemüse-, Kräuter- und Obstgarten für das Hotel
17. Privater Garten

Greta Sturdza
Le Vastérival

Ein Waldgarten, der Seeluft atmet

Das Meer ist von hier aus unsichtbar, aber die jodhaltige Luft verrät seine Nähe. Oft sorgen morgens Nebelschwaden für eine geheimnisvolle Stimmung im Garten, wenn Prinzessin Greta Sturdza ihn zu ihrem ersten Rundgang betritt. Schlank und aufrecht, gekleidet in eine gesteppte Huskiejacke und Hütchen, ist sie mit ihrer unerläßlichen dreizackigen Gartenkralle bewaffnet unterwegs. Ihre Golden-Retriever-Hündin, für die Greta immer ein paar Brocken geröstetes Brot in der Tasche hat, folgt ihr auf Schritt und Tritt.

Dozentin: Greta Sturdzas Vorträge sind bei Gartenfreunden und Botanikern begehrt.

Hier, an der Côte d'Albâtre, diesem spektakulären Stück Steilküste zwischen Dieppe und Le Havre, haben sich Greta Sturdza und ihr Mann vor über vierzig Jahren ein damals wild bewachsenes Grundstück gekauft, aus dem ein in Europa einzigartiger Waldgarten entstanden ist: Le Vastérival. Er ist einer von drei vielbesuchten Gärten in der Normandie; ein zweiter befindet sich im Nachbarort, Varengeville-sur-Mer, wo neben der sehenswerten Felsenkirche aus dem 13. Jahrhundert der Maler Georges Braque begraben liegt.

Es ist sicher kein Zufall, daß die Sturdzas in den 1950er Jahren gerade hier, in Sainte-Marguerite-sur-Mer, gestrandet sind. Greta ist gebürtige Norwegerin. In ihrer Heimat, in Oslo, war das Meer auch nie weit. Ihre Kindheit und Persönlichkeit wurden von der Nähe zu einer rauhen See und von den Jahreszeiten geprägt, die im großen Garten ihrer Mutter den Rhythmus bestimmten. Dort entdeckte sie ihre Leidenschaft fürs Gärtnern.

Dabei war ihr Mann nicht unschuldig an der Wahl des Domizils. Seine Familie, Nachfahren des rumänischen Fürsten Mihail Sturdza, besaß um die Jahrhundertwende in der nordfranzösischen Provinz eine Ferienvilla; die fiel allerdings den Bomben des Zweiten Weltkriegs zum Opfer. Die Folgen jener Epoche voller Gewalt und Unruhe veränderten auch die Welt in Rumänien. Sie ließen das junge Ehepaar von dort zunächst nach Norwegen fliehen, bevor es sich 1955 endgültig in der Normandie niederließ.

Hier machten sie sich daran, Gretas Traum zu verwirklichen, »einen Garten, der das ganze Jahr hindurch schön und interessant ist«. Die zierliche, weißhaarige Dame mit den flinken blauen Augen, die man nicht nach dem Alter fragt, denkt an das unwirtliche Gelände zurück, das sie damals vorfand: »Wir haben bei Null angefangen. Der Weg von der Straße zum Haus bestand aus Schichten von Baumstämmen, unter denen es sumpfig war. Ums Haus herum wuchsen nur Gestrüpp, Farn und bis zu sechs Meter lange Dornenranken zwischen Erlen und Weiden.«

Schwierigkeiten haben Greta jedoch noch nie geschreckt. Ganz im Gegenteil. Schon als Jugendliche war die begeisterte Tennisspielerin so zielstrebig, daß sie ihre Gegnerinnen regelmäßig aus dem Feld schlug – und einmal die offenen norwegischen Tennis-Meisterschaften gewann. Die Energie ihrer jungen Jahre hat sie sich immer bewahrt. Warum sonst hätte sie ihrem heute acht

Winterwunder: **Helleborus orientalis** *und unzählige andere Nieswurzarten, darunter auch die Christrose, blühen von Dezember bis April.*

Hektar großen Garten vor zwei Jahren noch einmal zwei Hektar des angrenzenden Waldgebietes hinzugefügt, wenn nicht um einer neuen Herausforderung willen?

Davon hat Greta Sturdza im Laufe der Jahre viele bestanden. Bis Le Vastérival in vier Jahrzehnten ein in Europa einzigartiger Waldgarten wurde, in dem scheinbar alles natürlich, in Wirklichkeit aber alles von Menschenhand gesteuert, wächst, gab es viele Rückschläge: 1977 machten 27 Angriffe von Wildschweinen den Erdboden einer Wüste gleich. Ein Jahr später vernichteten die schlimmsten Stürme, die die Normandie je gekannt hat, einhundertsechzig Bäume. Klirrend kalte Winter, eine im milden, feuchten Klima der Normandie seltene Erscheinung, zerstörten 1985 und 1986 vieles, was jahrelang gewachsen war. 1987 und 1989 entwurzelten wütende Stürme 42 von Gretas großen Lambert-Zypressen und andere Koniferen, die im Südwesten des Grundstücks als Windschutz gedient hatten.

Makellos: Ob Kamelie (oben) oder Lavendelheide (unten), alle Blüten und Blätter präsentieren sich ohne jeden Schaden, trotz Verzicht auf Chemie.

Aber solche Widrigkeiten hat Greta schon immer gelassen hingenommen: »Ich glaube, wenn man kein Optimist ist, sollte man das Gärtnern lieber lassen.« Aufgeben paßt nicht zu ihrer widerstandsfähigen, nordischen Persönlichkeit. Deshalb hat auch bei ihr das oft unausrottbar scheinende Unkraut, gegen das die Prinzessin einen unerbittlichen Kampf führt, keine Chance. Mit gezielt eingesetztem Mähen, Düngen, mit Vernichtungsmitteln und mit ihrem Dreizack geht sie dagegen vor – das Ergebnis sind saftig grüne Rasenflächen, dicht und weich wie Orientteppiche.

Greta, die den Garten mit ihren scharfen Vogelaugen durchstreift, hier ein unerwünschtes Kraut aus dem Boden zieht und dort die Erde nach einem unbedachten Schritt aufs Beet wieder lockert, ist kein Mensch, der Ab- oder Ausschweifungen mag: Bei einer ihrer Führungen – man kann den Garten nach Anmeldung besuchen – kommt es schon mal vor, daß sie einen Besucher unsanft davon abhält, die Wege zu verlassen! Ihre Vorstellung von Naturbelassenheit äußert sich aber auch darin, daß sie keinerlei Nippes in ihrem Garten duldet – kein Brunnen, keine Skulptur, keine Pergola, keine Bank lenken den Blick ab von der Natur.

Wie geht sie daran, Wege, Beete sowie die Standorte von Bäumen und Büschen oder Farbzusammenstellungen zu bestimmen? »Ich bemühe mich immer darum, jeden neu zu bepflanzenden Teil so zu planen, daß er zu jeder Jahreszeit interessant ist. Die Pflanzen müssen sowohl in Kontrast wie in Harmonie zueinander stehen. Sie sollten botanisch interessant und gleichzeitig hübsch sein. Im übrigen kenne ich keine Pflanze, die nicht hübsch ist, wenn sie in der richtigen Umgebung steht!«

Dieser Anspruch Gretas und ihre besondere Kunst gewinnen an Bedeutung, wenn man im Dezember und Januar, da allenfalls im Wohnzimmer Christsterne blühen, Le Vastérival besucht. Dann verbreitet, mitten in der tristesten Jahreszeit, der Winter-Schneeball seinen leicht pfeffrigen Blütenduft. Und schon vor Weihnachten beginnen die ersten Exemplare aus Gretas legendärer

Nieswurzkollektion zu blühen, für die Züchter aus der ganzen Welt zu ihr kommen. Seit den ersten Helleborensorten, 1958 aus Samen gezogen, sind viele als Geschenk dazugekommen. Sie haben sich vervielfältigt, sind selektiert und weitergezüchtet worden. Die schönsten unter ihnen tragen die Namen von Gretas Enkeltöchtern: Roxane, Olga, Christine, Marie-Hélène, Michaela und Tatiana.

Wer im März Le Vastérival besucht, wird von der Blütenpracht der Magnolien überrascht sein. Magnolien gehören zu den Spezies, die Greta besonders liebt. Zu ihren über achtzig Sorten im Garten zählt sie auch eine *Magnolia dawsoniana,* fünfzehn Meter hoch und mit Blüten von bis zu dreißig Zentimetern Durchmesser. Von ihrer Fachwerkvilla im normannischen Stil aus sieht man zwei Prachtexemplare, eine *Magnolia macrophylla* und eine *Magnolia tripela,* die in unseren Breiten die größten Blätter und Blüten produzieren. In der Natur existiert die *Magnolia officinalis* beinahe nicht mehr. Damit sich die Farben gegenseitig verstärken, hat Greta die Magnolien in Fluchtlinie gesetzt – so wie jene drei hohen Birken, die mit ihren leuchtend weißen Stämmen Zeichen setzen.

Im Frühjahr haben Gretas Rhododendren – sie zieht sechshundertfünfzig verschiedene Sorten in Le Vastérival – mit geradezu spektakulären Blütenkaskaden ihren Auftritt. Ab Februar zieht schon der *Rhododendron praecox* die Aufmerksamkeit auf sich, der im allgemeinen von eher bescheidener Größe, unter Gretas kundiger Pflege aber zu zwei Meter hohen und vier Meter breiten Exemplaren herangewachsen ist. Die meisten Rhododendren befinden sich in einem Teil des Grundstücks, der nördlich des Gartens liegt und »Das Wäldchen« genannt wird. Dort stehen auch noch viele der ursprünglichen Eichen. Ihr leichter Schatten und die saure Erde haben sich als sehr fruchtbar für Rhododendron und *Ericaceae* erwiesen. Hier, in der gedämpften, leicht feuchten und nach Wald duftenden Atmosphäre führen grüne Alleen aus dichtem Rasen oder samtigem Moos in Windungen zu immer neuen, von Greta gekonnt inszenierten Lichtungen.

Die Blumenbeete von Le Vastérival entstanden stets nach der Plazierung von Bäumen und Büschen. Dabei ging und geht Greta gern nach dem Prinzip vor, eine Farbe in allen Nuancen auf einem Beet durchzuspielen: ein Beet in zarten und intensiveren Blautönen, ein anderes mit goldgelben Blüten, ein drittes in Rosaviolettschattierungen.

Diese setzt sie dann mit Büschen und Bäumen in Kontrast oder Harmonie: »Unter einem Magnolienbaum habe ich zwei Rhododendren geplanzt, 'Blue Steel', mit dunkelblauen Blüten, und 'Lavendula', mit lavendelblauen Blüten. Darunter schaut eine blaublühende Staude hervor, die sich hervorragend als Bodendecker eignet.« Ein weiteres von vielen Beispielen ist eine Ecke an einer Rasenfläche, auf der zwei Apfelbäume gleichzeitig blühen. Die rosaweißen Blüten des Crittenden verstärken noch den rötlichen Ton des Coccinella, dessen Blütenfarbe wiederum das Echo einer Azalee bildet. Die zwei

***Frühblüher:** Noch vor den Blättern entwickelt die gelbe Scheincalla (oben links) ihre Blüten. Von Weiß über Grün und Rosa bis zu Violett blühen die immergrünen Nieswurzarten (oben).*

Prächtige Aussicht: Von ihrem Fachwerkhaus blickt die Prinzessin im März auf einige der schönsten ihrer über achtzig Magnolienarten.

kräftigen Farben kontrastieren mit dem Stahlblau der Falschen Zypresse *Chamaecyparis* 'Pemburry Blue' und den silbrigen Blättern der Schneebirne *Pyrus nivalis* ganz in der Nähe.

Stets sorgt Greta dafür, die Blütezeit maximal in die Länge zu ziehen, indem sie von einer Art mehrere, zu verschiedenen Zeiten blühende Spezies versammelt. Die berühmten Helleboren beispielsweise schlagen den Rekord: Man sieht sie sogar von Dezember und bis spät in den März hinein.

Interessante Formen, Verästelungen, Borkenstrukturen, Blattformen und -farben gehören zu den Elementen, die Le Vastérival auch in weniger blühfreudigen Jahreszeiten Charme verleihen. Dazu zählen einige Birkensorten, deren Stämme wie Intarsienarbeiten wirken – die *Betula nigra* zum Beispiel lässt unter ihrer abblätternden Rinde ein kontrastierendes Farbenspiel durchscheinen. Seltene Büsche und insbesondere die Ahornbäume verschiedenster Provenienz sorgen im Garten das ganze Jahr über für ein wechselndes Kolorit. Unter demselben Aspekt kann man die zahlreichen *Hostas* (Funkien) sehen, die im »Das Bächlein« genannten, dschungelartigen Feuchtgebiet des Gartens stehen.

Die Funkien stecken ihre ganze Kraft in ihr ausgefallenes Blätterkleid. Hier und da ragt dazwischen die majestätische weiße Blüte eines Aaronstabs oder eine Gruppe sonnengelber Scheincalla *Lysichiton americanus* auf. Von den Blattpflanzen beeindrucken jedoch die *Gunneras* am stärksten. Gretas größte Spezies der an Rhabarber erinnernden Art ist eigentlich in den Wäldern Nordbrasiliens zu Hause und bietet ihr manchmal Schutz vor überraschenden Regenschauern.

Wer durch Le Vastérival wandert, ist beeindruckt

Der Hang: Japanische Zierkirsche und verschiedenfarbiges Heidekraut säumen den Rasenweg hinunter zum Flüßchen .

Der Wald: Immergrüne Rhododendren beschatten den Weg, der in ein Dickicht von Farnen, Skimmien und Baumheiden führt.

von dieser Natürlichkeit, die zwar an englische Gärten erinnert, aber dennoch so perfekt organisiert ist wie ein abgezirkelter französischer Garten. Gretas Willenskraft und ihren in jahrelanger Praxis erworbenen Methoden ist es zu verdanken, daß die Natur hier Hochleistungen vollbringt. Büsche, Bäume und Blumen wachsen größer, blühen länger, haben keine Krankheiten, werden nicht von Schnecken oder anderem Getier befallen … Die Prinzessin weiß alles über Bodenveredelung, Herstellung von Mulch und Kompost, Beschneidung und Schädlingsbekämpfung. Dieses Wissen gibt sie gern weiter, und daß ihr Team, zwei Vollzeitgärtner und zwei Teilzeitkräfte, ihre Tricks beherrscht, versteht sich von selbst.

Wenn das Know-how auch nur ein Teil dessen ist, was ihren Garten ausmacht, so hat Gretas Wissen doch schon oft offizielle Anerkennung erfahren. Notieren wir nebenbei, daß renommierte Vereinigungen von Pflanzenliebhabern und Botanikern diesseits und jenseits des Ärmelkanals sie zur Präsidentin gewählt und Universitäten sie zum Ehrenmitglied ernannt haben.

Nach dem Rezept für Kompost wird sie besonders häufig gefragt, weil sie ihn bei ihren Führungen immer wieder erwähnt: »Wir haben eine Methode, die es uns erlaubt, eine sehr gute Kompostqualität innerhalb von drei Monaten herzustellen«, erklärt sie. »Dazu sammeln wir Laub und Zweige aus dem Garten sowie Gemüsereste – aber keine Schalen von Kartoffeln oder Südfrüchten, weil die chemisch behandelt sind. Beim Aufschichten achten wir darauf, daß vertrocknete und frische Pflanzenreste miteinander vermischt werden. Jede Schicht von zwanzig bis dreißig Zentimetern wird mit zwei Gießkannen Wasser begossen, das mit einem zersetzungsfördernden Mittel angereichert wurde. Auf das Ganze kommt eine schwarze Plastikhaube, die Temperatur darunter steigt auf über achtzig Grad Celsius. Nach fünf bis sechs Tagen wird die Haube entfernt, dann sorgt die Luft für den weiteren Prozeß. Nach zweieinhalb bis drei Monaten ist der Kompost fertig.«

Le Vastérival ist der erstaunliche Hort von elftausend Spezies. Zu Anfang kaufte Greta viele Sorten in England

Vorbote: Den Blütenreigen der vielfältigen Rhododendronarten führt die Kurume-*Azalee an.*

und Holland ein, dann haben ihr Freunde aus Frankreich, Belgien und bald der ganzen Welt Pflanzen geschenkt. Ihre Kollektion und ihre Kenntnisse vergrößerten sich durch den Austausch mit Freunden, Bekannten und Bewunderern immer mehr.

Greta ist sicherlich auch eine Rosenkennerin erster Güte. Oft deutet sie auf Rosenbüsche von beeindruckender Dimension, und man bestaunt unweigerlich die kerngesunde Üppigkeit der Blüten. Benutzt sie einen Wunderdünger? Gibt es ein Geheimrezept? »Vor allem muß man Rosen erst einmal richtig einpflanzen«, meint sie. »Jede Pflanze kommt in ein Erdloch von einem Meter Breite und sechzig Zentimetern Tiefe. Die Erde wird sorgfältig gemischt mit Kompost und mit gutzersetztem Mist. Später behandeln wir die Rosenstöcke zweimal pro Jahr mit Bordeaux-Brühe (Kupferkalkbrühe) gegen Mehltau und schwarze Flecken. Nachdem die Blätter abgefallen sind, entfernen wir den Mulch vom Pflanzenfuß, weil er Rosenblätter mit Krankheitssporen enthalten kann, und ersetzen ihn durch neuen Mulch.«

In Le Vastérival gibt es auch einen Tennisplatz, wen wundert's? Das Sportterrain wurde auf einem ehemaligen Sumpfgebiet angelegt und mit einer Taxushecke gegen Wind geschützt. Es ist heute ein idealer Ort für weniger widerstandsfähige Pflanzensorten. Gretas ausgedehnte Mischrabatte zum Beispiel quillt bis zum Beginn des Winters über vor Farben. Im Frühjahr wird das Beet belebt durch die gelben Rispen einer Scheinhasel *Corylopsis spicata*, gefolgt von dem Azurblau des *Rhododendron augustinii*. Im Sommer klettern mehrere Clematis über die Büsche, während das rote Blattwerk des japanischen Ahorns 'Deshojo' mit der Grazie eines *Ligularia tangutica* rivalisiert. Im September sieht man die letzten *Phlox x panicula* 'Kirchenfürst' in Rot und 'Fuji-Yama' in Weiß im Zusammenspiel mit dem roten *Sedum* 'Herbstfreude', einigen Goldruten und Astern in voller Blüte.

Apropos Astern: Aus der Not eine Tugend machte Greta 1987 und 1989, nachdem der Sturm ihr die 42 Lambert-Zypressen entrissen hatte. An ihrer Stelle ist eine lange Rabatte mit Astern aller Größen und Farben entstanden, die miteinander um die Wette blühen und in nichts mehr den oft trübsinnig an Friedhof erinnernden Pflänzchen ähneln.

Wie hat es diese Lady mit dem herben Charme des Nordens geschafft, die Natur zu solchen Beweisen von Opulenz, Tiefe und leidenschaftlicher Kraft zu bringen? Dahinter muß ein eiserner Wille zur Schönheit stecken – aber vielleicht auch eine Vision? »Eine Hoffnung«, sagt sie. »Ich hoffe immer, daß das nächste Jahr das beste in meinem Garten sein wird.«

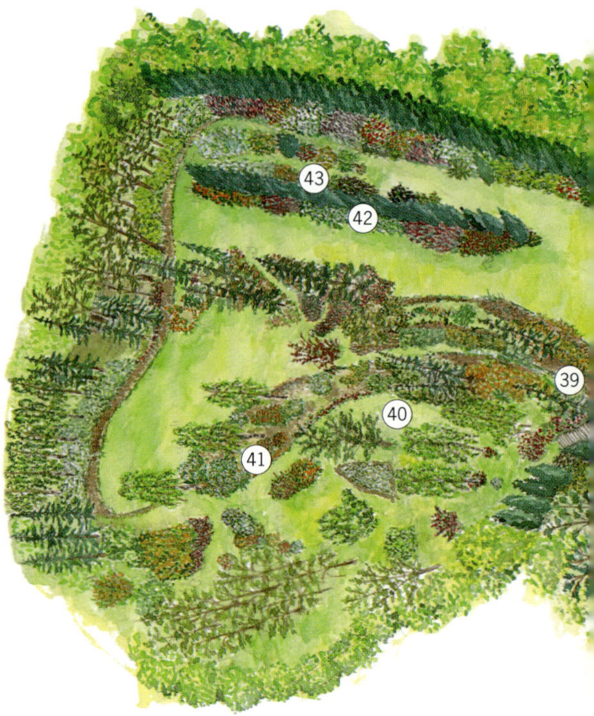

Der Pflanzplan

1. Zufahrt
2. Haus
3. Empfang und Garagen
4. Tennisplatz
5. Gemischte Rabatten
6. Unter den Apfelbäumen
7. Iris- und Asterrabatten
8. Baumheidelichtung
9. Am Teich
10. Kamelienallee
11. Ahornlichtung
12. Farnallee
13. Ahorn 'Senkaki'
14. Große Allee
15. Skimmienallee
16. Gemüsegarten und Vermehrungsbeete
17. Magnolien
18. Aussichtspunkt
19. Trauerpflaume
20. Roter Platz, Clematis
21. Die *Alpinum*-Mauer
22. Hartriegelrasen
23. Magnolie *Brozzonii*
24. Gartenteil in Rosa
25. Kletterrose 'Albertine'
26. Orangefarbene Rabatte
27. Aralien und Spiräen
28. Ahorn 'Osazuki'
29. Gelbe Rabatte
30. Blaues Zimmer
31. Astilben
32. Purpurne Pflanzen
33. Nieswurzkollektion
34. Kletterrose 'Kiftsgate' und *Magnolia sprengeri* 'Diva'
35. Der große Grüne Teppich
36. Blaue *Hostas* und *Gunneras*
37. Rhododendron
38. Dschungel
39. Winterblüher
40. Lavendelheidenrabatte
41. Hortensien
42. Graue Randbepflanzung
43. Goldene Randbepflanzung

Luisa Misserville Le Bacche

Ein Hort der heiteren Gelassenheit

Jeder Liebhaber würde sich freuen, so empfangen zu werden: Über eine beschattete Allee, gesäumt von eleganten, duftenden Blüten, kommt der Besucher in ein Haus voller Grazie, mit heiteren Bildern, anmutigen Skulpturen und liebevollem Blumenschmuck – die Dame des Hauses wartet bereits mit perlendem Prosecco von einem kapriziösen Rosé, während im Hintergrund leise französische Chansons erklingen. Zudem ist Luisa alterslos schön, grazil, mit dichtem langem Haar, leuchtenden Augen und einem mädchenhaften Lächeln. Wer könnte bei so viel Weiblichkeit widerstehen?

Luisa Misserville weiß sehr wohl, daß ihre Erscheinung jeden beeindruckt, aber sie weiß auch zwischen Geschäft und Privatleben deutlich zu unterscheiden. Bei aller Romantik, die einfach zu ihr und ihrem Wesen gehört, demonstriert sie unmißverständlich ihre Professionalität. Alle Unterlagen, die für den erwarteten Besucher wichtig sind, liegen für das Gespräch bereit. Meistens kommen Kunden, die von ihr einen Garten angelegt haben wollen. Ihnen zeigt Luisa erst einmal ihren eigenen Garten, denn er ist das beste Beispiel für ihre Art, Natur zu gestalten.

Er ist nicht groß, knapp eintausendachthundert Quadratmeter nur, und doch wirkt er verwunschen. Es sind in erster Linie die Pergolen an drei Seiten des Hauses, die für abgeschlossene Räume sorgen, in denen die Zeit stillzustehen scheint. An ihnen ranken sich Rosen, aber auch blaue und weiße Glyzinien sowie Geißblatt empor. Luisa hegt über siebzig Sorten meist alter Rosen – ihre Lieblingsblumen – und behauptet, daß sie ganz pflegeleicht seien: »Man muß sie nur in Ruhe und am besten gemischt mit Kletterpflanzen wachsen lassen.« Bei ihr jedenfalls geht dieses Rezept problemlos auf. Ein italienischer Journalist war so begeistert von ihrer Komposition, daß er in poetische Schwärmerei verfiel: »Die Bourbonrose 'La Reine Victoria' verbindet sich in leidenschaftlicher Umarmung mit Clematis, Glyzinie und *Lonicera* (Geißblatt), die sich mit ihren Blättern und Blüten, ja mit ihrem ganzen Sein ineinander verweben und einen undurchdringlichen Laubengang bilden.«

Am liebsten hält sich Luisa Misserville, die ihren seltenen Nachnamen französischen Vorfahren verdankt, im Schatten der Pergola auf. Das bekommt ihrer Porzellanhaut und auch vielen der Pflanzen, die sie besonders mag. Dazu gehört rustikaler Farn genauso wie die diskrete Elfenblume *(Epimedium)* mit ihren herzförmigen Blättchen und den Rispen gespornter Blüten. Frauenmantel, Lungenkraut, Astilben und auch die blaue *Iris japonica* mit ihrer etwas steifen Schönheit kommen im Schatten gut zur Geltung. Helligkeit bringen die panaschierten Blätter der verschiedenen *Hosta*-Sorten (Funkien), und die ersten Blüten des Jahres steuert *Helleborus* (Nieswurz) bei. Am meisten aber freut Luisa sich über das *Geranium* 'Johnson's Blue' (Storchschnabel), das seine schalenförmigen lavendelblauen Blüten den ganzen Sommer über zeigt.

Andere Farben als Rosa, Weiß und Blau kommen in Luisas Garten nicht vor; deswegen wirkt ihre Anlage so

Leidenschaftliche Amateurin: Luisa Misserville verfolgt viele Interessen.

Architektonische Elemente: Podeste, Säulen und Terrakottagefäße beleben den Stadtgarten.

auffallend weich und zart. Oft glauben Besucher, daß es hier nur alte Rosen mit fragilen Blüten in sanften Tönen gäbe – ein verzeihlicher Irrtum. Es ist der Gesamteindruck des Gartens und seiner Besitzerin, der an edle Rosen denken läßt, dabei ist Luisa auch in ihrer Passion zu Rosen ganz pragmatisch: Sie müssen robust und einfach zu kultivieren sein und außer schönen Blüten auch ein dekoratives Blattgrün bieten. Damit sie sich in ihrem Garten im norditalienischen Treviso sofort heimisch fühlen, kauft Luisa ihre Rosen meist bei Gärtnereien in Venetien, nur wenn sie da nicht fündig wird, bestellt sie bei Hillier in England. Ihre Favoriten sind die Bourbon-Hybride 'Honorine de Brabant', die das Ende der Pergola begrenzt, die zart fleischfarbene *Alba Rosa* 'Cuisse de Nymphe', die hochduftende Moschus-Sorte 'Cornelia' und die kletternde Teerose 'Mermaid', die von Mai bis Ende November unermüdlich blüht. Am liebsten aber sind ihr jene Sorten, die sich den ganzen Winter über mit prallen Hagebutten schmücken, wie 'Calocarpa', 'Moyesii', 'Ballerina' und 'Centenaire de Lourdes'. Die roten Früchte der Rosen, die von vielen gar nicht wahrgenommen werden, sind für Luisa die »Blüten des Winters«; ihnen zu Ehren hat sie ihr Grundstück Le Bacche (Die Hagebutten) getauft.

Kunst im Garten: Luisas Frauenbüsten passen gut in den romantischen Rahmen.

Es ist typisch für Luisas sorgfältige Planung, die sich auch an der säuberlichen Beschilderung der Pflanzen in ihrem Garten ablesen läßt, daß sie von vornherein daran gedacht hat, Höhepunkte für die triste Jahreszeit zu schaffen. Dann erst kommen jene Büsche und Bäume richtig zur Geltung, deren Gerüst geradezu bildhauerische Qualitäten hat, wie die *Lagerstroemia indica* (Kräuselmyrte), deren Stämme und Zweige aussehen, als wären sie vom Meer angespült worden, so ausgeblichen hell wirkt die glatte, rotbraungestreifte Rinde. Auch die schuppige Borke der *Parrotia persica* (Eisenholz) erinnert an eine Skulptur. Und die gedrehten Korkenzieherzweige des *Corylus avellana Contorta* (Haselnuß) bilden ein bizarres Kunstwerk, das man nur im Winter, wenn es keine Blätter trägt, so richtig bewundern kann. Wenn alles noch kahl ist, werden auch die *Hamamelidaceae* (Zaubernußgewächse) mit ihren duftenden Blüten an kargen Zweigen als Kostbarkeiten wahrgenommen.

Natürlich sind all diese Büsche und Bäume nicht nur im Winter Stars. Schon im Herbst haben sie kaum Konkurrenz, denn selbst die Schönheit der letzten Rosenblüten verblaßt gegen das Aufflammen des Laubes, das die ganze Palette der Gelb- und Rottöne durchspielt, von sattem Maisgelb bis zu leuchtendem Orange, Purpur und Karmesin. Die *Fothergilla monticola* (Federbuschstrauch) schmückt sich mit Gold und Kupfer – doch damit nicht genug, gleich zweimal im Jahr, im Frühling und im Herbst, trägt sie auch noch duftende weiße Blütenbäusche.

Bei Luisa müssen alle strukturgebenden Pflanzen zu jeder Jahreszeit etwas zu bieten haben. »Nur nach der Blüte im Frühling zu gehen, genügt nicht«, sagt sie. »Für mich muß jeder Busch und jeder Baum eine ganz starke Persönlichkeit haben, die sich in jeder Saison durchsetzt.« Wie die *Davidia involucrata* (Chinesischer Taubenbaum), der Luisa einen prominenten Platz gleich links von der Terrasse gegeben hat. Die *Davidia* dürfte der auffallendste laubabwerfende Baum außerhalb der Tropen sein. Wegen ihrer gestielten Blütenstände, die jeweils von zwei großen weißen Hochblättern umgeben sind, die wie große schwebende Schmetterlinge aussehen, wird die *Davidia* in Italien auch Taschentuchbaum genannt. Luisas Exemplar gedeiht im Windschatten des Hauses besonders prächtig.

»Struktur und Farbe«, sagt sie, »sind für mich das Wichtigste bei der Gartengestaltung.« Kein Wunder, das

sind schließlich auch die entscheidenden Kriterien von Bildhauerei und Malerei – mit beidem beschäftigt Luisa sich seit ihrem zwanzigsten Lebensjahr. Ursprünglich wollte sie Volksschullehrerin werden, aber dazu kam es nicht, weil sie schon mit 19 Jahren heiratete. Da ihr Mann, ein ausgebildeter Ingenieur, eine Hochschulkarriere anstrebte, mußten sie in den ersten Ehejahren den Wohnsitz häufig wechseln, so daß eine kontinuierliche Berufstätigkeit für Luisa gar nicht möglich gewesen wäre. So besann sie sich auf die Kunst, mit der sie schließlich aufgewachsen ist: Die Mutter war Künstlerin, der Vater Dichter. Luisa begann, abstrakt zu malen, naturalistische Tonfiguren zu formen und minimalistische Raku-Keramik zu brennen – eine Mischung, die nur jemand wie Luisa mit ihrem Talent zur Harmonisierung unbeschadet zusammenstellen kann. All ihre künstlerischen Aktivitäten verfolgt sie bis heute als Amateurin, aber mit großem Ernst. Zwanzig Ausstellungen hat sie bereits bestückt, vier davon in Japan, dem Mutterland der anspruchsvollen Raku-Keramik, die nach uralten Regeln hergestellt wird.

Zwei Öfen hat Luisa sich in ihr Gartenatelier gebaut, um möglichst viele ihrer strengen Keramikvasen und -töpfe brennen zu können. Das geschieht bei einer Temperatur von 900 bis 1000 Grad Celsius. Danach kommen die fertigen Stücke zum Abkühlen in Gras- oder Laubhaufen, und dabei nehmen sie ihr endgültiges Aussehen an, das von der Künstlerin nicht mehr beeinflußt werden kann. In der Glasur entstehen die unterschiedlichsten *craquelés* (feine Risse) und Farbschattierungen – so entspricht es der japanischen Ästhetik, für die kleine Abweichungen und Imperfektionen zur wahren Kunst gehören. Leider gibt es nur wenige Kenner, die bereit sind, den Preis für Raku-Keramik zu zahlen.

Zu einer weiteren Leidenschaft entwickelte sich das Gärtnern. Von Sardinien bis Ancona, wohin auch immer

Ein Platz im Schatten: Die mit Glyzinien und Rosen berankte Pergola ist Luisas bevorzugter Wandelgang.

Weißer Rausch: 'Alba Magna' heißt die überschwenglich blühende Azalee aus der Rhododendron-Familie der Mucronatum-*Hybriden.*

ihr Mann versetzt wurde, legte Luisa Gärten an, meist kleine, manchmal sogar nur eine Terrasse, aber ohne Blumen hätte sie nicht leben mögen. Das war schon als

Kind so. Die Römerin Luisa besuchte bei jeder Gelegenheit ihre Tante auf dem Land, die einen großen Garten bewirtschaftete. Luisa erinnert sich, daß sie manchmal mit Büschen und Bäumen geweint hat, wenn der Gärtner sie ihrer Meinung nach falsch behandelt hatte – rückblickend glaubt sie, daß es dabei wahrscheinlich meist um das Beschneiden ging, etwas, das sie heute selbst in ihrem Garten macht oder von dem Gärtner, der einmal in der Woche kommt, durchführen läßt.

Vor fünfundzwanzig Jahren kam Luisa nach Treviso, als ihr Mann hier eine Professur übernahm, die er heute noch innehält. Sie ist trotz der Scheidung vor 18 Jahren geblieben, weil sie sich im Veneto zu Hause fühlt, viel mehr als je in Rom. Nach der Trennung baute sie Le Bacche auf, wo sie mit Tochter Silvia, mittlerweile 29 Jahre alt, Hund Axel Munthe und Katze Miu-Miu lebt. Silvia hat das gleiche Ingenieurstudium wie der Vater absolviert und arbeitet heute mit ihm zusammen. Luisas Beziehung zu ihrem Ex-Mann ist freundschaftlich-entspannt. In ihm hat sie den größten Bewunderer für ihren Garten gefunden.

Vor acht Jahren beschloß die leidenschaftliche Amateurin Luisa eines ihrer zahlreichen Talente nun doch zur

Profession zu machen: Sie meldete sich bei der A.I.A.P.P. (Offizielle Vereinigung der Landschaftgärtner) in Florenz zu einem Jahreskurs in Gartenbau an und schloß mit einem Diplom ab, das international anerkannt wird. Danach hat sie ihr Wissen in verschiedenen Kurzkursen, beispielsweise zu den Themen Brunnen oder Licht im Garten, vertieft, und seither legt sie Privatgärten für Kunden aus der näheren und weiteren Umgebung Trevisos an. Die Kunden werden ihr von Architekten geschickt, die Mundpropaganda tut ein übriges. Vor allem ist es ihr eigener Garten, der Interessenten überzeugt, und Luisa geht bei Auftraggebern nicht anders vor als bei sich selbst: »Ein Garten muß eine Einheit mit dem Haus bilden, und er muß die Persönlichkeit des Besitzers zum Ausdruck bringen.«

Le Bacche ist nach Luisas Wunsch ein Hort der heiteren Gelassenheit geworden. »Am schönsten finde ich es, mit meinem Hund im Schatten der Pergola zu spazieren, den Wandel der Jahreszeiten zu beobachten und dabei zu denken, daß mein Garten mit mir alt werden wird.«

Der Pflanzplan

1. Pergoleneck mit Glyzinie; links violette, rechts weiße lange Blüten
2. Ende der Pergola mit violettblühender Glyzinie, Kletterrosen und Buschwerk sowie Ahornbäumen
3. Pergola, zur Grenze hin dicht bewachsen mit Buschwerk, unterbrochen von weißblühenden *Spiraea;* zur Gartenseite hin verschiedene Sorten von Kletterrosen, weiße Azaleen, Iris und Funkien
4. Blutpflaume
5. Skulptur, versteckt unter einem Ahornbaum
6. Funkien, Iris und andere niedere Pflanzen, im Hintergrund zwei Töpfe mit Buchsbaumbepflanzung
7. Chinesischer Taubenbaum *(Davidia involucrata)*
8. Kletterrosen an der Pergola und am Spalier, Buschrosen
9. Skulptur
10. Blumenhartriegel, am Haus Kletterrosen und Glyzinie, Ahornbaum
11. Buschrosen, Azaleen, weißblättriger Ilex
12. Einfahrt, gesäumt von Wildrosen, Rhododendron, Iris, Pfingstrosen und anderen Sorten
13. Einfahrt mit Kletterrosen sowie mit heimischen und rotblättrigem japanischen Fächerahorn
14. Garage, berankt mit wildem Wein und anderen Pflanzen

Joan Aiken
The Hermitage

Ein pflegeleichter Garten

Da haben wir mal wieder so ein Beispiel weiblicher Dummheit, wie sie im Buche steht!‹ brummte Thomas. ›Wie kann man nur einen Baum so dicht ans Haus pflanzen? Der steht bestimmt keine vier Meter von der Hausmauer weg. Das bringt zwangsläufig Feuchtigkeit und nimmt Licht. Ich werde ihn morgen gleich fällen lassen.‹«

So lautet eine Passage zu Beginn von Joan Aikens Buch *Fanny und Scylla,* einem Roman über die Lebensgeschichte zweier Frauen im Indien und England des 18. Jahrhunderts. Joan schrieb es, sagt sie, um sich ihr Schuldbewußtsein über das Fällen einer riesigen Esche, die das Haus beschattete, »auszutreiben«. In dem Roman werden »die seufzende Gegenwart des Baumes, der im Wind schaukelte und wogte« und sein Schicksal Symbol für die Unterdrückung der jungen Fanny durch ihren ungeliebten Gatten.

Der wirklichen Esche galt Joans erste gärtnerische Initiative, nachdem sie und ihr Mann Julius 1976 The Hermitage gekauft hatten: ein Haus mit einem respektablen, aber nicht riesigen Grundstück in Petworth, zwei Autostunden von London entfernt in West Sussex. Der Garten war damals eine Wildnis, das Haus, 1780 gebaut und denkmalgeschützt, nach zwölf unbewohnten Jahren in einem Zustand der Verwahrlosung. Joan zählte 52 Lenze und hatte sich als Schriftstellerin einen Namen gemacht. Als Tochter des Lyrikers Conrad Aiken hatte sie ihre ersten Schauergeschichten schon mit fünf Jahren verfaßt. So zeigte sie sich eher entzückt, als man ihr beim Kauf des Hauses erklärte, darin spuke es.

Viele von Joans Erzählungen sind phantastisch, makaber, spukhaft. Immer wieder machen darin übernatürliche Kräfte arglosen Menschen das Leben schwer. Ihre Krimis werden als »Thriller-Leckerbissen« gepriesen, und oft wird sie mit anderen bösen Damen, wie Patricia Highsmith, Margaret Millar und Ruth Rendell verglichen. Die Autorin, die innerhalb der letzten 38 Jahre rund sechzig Bücher geschrieben hat, davon circa dreißig für Erwachsene, ist außerordentlich erfolgreich: Allein anderthalb Millionen Exemplare hat der Zürcher Diogenes Verlag, der sie seit den 1970er Jahren im Programm hat, von ihren Büchern verkauft. Dazu kommt eine Kinderbuch-Auflage von über einer halben Million im Oetinger Verlag.

Wer sich unter einer Bestsellerautorin eine erfolgsverwöhnte Lady mit riesiger Villa und repräsentativem Garten vorstellt, liegt bei Joan Aiken schief. Nichts an ihr und ihrer Umgebung wirkt reich oder gar protzig. The Hermitage ist ein typisches englisches Landhaus aus Backstein, das düster aussehen würde, wären da nicht die weißen Erker und die zahlreichen großen Fenster mit ihren weißen Sprossen. Der Garten besteht in erster Linie aus einer großen Grünfläche, und die Terrasse ist mit ganz normalen weißen Plastikmöbeln bestückt. Joan Aiken ist eine überraschend zierliche, liebenswürdige alte Dame in legerer Tweedhose, lila Rolli und Gummistiefeln. Die leicht gewellten grauen Haare hat sie locker zum Dutt hochgesteckt. Wenn sie lacht, und das tut sie häufig und unvermittelt, wirkt sie mit ihren kurzen spitzen Zähnen wie ein vorwitziges Schulmädchen. In der Tat

Abgründe: So harmlos wie ihr Lächeln sind Joan Aikens phantastische Buchideen nicht.

Fluchtweg: Durch diese Tür ließ die Autorin eine ihre Romanfiguren entführen.

Grinsende Katze: Joan posiert vor der alten Eibe, die ihre Enkel zur Cheshire Cat aus Alice im Wunderland *beschnitten haben.*

war sie als Schülerin allen anderen weit voraus, da sie bis zu ihrem zwölften Lebensjahr zu Hause von ihrer Mutter unterrichtet wurde und zusätzlich zum normalen Schulprogramm auch noch Latein, Französisch, Spanisch und Deutsch lernen mußte. Das Lernen fiel ihr leicht, aber sie fand schwer Anschluß, als sie schließlich nach Oxford ins Internat kam. Eine gewisse Reserviertheit ist ihr bis heute anzumerken, der Blick ihrer wachen klugen Augen, die ständig in Bewegung sind, verrät, daß sie sich in der Rolle der Beobachterin am wohlsten fühlt. Über Schwierigkeiten in Konversation wie im Leben rettet sie sich mit Ironie hinweg: »Sie macht alles erträglicher oder jedenfalls unterhaltsamer«, sagt sie und bricht in ihr plötzliches, amüsiertes Gelächter aus.

Auf dem Weg zu Joans Arbeitszimmer im ersten Stock muß man aufpassen, nicht über die Bücher zu stolpern, die überall gestapelt liegen. Dann wird man mit einem phantastischen Blick über eine typisch englische Hügellandschaft mit sattgrünen Auen und Schafherden belohnt – um dieser herrlichen Aussicht willen mußte die *wheeping ash* (Traueresche) weichen. »Fanny hielt den Atem an angesichts des wunderschönen Anblicks, der sich über die Mauer hinweg bot: Am Grunde des Tals schlängelte sich, hier und da zwischen den Nebelschwaden auftauchend, ein klarer Bach … Jenseits des Baches erstreckten sich steile Wiesen bis zur Kuppe eines Hügels …, und jenseits dieses Hügels dehnte sich, so weit das Auge reichte, eine höher gelegene, dunklere Waldlandschaft aus.«

Angrenzend an das Grundstück rechts hinter dem Haus erspäht man die Kirche, auf deren Turmuhr die Zeit abzulesen ist. Am westlichen Ende erheben sich die roten Ziegeldächer von Petworth hinter einer Steinscheune, einer hohen Mauer und zwei Kutscherhäusern. Dahinter ragt ein eindrucksvolles Herrenhaus, das Petworth House, in die Höhe.

Auch in das Buch eingeflossen ist der Glebe Path, ein ehemals zur Kirche gehörender Pfad zwischen The Hermitage und der Kirche. Über diesen *path* läßt sie in ihrer Geschichte Fannys kleinen Sohn aus The Hermitage entführen … Da Joan von ihrem Haus zur Straße über das Grundstück eines Nachbarn fahren muß, empfand sie es als gute Idee, eine Art Notausgang zu haben, falls es mit neuen Nachbarn einmal Streit wegen des Wegerechts geben sollte. Deswegen kaufte sie der Kirche nach langwierigen Verhandlungen den Glebe Path ab. Als sie das undurchdringliche Dickicht jenseits des eisernen Tores voller Freude niederhackte, stöberte sie zwei alte Kirchenbänke auf, die heute das Grundstück zieren.

Das kleine ländliche Petworth ist Joan seit langem vertraut, sie ist in der Gegend aufgewachsen; ihr Bruder lebt nur fünf Meilen entfernt von ihr. Sie bedauert, daß man heute im schick gewordenen Petworth fast nur noch

Tabula rasa: Um einen pflegeleichten Garten zu haben, ließ Joan nur wenige der ursprünglichen Pflanzen stehen.

Antiquitätenläden findet; nur zwei Lebensmittelgeschäfte, ein Gemüsehändler und zwei Metzger haben überlebt, dafür gibt es jetzt den unvermeidlichen Sainsbury-Supermarkt, den Joan haßt. Meist ist »immerhin« so viel los, daß man keinen Parkplatz findet. Kein Wunder, daß Joan beim Anblick des großen Grundstücks als erstes dachte: »Endlich genug Abstellplatz fürs Auto!« Erst danach wurde ihr die einmalige Lage des Hauses bewußt. Zur Hermitage geht es mitten im Ort durch eine schmale Einfahrt, und plötzlich scheint man sich in einer freien Landschaft zu befinden, und der beständige Autolärm wird unmittelbar durch eine wunderbare Stille abgelöst: »Die Aussicht und die Ruhe hier, das sind unbezahlbare Vorteile«, findet die fabulierfreudige Erzählerin, die sich einige Romane ihrer Lieblingsautorin Jane Austen – kann es ein Zufall sein, daß sie dieselben Initialen wie Joan Aiken hatte? – vorgenommen hat, um sie neu und anders weiterzuspinnen.

Julius Goldstein, ihr zweiter Mann, ist ein amerikanischer Maler, der jahrelang an einer New Yorker Universität Kunstgeschichte lehrte. Er ist froh, daß Joan sich heute eher historische Unterhaltungsromane ausdenkt, denn für Mord hat er nicht viel übrig. Vor Jahren, als er einmal bei der Premiere des Films *Mort un dimanche de*

pluie (basierend auf dem Roman *Died on a Rainy Sunday*, zu deutsch *Tote reden nicht vom Wetter*) dabei war, dem eine ihrer spannenden Stories zugrunde lag, reagierte er auf Gäste, die sich schaudernd fragten, »Wer denkt sich so etwas aus?«, mit einem halb entschuldigenden, halb

stolzen: »Meine Frau.« Er bezeichnet sich als *city boy*, der mit Gärten nicht viel im Sinn hat: »Dies ist eine Wüste, ich glaube nicht, daß du daraus etwas machen kannst«, sagte er, als sie nach einem Jahr Renovierung in The Hermitage einzogen.

Doch da hatte er nicht mit Joan gerechnet. Nachdem sie die amtliche Erlaubnis bekommen hatten, die Esche zu fällen, begann sie, das lehmige Gelände schubkarrenweise zu ebnen. Dabei scheute sie auch nicht davor zurück, ihr Auto als Planierraupe einzusetzen, mit der sie die Lehmhügel plattwalzte. Eine Palme und einen rosablühenden Kirschbaum, den sie bis heute nicht mag und an dem sich eine Kletterrose hochrankt, sowie eine weißblühende Wildkirsche ließ Joan stehen. Es gab auch ein paar alte Eiben – aber das war schon alles auf dem großen, spitzwinkligen Grundstück, das der Rede wert war. »Da habe ich dann ein paar Apfelbäume gepflanzt, um immer einen Vorrat an Äpfeln zu haben, einen Walnußbaum, eine Pappel und eine Kastanie – sozusagen als Tausch gegen die Esche. Alles, was ich wollte, war, die Aussicht zu bewahren …«

Noch heute denkt sie empört an einen früheren Bürgermeister von Petworth zurück, an den sie sich wandte, als die Gemeinde begann, vor ihr Grundstück eine Reihe von Bäumen – Birken und eine Eiche – zu pflanzen. Ihre Sorge, daß dadurch bald der wunderbare Blick blockiert sei, beantwortete der Mann mit einer rüden Gegenfrage: »Wie lange glauben Sie denn noch zu leben, Madam?« Es tue ihr leid, sagt Joan mit einem feinen Lächeln, daß der

Bürgermeister genau drei Jahre nach dieser Begegnung starb.

Sie selbst kam im Laufe der Zeit dazu, auf ihren Grund zusätzlich eine Quitte, einen Pflaumenbaum und zwei Birnbäume zu setzen. Beim Gestalten des Gartens ließ sie sich von ihren Kindheitserinnerungen leiten: »Fünf Meilen von hier stand das Haus meiner Mutter und meines Stiefvaters. Dazu gehörte ein wunderbarer Garten. Viel Gras und Bäume, nicht so viele Blumenbeete, aber mit einigen duftenden Pflanzen, wie Minze und Melisse. Es gab auch einen Gemüsegarten.«

Joans Ziel war es, Bäume zu setzen, die sie liebt, und robuste Pflanzen zu finden, die das zähe Unkraut verdrängen würden. Viel Arbeit machen darf ein Garten nicht, meint Joan, was sicher damit zu tun hat, daß sie nie viel Zeit fürs Gärtnern hatte. In den 1950er Jahren siedelte die junge Familie nach Cornwall über, wo Joan ein Gästehaus mit einem sehr schönen Garten führte – für den sie keine Zeit hatte. Als ihr erster Mann an Lungenkrebs starb, zog sie mit den Kindern nach London, wo sie ein handtuchgroßes Stück Garten mit Gemüse bepflanzte. Dann ließ sie sich mit 38 Jahren als freie Autorin, die damals noch Werbesprüche textete, in Petworth nieder

***Zeugen der Vergänglichkeit:** An die Traueresche erinnern nur noch ein Buch und ein Holzhaufen. Der steinerne Löwe bewacht den Eingang zu einem kleinen Tempel. Das Geweih eines Hirsches ruht auf der Ballustrade zur Terrasse.*

***Überblick:** Von ihrem Schreibtisch aus hat Joan die beste Sicht auf die hügelige englische Landschaft.*

Ewiges Werden: Artischocke, Kapuzinerkresse und die in England so beliebte 'Evening Primrose' (Nachtkerze) dürfen sich ungestört ausbreiten und selbst versäen.

und konzentrierte sich darauf, den Lebensunterhalt für sich und ihre Kinder zu verdienen. Auch heute noch verbringt sie den Tag – nach einer halben Stunde Yoga oder einem Morgenspaziergang – mit stundenlangem Schreiben. Sie begnügt sich im Garten mit »zwei bis drei Stunden Heckenschneiden pro Woche«.

Ist The Hermitage dennoch Joans Traumgarten? »Na ja, wenn ich den Nobelpreis gewinnen würde und viel Zeit hätte, würde ich ihn ganz anders gestalten«, lacht sie. Sie glaubt nicht, daß das jemals passieren wird. Und wenn doch? Dann würde sie zuerst einmal einen schmalen, mit Backsteinen gepflasterten Weg um den Rasen anlegen, damit sie im Winter nicht länger in Gummistiefeln das Haus verlassen muß. Und ein Gewächshaus würde sie bauen, um darin Setzlinge zu ziehen.

In *Fanny und Scylla* hat Joan ihren Garten etwas idealer beschrieben, als er ist: »aufs Sorgfältigste angelegt, als hätte man sich um größte Vielfalt bemüht, um ihn größer erscheinen zu lassen, als er eigentlich war«. Darin hat sie zwischen dem Haus und der langen Eibenhecke einen »Ziergarten angelegt mit Blumenbeeten, die durch schmale Backsteinpfade unterteilt waren. Obwohl der Herbst schon fortgeschritten war, leuchteten die Beete zwischen niedrig zurechtgestutzten Hecken, und in der zunehmend wärmeren Sonne verströmten sie einen süßen, aromatischen Duft.«

Aus einer der Eiben direkt vor dem Haus haben Joans Enkelkinder Emil und Anabel Cheshire Cat, die grinsende Katze aus *Alice im Wunderland*, geschnitten. Joan überlegt, ob noch eine Maus dazukommen soll, Eiben gibt's ja genug hier. Lebendige Tiere, die sich in The Hermitage bemerkbar machen, sind Eichhörnchen, die besonders im Herbst den Garten bevölkern, wenn die reifen Nüsse vom Baum fallen. Und Saatkrähen, die am liebsten in der Pinie sitzen und die Zapfen – und anderes mehr – hinunterfallen lassen. Die Osterglocken, die Joan unter den Nadelbaum gepflanzt hat, verdecken den Vogelunrat zwar auf dekorative Weise, pflücken sollte man sie aber lieber nicht …

Gab es irgend etwas, was ihr nicht so gelungen ist, wie sie es sich gewünscht hatte? »Vieles, ja«, lacht sie. Zum Beispiel kämpfte sie lange Zeit gegen allerlei »Pflanzen-Plagen«, wie sie es nennt. Gemeint sind diverse Arten von Unkraut, nicht nur Nesseln, gegen die kein Ankommen war. Joan versuchte es mit Bodendeckern wie jenem Heliotrop, von dem sie einen Ableger am Rande eines Parkplatzes »gemopst« hat. »Das war ein fürchterlicher Fehler, denn der breitet sich jetzt im ganzen Garten aus!« Dann gibt es eine *Anchusa*, ähnlich dem Borretsch, mit großen, haarigen Blättern und blauen Blüten. »Die hab ich aus dem Garten meines Bruders, und die macht sich auch überall breit.«

Der kriechende Holunder ist ihr ebenfalls ein Grauen. Er hat lange Wurzeln und erweist sich als absolut unausrottbar. Dem macht sie, wo sie kann, den Garaus, aber kaum versieht sie sich's, da wächst er schon wieder. Bestimmte Pflanzen kamen ganz anders als erwartet, wie jener Perückenstrauch, den ein Freund ihnen schenkte – eine flammende Schönheit im Herbst mit seinen feurigen Blättern. Er nahm viel größere Dimensionen an, als Joan, die ihn in die Nähe des Hohlweges gepflanzt hatte, der zum Atelier ihres Mannes führt, erwartet hatte. Auch mit Clematis hat sie experimentiert, aber sie wollen ihr einfach nicht gelingen: »Jetzt hab ich Clematis aufgegeben.«

Stolz ist Joan auf ihre Hecken. Sie halten den Nordwind, dem der Garten ausgesetzt ist und der im Winter schneidend kalt werden kann, in Schach und sind außerdem eine Augenweide. Aus der Not eine Tugend machend hat die Hobbygärtnerin die vielen Baumtriebe, die anfangs auf dem ganzen Grundstück verstreut zu finden waren, ausgegraben und in einer Linie in der Nähe der Einfahrt gepflanzt: »Hagedorn und Flieder, Eiche, Ilex, Forsythien und alles mögliche.« Es gab so viele Stechpalmen, daß sie für eine kleine Hecke links vom Haus reichten. Joan, die sich in der Theorie so gern mit Geistern auseinandersetzt – der Hermitage-Geist soll ein schwarzer Mönch sein –, benutzt die Hecken aber auch zu ganz praktischen Zwecken und breitet auf ihnen ihre Wäsche zum Trocknen aus.

Blumen- oder Staudenbeete fehlen in Joans Garten, sie wären zu aufwendig. Doch wer glaubt, es gebe hier keine Farbe, hat sich getäuscht. Der Garten hat »Farbphasen«, meint Joan. »Zuerst ist er gelb, mit Hunderten von Osterglocken, dann wird er weiß mit den Narzissen. Später dann wird ein großer Flecken von *bluebells* (Sternhyazinthen) in einem Teil des Gartens intensiv blau, und heller mischen sich die Vergißmeinnicht dazu.« Entlang einer Wand gibt es doch ein Blumenbeet, auf dem eine Mischung aus pinkfarbenen *poppies* (Mohn) und weißen Pfingstrosen gedeiht.

Im Sommer findet Joan ihren Garten nicht so interessant, abgesehen von den Päonien und den *poppies* wirkt er dann sehr grün. Der Herbst taucht den Garten dagegen erneut in Farbe – ein Beispiel ist der Wilde Wein vor dem Haus, der im Oktober feuerrot wird. Nicht zuletzt bedeutet für Joan die herbstliche Apfelernte jedes Jahr wieder ein Erfolgserlebnis.

Wie kann sie angesichts so erdgebundener Tätigkeiten wie Äpfelaufklauben und Kuchenbacken nur so schauerliche Geschichten erfinden? »Manchmal, wenn ich die Büsche stutze oder einfach nur meine Narzissen betrachte, dann zeigt er sich kurz«, berichtet Joan – und meint ihren Gartengeist. Das klingt aus ihrem Mund richtig verheißungsvoll. Schließlich genügt ein kleiner Anstoß, um ihre Phantasie in Bewegung zu setzen, und dann begibt sich Joan Aiken an ihre altmodische Schreibmaschine und fabuliert einen ihrer wunderbaren Unterhaltungsromane.

Der Pflanzplan

1. Zufahrt zur Himalajazeder
2. Weg zum Haus und Abzweigung zur Garage
3. Apfelbäume
4. Walnußbaum
5. Werkstatt und Garage
6. Kleiner Gemüsegarten mit Feigenbaum
7. Umgestürzter Baum an hinterer Terrasse
8. In Katzenform geschnittene Eibe, daneben eine Reihe kugelförmig geschnittener Zypressen
9. Tor zum Glebe Path
10. Baumgruppe aus Palme, Pappel und Kastanie
11. Tempel mit Skulptur der Enkelkinder
12. Verbindungsweg zwischen Tempel und Atelier, von Zypressen, Zedern, Buchsbaum, Bäumen, Rosen und Blühpflanzen gesäumt
13. Großer Baumstumpf
14. Atelier

Jinty Latymer
El Fondeadero

Ein eduardinischer Garten auf Mallorca

»Well, wie finden Sie den Garten meiner Frau?« fragt Lord Latymer mit einem lauernden Unterton. Ich muß ihn enttäuschen. »Großartig«, sage ich, und meine es auch so. Die Höflichkeit des Lords äußert sich in Schweigen. Doch der Besucher weiß auch so, was Lord und Lady gegenseitig von ihren gärtnerischen Bemühungen halten: Eine Mauer zwischen ihrer und seiner Anlage legt ein beredtes Zeugnis von der ehelichen Gartentrennung ab, was nicht heißt, daß Lord und Lady nicht miteinander reden würden: Sie tun es oft und gern – sogar über das Gärtnern. Schließlich nimmt der Garten sowohl in ihrem als auch in seinem Leben einen zentralen Platz ein. Doch während er als Botaniker und Gartenfachmann seine wissenschaftlichen Studien treibt, geht bei ihr »heart over mind«: Sie tut, was sie liebt.

Wenn das nicht so wäre, gäbe es nicht El Fondeadero, den Ankerplatz für die Liebe von Lord und Lady Latymer. Fast vierzig Jahre ist es her, daß die zwanzigjährige Jinty sich in den Mann ihrer Tante verliebte, und der seriöse Banker und Vater dreier Kinder Hals über Kopf zusammen mit Jinty seine Familie und England verließ. Es muß damals ein großer Gesellschaftsskandal gewesen sein, denn die Latymers sind eine der ältesten blaublütigen Familien Englands. Seither scheut Jinty die Presse. In gewissen Kreisen Großbritanniens nennt man sie noch heute »The Scarlet Woman«, womit sie wohl als gefährliche Verführerin gebrandmarkt werden soll, während doch die Wahrheit, wie üblich, viel differenzierter zu sehen ist.

Hugo, der hochgewachsene Lord Latymer mit den durchdringend blauen Augen eines Seemannes, träumte von frühester Jugend an, die Ozeane zu bereisen und zu erforschen. Er konnte sich aber dem zwingenden Familienwunsch, die traditionelle Banklaufbahn einzuschlagen, nicht widersetzen. Kleine Fluchtmöglichkeiten bot ihm die Beschäftigung mit der Botanik: Hugo entwickelte sich in seiner Freizeit zu einem Spezialisten für Seidelbast, und bald besaß er die bedeutendste englische Sammlung der fünfzig Arten umfassenden Familie der *Daphne*-Gewächse.

Die etwa fünfzehn Jahre jüngere Jinty, deren Mutter in zweiter Ehe einen Diplomaten geheiratet hatte, wuchs derweil in Italien auf, zunächst in Rom, dann in der Toskana. Dort bekam sie von der Mutter, die genau wie die Großmutter eine begeisterte Gärtnerin war, ein erstes Stück Land zur freien Bearbeitung zugewiesen. Diese Beschäftigung erwies sich als so befriedigend, daß Jinty für immer mit dem Gartenvirus infiziert war; allerdings stellte sich dieser in Jintys Lehr- und Wanderjahren schlafend. Mit 18 Jahren ging sie nach England, um einen Schwesternkurs zu belegen, obwohl sie sich eigentlich viel lieber mit Kunst beschäftigt hätte. Aber bis heute glaubt sie, daß Männer als Künstler besser sind, weil sie unbeteiligt bleiben können, während Frauen zu viele Emotionen in ihre Bilder – oder auch in ihre Bücher – legen. Immerhin bewarb sie sich erfolgreich um einen Job in der königlich britischen Staatsbibliothek, wo sie die Fotos aller Gemälde der Welt zu archivieren half. Schon als Kind hatte sie ihr Auge durch den Kauf von

Gruppenbild mit Dame: Lady Latymer liest herrenlose Hunde auf und gibt ihnen eine neue Heimat.

Orientalischer Pavillon: Das Poolhaus entspricht der Mode der Jahrhundertwende.

Kunstbüchern geschärft, und durch ihre Arbeit entwickelte sie sich zur Expertin. Als sie mit dreißig Jahren eine kleine Erbschaft machte, konnte sie endlich anfangen, Kunst im Original zu kaufen; aber da war sie schon längst Lady Latymer.

Ob die Flucht auf einer Segelyacht bis ans andere Ende der Welt nun durch die leidenschaftliche Liebe bedingt oder vielleicht sogar Teil der Romanze war, werden im nachhinein nicht einmal mehr die Hauptakteure zu sagen wissen. Sicher ist nur, daß Jinty und Hugo ein halbes Jahr Honeymoon auf einem Törn nach Australien verbrachten. Nachdem er die Familienfesseln endlich gesprengt hatte, hoffte Hugo, als Fischfarmer an der Küste Afrikas leben zu können. Jinty hatte jedoch bald genug von den schwankenden Bootsplanken; sie sehnte sich nach fester Erde unter den Füßen und lockte Hugo zu Freunden auf die Insel Mallorca. Ihr Plan ging auf: Hugo fand die Insel fast so gut wie ein Boot.

Zunächst ließen sich Jinty und Hugo auf einem Bauernhof im Tramuntana-Gebirge im Nordwesten der Insel nieder. Doch als ihre drei Kinder größer wurden und der Weg zum Gymnasium sich als zu beschwerlich erwies, suchten sie nach einem zentraleren Ort. Vor zehn Jahren kauften sie den Besitz in Artá, den sie spontan El Fondeadero – Der Ankerplatz – tauften, aber je weiter die Seefahrt in den Hintergrund rückte, umso mehr vergaßen sie diesen Namen. Heute sehen sich Lord und Lady Latymer als Landleute – wenn auch mit sehr unterschiedlichen Interessen.

Dekorativ: Agave und Muschelschale bilden ein exotisch-interessantes Paar.

Für Jinty muß ein Garten in die Umgebung passen, Hugo dagegen experimentiert am liebsten mit exotischen Pflanzen. Am meisten interessiert ihn, wie man die Insel, die durch radikale Abholzung in vielen Teilen von Erosion bedroht ist, mit möglichst schnell wachsenden Bäumen wieder aufforsten kann. Er hat in Santa Maria del Cami, eine halbe Stunde von Mallorcas Hauptstadt La Palma entfernt, eine Baumschule eröffnet, in der er seltene und dekorative Pflanzen verkauft. Der Privatgarten ist jedoch, bis auf ein Experimentierfeld für Hugo, ganz allein Jintys Angelegenheit.

»Das Haus erinnerte stark an die eduardinische Zeit«, sagt Jinty, »und dieses Gefühl wollte ich auf den Garten übertragen.« Sie sah sich schon in einer romantischen Anlage mit exotischen Pflanzen promenieren, als wäre sie eine Dame der Jahrhundertwende, als König Edward VII. noch über Großbritannien und Irland herrschte. Als er 1901 auch noch Kaiser von Indien wurde, löste er bei seinen Untertanen eine schwärmerische Begeisterung für alles Orientalische aus, und genau diese Stimmung wollte die Engländerin Jinty in ihrem mallorquinischen Garten wieder aufleben lassen. Vor den Genuß haben die Götter allerdings die Arbeit gesetzt, und so ging Jinty sehr handfest daran, ihren Traum zu realisieren. »Als erstes muß ich für Schatten sorgen«, erkannte sie. Die lehmige Erde war durch die heißen mediterranen Sommer fast zu Ton gebacken und unfruchtbar geworden. Jinty plante zwei Wäldchen, unterpflanzt mit viel Buschwerk, um Vögeln Nistplätze und Schutz zu bieten. Denn Vögel mußte sie unbedingt als Hilfsgärtner in ihren Garten locken, wenn sie ihre Idee von einem giftfreien Paradies verwirklichen wollte. Zum Entsetzen ihres Mannes, dessen Interesse möglichst ausgefallenen Pflanzen gilt, holte Jinty die Büsche und Bäume aus der ländlichen Umgebung in ihren Stadtgarten: »Ich fand es besser, den Vögeln eine Vegetation zu bieten, die sie kennen.« Es kam letztendlich zu einem Kompromiß: Hugo durfte seiner Frau einige ungewöhnliche Pinien liefern, die viel schneller wachsen als die einheimischen, aber nicht anders aussehen.

***Abgeschirmt:* Im Sichtschatten der Treppe dürfen kranke Pflanzen sich erholen.**

Ursprünglich war das Grundstück etwa achttausend Quadratmeter groß. Der Vorbesitzer hatte zwei Platanen vors Haus gepflanzt, und rechts davon war ein selbst ausgesäter *Celtis* (Flügelzürgel) – sehr zum Nachteil einer großblütigen Magnolie – herangewachsen. Links standen zwei Dattelpalmen in unmittelbarer Nähe einer kleinen Grotte mit einer verwitterten Madonnenfigur, die

Bizarr: Der Knoblauch verfügt, wie alle Allium-*Arten, auch über großen Zierwert.*

ben, die die Nachbarn nur herausforderten, darüber hinwegzuklettern, um Vogelfallen aufzustellen. Zum eigenen Schutz kauften die Latymers das nächstgelegene Grundstück, einen schmalen Streifen Land, der ähnlich spärlich bewachsen war: Ein paar Zitronen- und Orangenbäume, zwei Walnußbäume, hier und da eine Feige, eine *Persimone* (Dattelpflaume) und eine ausgesetzte Zimmertanne fanden sich dort.Immerhin waren alle Bäume auf den beiden Grundstücken an die hundert Jahre alt; das sorgte anfangs wenigstens für etwas Struktur und Schatten.

Kaum hatte sie ihre zukünftigen »Wäldchen« angepflanzt, unternahm Jinty den nächstwichtigen Schritt: Sie plante einen Gemüsegarten, um chemiefrei anbauen zu können. Dafür wählte sie zwei verschiedene Ebenen nahe des Hauses, um weite Wege zur Küche zu vermeiden, und schützte diese durch Mauern und ein altes schmiedeeisernes Tor vor ihren Hunden, die Tomaten und Kohlköpfe für Leckerbissen halten. Ganz am Ende errichtete sie ein Gewächshaus und einen Geräteschuppen. Zwischen den beiden Ebenen legte sie eine Pergola an, und die verschiedenen Beete trennte sie

Jinty »nicht gerade schrecklich schön« fand. Nach einer Restaurierung, die ihr zu einem weniger erschöpften Aussehen verhalf, kam die Madonna in einen glasgeschützten Alkoven direkt an der Straße, wo sie die ihr gebührende Aufmerksamkeit erhält. Sobald das »ewige Licht« verglimmt, wird mahnend an Jintys Tür geklopft. Am früheren Platz der Madonna steht jetzt eine giebelgeschmückte halbrunde Mauer, die vom Garten aus den Blick auf die Treppe hoch zum Haus und den Parkplatz davor verwehrt. Die Stufen werden bewacht von vier weiblichen Statuen, das Symbol für die vier Kontinente, von denen man damals wußte – der fünfte wurde erst später entdeckt.

Eine Reihe reichlich zerzauster Zypressen rahmte den erhöhten Zementweg ein, der zwischen vernachlässigten Gemüsebeeten und dem brachliegenden Land hinunterführte ans Ende des Grundstücks, wo es einen Ausgang zur Stadt gab. Der ganze Besitz war von Mauern umge-

durch zementierte Wege. Das mag sich schrecklich anhören, aber wenn Erde, Sand und Kieselsteine eingearbeitet werden, nehmen sie eine schöne Farbe an und sind weniger pflegeaufwendig und kostspielig als Platten oder Pflastersteine. »Ich hatte mir einen richtig eleganten Küchengarten vorgestellt«, sagt Jinty. »Aber einige ergebnislose Besprechungen mit dem hart arbeitenden Mann, der im Garten hilft, zwangen mich zu der Erkenntnis, daß es besser ist, einen schlichten und praktischen Gemüselieferanten zu haben als gar keinen ...«

Nur wenn es um Chemikalien oder um nicht natürliche Düngemittel geht, bleibt Jinty unerbittlich, was dazu führte, daß die ersten Jahre eine einzige Prüfung waren – im Sinne von Ausprobieren, aber auch von Plagen. Vor allem die Schnecken ließen sich durch keine natürliche Methode vertreiben, und gemeinsam mit den listigen kleinen Bohrasseln fraßen sie riesige Löcher in fast jedes Gemüse. Hugo, der auf einem schmalen Streifen im unteren Bereich seltene Pflanzen züchtet, bestand darauf, daß sein Garten vor Jintys Ungeziefer durch eine Mauer geschützt wurde – umgekehrt legte aber auch sie Wert auf Abschirmung gegen Hugos »Giftorgien«. Als Jinty anfing, einen Komposthaufen anzulegen, den sie in verschiedene Kammern unterteilte, waren Hugo und der Gärtner sich wieder mal einig: »Das wird nie was.« Doch trotz des heißen Klimas gedeiht Jintys Komposthaufen nach ersten Anlaufschwierigkeiten heute vortrefflich.

Ausschlaggebend für den Kauf des Hauses war der riesige Tank gewesen, der Tausend Tonnen Wasser hält – ein ungeheurer Luxus in jedem mediterranen Land. Der Tank bot sich als natürliche Plattform für eine große Terrasse an, von der aus man einen Blick über das ganze abfallende Gelände, die Dächer von Artá und die Hügel dahinter genießen kann; diese Aussicht wollte Jinty auf jeden Fall erhalten. Deswegen ließ sie beim Pflanzen der Bäume eine Sichtschneise frei und plante von vornherein, unterhalb der Terrasse einen Swimmingpool mit einem eduardinischen Pavillon zu bauen. Dazu kam es erst nach drei Jahren, als Jintys Wäldchen und auch die vier Zypressen – diese hatte sie dazwischen gesetzt, um das Areal für den Pool zu markieren – dank der üppigen Wassergaben bereits eine ordentliche Höhe erreicht hatten.

Antik: Die steinerne Dame aus dem 19. Jahrhundert stellt einen Kontinent dar.

Jinty ist keine große Freundin von Swimmingpools, sah aber ein, daß sie eine Attraktion für »Jungvolk« (Kinder, Freunde) bedeuten. Ihren Pool entwarf sie fast als ornamentalen Teich und bestand darauf, daß er drei Meter tief zu sein hat: »um gebrochene Nasen zu vermeiden«. Darüber hinaus ist der Pool nicht gekachelt, sondern nur gestrichen, so daß das Wasser wenigstens im Winter natürlich grün aussieht. Die Krönung ist ihr orientalischer Pavillon: Mit seinen drei Bögen, die sich mit Blick nach Nordwesten, zum Haus hin, öffnen, wirkt er sehr exotisch.

Der Gedanke, daß Tiere in ihrem Pool ertrinken könnten, ist Jinty zutiefst zuwider. Deshalb hat sie eine kleine Mauer um das Becken gezogen, auf der in regelmäßigen Abständen Terrakottatöpfe mit Geranien plaziert sind – als Hindernisse und Schmuck zugleich gedacht. Zusätzlich legt sie auf die oberste Treppenstufe beim Einstieg auch noch einige Steine, wenn gerade niemand

Futterplatz: Das ausrangierte Küchenbecken wird von vielen Vögeln frequentiert.

Exoten: Am Pool wachsen auffallende Blütenpflanzen, wie Strelitzia, die nicht ohne Grund Paradiesvogelblume genannt wird, und Datura (Stechapfel).

schwimmt, um es ertrinkenden Tieren zu ermöglichen, doch noch herauszukrabbeln. Dank dieser Fürsorge hat der Pool in zehn Jahren nur ein einziges Mäuseleben gefordert!

Das Poolareal hat Jinty an zwei Seiten mit Zypressenhecken begrenzt, vor denen Blumenbeete liegen. Sie pflanzte jeweils zwei *Syragus romanzoffiana* (Kokospalme) an jede Seite des Beckens, allerdings nicht da, wo der Pavillon steht. »Ich wollte, daß dieser Gartenbereich fernöstlich und tropisch wirkt«, erklärt sie, »deswegen habe ich Pflanzen mit leuchtenden Blüten gewählt: gelb, orange, dunkelrot, violett und lila oder dunkelblau.« Den Hintergrund bilden üppige Blattgewächse in den verschiedensten Formen und Grüntönen, da grün in tropischen Ländern überwiegt, und nur ab und zu eine Farbexplosion stattfindet, »was viel aufregender ist«. Ohnehin findet sie eine Anhäufung von Blüten »ermüdend und unnatürlich«.

Jintys größtes Problem war es, genügend Vögel in den Garten zu locken. Weil sie beobachtet hatte, daß sie sogar Sandbäder nehmen, wenn ihnen nichts anderes zur Verfügung steht, um sich von Parasiten zu befreien, beschloß sie, ihnen ein komfortables Bad zu bauen. Zwischen der alten Zypressenreihe und der Wassertankterrasse gab es ein Stück nackter Erde. Hier legte Jinty einen formalen Garten an, mit einem Springbrunnen, dessen Auffangbecken gerade so hoch ist, daß man sich bequem auf seinen Rand setzen kann. Das Wasser sprudelt aus einem alten Mühlstein, den sie sehr geschickt plazierte, denn es sieht aus, als schwebe er über dem Wasser. Jinty sorgte dafür, daß die kleine Pumpe so eingestellt wird, daß ihr Geräusch beruhigend wirkt. Zu ihrer Freude nahm der Brunnen sehr schnell ein antikes Aussehen an – und noch schneller fanden sich die wenigen Vögel ein, die es damals auf dem Grundstück gab. Sie gewöhnten sich an, im Brunnen zu trinken und im seichten Wasser der gewellten Vasenränder ihr Bad zu nehmen. »Oft ertrinken Vögel, weil sie kein Wasser finden, das flach genug ist, damit sie darin planschen können«, sagt Jinty, deren Herz für alle Tiere schlägt. Davon zeugen fünf Hunde, von denen drei als »Adoptivkinder« aufgelesen wurden.

Der Durchbruch für Jintys Traum vom ökologischen Gärtnern kam, als sie von ihrem spanischen Gärtner ein Taubenpärchen geschenkt bekam. Zwar verweigerten die beiden das große Vogelhaus, das extra für sie errichtet worden war, als Heimstatt und flogen davon, um sich einen anderen Schlafplatz zu suchen, zum Fressen aber kamen sie regelmäßig zurück, und bald brachten sie auch ihre Kinder und Kindeskinder zu den täglichen Mahlzeiten mit. Wilde Tauben hingegen nahmen ständigen Wohnsitz im Garten, wahrscheinlich weil das alte steinerne Küchenbecken, das Jinty zum Futtertrog deklarierte, immer gefüllt war; Jinty war klug genug, es so hoch zu stellen, daß ihre Hunde sich nicht daran bedienen können. Eines Tages schloß sich ein entlaufenes Perlhuhn der Taubengruppe an, und bald kamen immer mehr Spatzen, Grünfinken, Girlitze und Buchfinken. Diese körnerfressenden Vögel zogen wiederum andere an, die sich zwar nicht am Futtertrog bedienten, die sich aber unter so vielen Artgenossen sicher fühlten und anfingen, im Garten zu brüten. Weidenlaubsänger, Nachtigall, Schnäpper, Rotkehlchen, Kohlmeise, Grasmücke und Haubenlerche zählen dazu, die man so weit südlich im offenen Land selten sieht. Auch die Schmetterlinge wurden von Jahr zu Jahr zahlreicher. Dagegen hat die Anzahl der Schnecken so abgenommen, daß inzwischen unberührtes Gemüse in der Küche ankommt.

Am frühen Morgen und auch am Abend ist der Gesang der Vögel fast ohrenbetäubend, dafür entwickelt sich das Pflanzenleben dank dieser Helfer zu voller Reife. Jinty glaubt, daß ihr Garten jetzt glücklich ist.

So kann sie ihn guten Gewissens zurücklassen; sie selbst wird nämlich weiterziehen. Die erwachsenen Kinder kommen kaum mehr nach Mallorca, und Hugo ist krank und kann deshalb die tägliche Autofahrt von Artá nach Santa María nicht mehr auf sich nehmen. Jinty hat ihre umfangreiche Kunstsammlung, die vor allem aus modernen Skulpturen besteht, bereits dem Museum von Barcelona vermacht. Sie sucht nach einem neuen Ankerplatz. »Und diesmal«, sagt sie, »werde ich einen schattigen Waldgarten anlegen. Das wollte ich schon immer.«

Der Pflanzplan

1. Feigenbaum
2. Orangenhain
3. Komposthaufen
4. Rosentore als Übergang zwischen den einzelnen Gartenteilen
5. Hugos Garten, geheimnisumwittert
6. Hundefriedhof
7. Gemüsegarten
8. Skulptur eines Fisches
9. Terrasse über der Zisterne
10. Stiller Brunnen als Vogeltränke
11. Tröge zur Fütterung der Vögel
12. Kräutergarten
13. Der Wald

Elsbeth Stoiber Das Rosenstöckli

Ein Garten zum Hören und Fühlen

Sie liebt die gedämpften Geräusche, Gerüche und Farben am frühen Morgen. Wenn Elsbeth Stoiber mit einem Becher Milchkaffee in der Hand und ihrem Hund Sirius im Schlepptau zum ersten Mal durch ihren Garten geht, ist es kurz nach Sonnenaufgang. Dabei überraschen die beiden schon mal ein Reh oder eine Katze beim Mäusefang, so ungestört ist hier die Welt.

Das Rosenstöckli befindet sich auf dem Albis, einer Hügelkette entlang des linken Ufers des Zürichsees, eine kaum bewohnte, hügelige Moränenlandschaft mit friedlich grasenden Kühen. Als Elsbeth sich hier 1963 in einem geräumigen alten Bauernhaus einmietete, gab es auf dem Grundstück lediglich drei Holunderbäume, fünf Johannisbeersträucher, einen alten Nußbaum und einen einhundertfünfzig Jahre alten Birnbaum – der heute noch steht!

Das hat sich in über drei Jahrzehnten gründlich geändert. Heute erwartet den Besucher im Rosenstöckli eine botanische Reise durch verschiedene Länder, von den Höhen des Himalaya bis zu Steppen- und Wüstengebieten. Insgesamt über zweihundertfünfzig Gattungen und an die vierhundert Arten gibt es hier zu bestaunen und zu riechen, aber zur Überraschung vieler Novizen auch anzufassen und zu hören: So hat Elsbeth einen Tulpenbaum gepflanzt, weil seine Blätter rascheln wie eine Bananenplantage, und das ist eine schöne Erinnerung an ihre Zeit in Indien. Wenn der Wind dagegen durch den großen rundblättrigen Buchsbaum streift, hört sich das nach Regen an. Eine *Hydrangea aspera* (Rauhe Hortensie) gehört zu den Pflanzen, die sie ganz besonders gern berührt. »Die Blätter fühlen sich an wie ein Pferd unter dem Schweifansatz«, behauptet sie und fordert jeden Besucher auf, sich ihren Garten auch mit dem Tastsinn zu erobern. Die *Hydrangea* ist in der Tat ein »Handschmeichler«, wie der Name Samthortensie – so wird sie auch genannt – schon verrät. Das Gleiche gilt für eine japanische Wildform des Rhododendron, dessen Blattunterseiten samtig-weich sind. Bei den Zwergulmen dagegen fühlen sich die Blätter nach Elsbeths Erfahrung wie Kreppapier an. Aber auch die Reize glatter Blätter oder rissiger Borken lernt man schätzen, wenn man Elsbeths Rat folgt und in ihrem Garten alle Sinne einsetzt. So manche Pflanze gewinnt dabei eine ganz andere Bedeutung. Elsbeths besondere Leidenschaft gilt historischen Rosen, deren wilde Ahnen häufig aus Westchina, Vorder- oder Zentralasien stammen. In ihrem Gartenreich wachsen die »Urmutter« *Rosa gallica* (auf über zwanzig Quadratmetern) und Chinarosen bis hin zu den jüngeren Remontantrosen, die eine Nachblüte entwickeln und erstmals Anfang des 19. Jahrhunderts gezüchtet wurden.

Der ersten Frührunde im Garten folgt eine zweite – nach einem Spaziergang mit dem Hund um den Türlersee. Diesmal steckt Elsbeth, deren dichtes, gewelltes Haar und ungeschminktes Gesicht noch die Schönheit jüngerer Jahre verraten, in Arbeitskleidung, denn sie hat für ihren Garten, den sie ganz allein versorgt, »weil er sonst seinen Zauber verlieren würde«, nur in den frühen

In aller Stille: Elsbeth Stoiber sucht die Ruhe, um Wissen und Glück zu finden.

Hintertürchen: Viele Wege führen in Elsbeths abgelegenes Gartenreich.

Morgenstunden, abends und am Wochenende Zeit. Sie ist eine Frau mit einem höchst ausgefallenen Beruf: Moulagenbildnerin.

Moulagen sind naturgetreue Wachsnachbildungen von Krankheiten aus den medizinischen Fachgebieten Dermatologie und Chirurgie. Die Zürcher Uniklinik verfügt über eine in der Welt einzigartige Moulagensammlung, die Elsbeth heute als Konservatorin betreut und die ein unschätzbares Anschauungsmaterial bietet. Moulagen herzustellen erfordert eine ausgewogene Mischung aus technischem Know-how, künstlerischem Gefühl und medizinischem Wissen – Elsbeth Stoiber ist die wohl letzte Fachfrau auf einem Gebiet, auf dem heute der Computer regiert.

Anblick: Das uralte Holzhaus ist fast zugewachsen – wie der ganze Garten. Umso überraschender, daß immer wieder Sitzplätze anzutreffen sind.

Elsbeth wuchs als einzige Tochter mit vier älteren Brüdern in Stuttgart auf, in einer aufgeschlossenen Familie, in der geistige Interessen gefördert und Gespräche über Gott und die Welt bewußt gepflegt wurden. Schon früh entwickelte sie eine besondere Zuneigung zur Natur. Sie lernte mühelos – außer in den Fächern Handarbeit und Religion: ganz die Tochter ihres Vaters, den sie bis heute liebevoll verehrt und der von einem großen Wissensdurst, speziell auf dem Gebiet der Naturwissenschaften, besessen war. Tiere, besonders Hunde und Pferde – sie hat jahrelang ein Pferd gehabt –, liegen Elsbeth seit jeher besonders am Herzen.

Schon das ganz junge Mädchen zeigte Talent fürs Zeichnen, ein Berliner Kunstverlag kauft seine Blumenentwürfe. Nach dem Krieg heiratete Elsbeth, noch keine zwanzig Jahre alt. Sechs Monate später war sie Witwe. Ihr Mann, der Philosophie, Philologie und Chemie studiert hatte und als Assistent an der Technischen Hochschule arbeitete, starb vierzigjährig unerwartet an Lymphkrebs. Das war ein schlimmer Schlag für die junge Frau, die nie mehr geheiratet hat und seither allein lebt. Was die Gartenliebhaberin, die gern Musik hört und Bücher über Kunst, Philosophie und Lyrik liest, keineswegs stört. »Einsamkeit ist mir ein Bedürfnis, keine Last«, sagt sie. »In Restaurants stören mich Lärm und Gerüche, in Geschäften laute Musik und Lichtgeflimmer.«

Elsbeth ließ sich nach dem Verlust ihres Mannes zur Chemotechnikerin ausbilden; gleichzeitig vertiefte sie ihre Kenntnisse im Modellieren und Malen an der Akademie der Bildenden Künste in Stuttgart. 1956 übersiedelte sie in die Schweiz. Das tat sie Louise Volger zuliebe, einer berühmten Moulagenbildnerin, die ihr später – als Ausdruck ihrer Anerkennung – die Rezeptur für die Moulagenmasse anvertraute.

Dermaßen ausgezeichnet, unternimmt die junge Moulageuse Ende der 1950er Jahre ihre erste Indienfahrt. Allein reist sie rund zwanzigtausend Kilometer auf dem Subkontinent herum, was für ihren Mut und ein ungewöhnlich unabhängiges Wesen spricht. In einem Hindukloster beschäftigt sie sich mit religiösen und philosophischen Texten und mit Ajurveda, der altindischen Medizin. In jener Zeit vertieft sie sich auch in die Botanik. Sie lebt in einer Brahmanen-Familie und bekommt so die Kultur der oberen indischen Gesellschaftsschicht hautnah mit.

Eine zweite Indienreise macht Elsbeth 1963. Damals sollte sie für die Zürcher Uniklinik eine Moulagenkollektion von Lepra und Tropenkrankheiten erschaffen. Nach ihrer Rückkehr entwickelte sie in den 1960er Jahren Epithesen, Gesichts- und Schädelprothesen, die nicht nur eine ästhetische Funktion haben, sondern Patienten zum Beispiel das Sprechen oder Atmen erleichtern. Einmal bestückte sie eine Ausstellung nur mit Totenmasken; darunter befand sich auch die Maske des weltbekannten Schweizer Psychologen Carl Gustav Jung.

Die Idee zu ihrem Garten wurde in den 1970er Jahren bei einem Gespräch mit ihrer Hausvermieterin geboren. Elsbeths spontaner Vorschlag, das ehemalige Landwirtschaftsgelände zur Straße hin mit einem Rosengarten zu begrenzen, fand begeisterte Zustimmung, und so machte sich Elsbeth unverzüglich an die Umsetzung ihres Plans. Ungeduldig pflanzte sie Rosen schon im Mai, statt bis zum Spätherbst zu warten. Sie erinnert sich, daß die Erde hart wie Beton war und sie für jedes Pflanzloch eine Ewigkeit brauchte. Dann fraß auch noch ein Rehbock die Frucht ihrer Mühen in einer Nacht ab. Ein Maschenzaun mußte her. Die »Versuch- und Versagenmethode« hat, wie das Ergebnis zeigt, funktioniert: Aus den nachwachsenden Trieben wurden schließlich üppige Rosenbüsche.

Der Hausgarten auf dem Albis entwickelte sich langsam, zunächst entstand der höhere Teil. Elsbeth begann mit Heckenpflanzungen und Gehölzen, bald folgten Stauden. Nach und nach erweiterte sie den oberen Bereich, grub den Hang ab, legte Natursteinplatten und Treppenstufen aus Eichenbalken. Mit Rosen hat sie Studien wie im Labor betrieben: Alte Rosen veredelt sie zum Beispiel auf Wildlingen, und als Unterlage dient meist die *Rosa multiflora.* Heute sieht man einen gut vier Meter hohen, über und über mit einfachen, dunkelrosafarbenen Blüten bedeckten Strauch schon von der Straße, wenn man im Juni zum Rosenstöckli fährt. Die Hybride einer wilden *Rosa moyesii,* der klassischen Chinarose, die ursprünglich in Westchina beheimatet war, reckt sich im Stoiber-Garten bis in die Baumkronen, so daß man denken könnte, die hochgewachsene Strauchrose sei ein Kletterer. Den Zaun säumen Sträucher von *Rosa alba,* daneben breitet sich *Rosa gallica* aus, die kaum höher als einen Meter wird. Die stark duftenden Blüten sind rosa bis karmesinrot, und auch rotweißgestreifte kommen vor.

Die speziellen Lieblinge Elsbeths sind die Damaszenerrosen. »Ich bin unersättlich, ich hätte gern alle Damaszenerrosen«, sagt sie von sich. Auch die hundertblättrige *Zentifolia* wächst im Garten – sie hat einen hängenden Habitus und dicht gefüllte Blüten. Eine Mutation der *Zentifolia* ist die Moosrose, so genannt wegen ihres moosigen Kelches mit dem festen Flaum und dem grünen Fruchtknoten. Die intensiven Duft verbreitenden Bourbonrosen leuchten in starken Farben. Sie gehören zu den wenigen Alten Rosen, die sicher nachblühen.

Auswahl: Stolz ist Elsbeth auf ihren Tulpenbaum (Liriodendron, *oben), der wie eine Bananenplantage raschelt. Zu ihren Lieblingen aus der großer Rosensammlung zählen die ungefüllte* Moyesii *(links) und die stark duftende alte Rose (unten).*

Wenn Elsbeth heute, nach Jahren der Praxis, eine absolute Expertin in puncto Pflanzen ist, dann hat sie das ihrer Sammelleidenschaft und ihrer unersättlichen Neugier zu verdanken. Dagegen interessiert es sie weniger, ihren Garten wie eine Designerin nach ästhetischen Gesichtspunkten zu gestalten – obwohl sie versucht hat, die Wege wie einen Baum mit Stamm und Ästen anzulegen, was man aber allenfalls aus der Vogelperspektive

Pinke Freude: Die leuchtende Farbe macht die bäuerliche Buschmalve zu etwas Besonderem.

sieht. Große Begabung zeigt sie dagegen für das Anlegen von Aussichts- und Ruheplätzen. Ob das nur ein »Fenster« ist, das sie in eine Hecke geschnitten hat, oder ein angelegter *mirador* auf erhöhtem Platz: Sie versteht es, in dem relativ kleinen Garten für Überraschungen zu sorgen. Im verzweigten Wegenetz findet man an den Öffnungen immer einen Sitzplatz, der zum Verweilen und Auf-sich-wirken-lassen einlädt, gerade weil es rundherum jedesmal anders aussieht.

Das Rosenstöckli verrät die Spontaneität und die Liebe seiner Schöpferin für alle Lebewesen. Vor allem Kinder entdecken in Elsbeths Garten die Igelhäuser, Amphibienverstecke und Hornissenkästen: »jedenfalls die Kinder, die nah- und nicht fernsehen.« Raupen läßt Elsbeth leben, und einen Regenwurm rettet sie während eines Besuchs vor dem Austrocknen, indem sie ihn kurzerhand in die Regentonne zum »Auftanken« wirft und später wieder herausfischt. Allzu Akkurates ist nicht ihre Sache. Trotz ihrer sympathisch-genialen Art respektieren Besucher – und sogar ihr Hund – ihre kleine Gartenwelt: Da gibt es weder abgerissene Blätter, noch Hundetatzenabdrücke im Gartenbeet und schon gar niemanden, der etwas »mitgehen« läßt.

Der Garten ist geobotanisch angelegt, das heißt, Pflanzen mit ähnlichen Lebensbedingungen gedeihen nebeneinander. Mit manchen Spezies wird Elsbeth vielleicht einmal Schwierigkeiten bekommen, ganz einfach, weil sie für das bereits dicht besiedelte Rosenstöckli zu groß werden. Doch diese Art von Voraussicht ist ihr weniger wichtig als eine rein biologische Pflege. Von chemischen Pflanzenschutzmitteln hält Elsbeth Stoiber absolut nichts: »Man kann das Spritzen durch Arbeit ersetzen und in einem giftfreien Garten auf die Mithilfe von Nutzinsekten zählen.« Im Frühjahr und im Herbst gibt sie den Sträuchern Rosendünger, Knochenmehl, Rindenmulch und Spurenelemente. Alle zwei bis drei Jahre darf auch Stalldünger aufgelegt werden. Natürlich spielt der Kompost aus eigener Herstellung eine wichtige Rolle.

Neben Rosen finden sich noch viele andere sehenswerte und nützliche Pflanzen, wie zahlreiche Lippen-, Schmetterlings- und Rachenblütler, die Nahrung für Hummeln und Insekten bieten. Es gibt Bambus, »um den Wind durchstreifen zu hören«, und Duftpflanzen, wie *Tanacetum crispum* (Rainfarn), Wermut oder verschiedene Minzsorten. Die Blättervielfalt von Tulpenbäumen und Gingko, großen Baumhortensien und Strauchpäonien, Efeunischen und Buchsbaumhecken läßt den Garten ungewöhnlich dicht und abwechslungsreich wirken. Elsbeths respektable *Paulownia* (Blauglockenbaum) – »aus Samen gezüchtet« – ist die höchstgelegene in weitem Umfeld, wie die Gärtnerin stolz zu Protokoll gibt.

Daß langjähriges Single-Dasein nicht zum Eremitentum führen muß, hat Elsbeth bewiesen; sie ist alles andere als eine Einsiedlerin, und besonders während der Rosenblüte, die sich bei ihr von Juni bis Oktober hinzieht, empfängt sie zahlreiche Besucher. Nach einem intensiven Gespräch verschenkt sie großzügig einen ihrer Batikstoffe, die noch von früheren Reisen stammen. Gäste erbitten Ableger und Sämlinge und bekommen sie geschenkt, Rosenstecklinge werden versprochen und später abgeholt. Manchmal sitzen »die Glücklichen, die Zeit haben«, mit Elsbeth nach Sonnenuntergang am großen Eichentisch in der Laube bei Wein, Brot und Käse, guten Gesprächen und Kerzenlicht bis nach Mitternacht.

Welche Gäste gefallen ihr am besten? »Die Romantiker und Gleichgesinnten liebe ich, die mit einem Glas Wein oder dem Zeichenblock unter dem blühenden Kiwi sitzen und ganz hier sind, im Garten.« Aber der Wissenschaftlerin in ihr gefallen auch die Systematiker, die Notizen machen und dann später im Altan sitzen und Elsbeths reichhaltige Pflanzenliteratur studieren.

Das Rosenstöckli – 1988 bekam es von der Schweizer Gesellschaft für Gartenkultur als herausragender Hausgarten den ersten Preis – ist nicht das einzige Gartenwerk von Elsbeth. So erteilt sie einem mit Geld, aber weniger mit Zeit gesegneten Pflanzenliebhaber, der ein Grundstück am Genfer See besitzt, Expertenrat; zudem fährt sie seit Jahren auf ihr wildes Grundstück auf Mallorca, das sie jedoch nicht angelegt hat. Stattdessen übernahm die Gärtnerin aus Leidenschaft in den 1980er Jahren die Restaurierung des parkähnlichen, zwölf Hektar großen alten Gartens des herrschaftlichen Landsitzes Son Canet – aus reinem Interesse an den Pflanzen. Was hat sie aus dieser Erfahrung gelernt? »Daß in einem alten Garten alles Schlechte und Verfehlte, egal ob früher gewollt oder nicht, entfernt werden muß. Und daß man sehr lange horchen muß, um einen alten Garten zu verstehen.«

Elsbeth, die Globetrotterin, ist eigentlich überall zu Hause – sie braucht das geistige Wandern in allen möglichen Welten. Gespräche und Begegnungen mit interessanten Menschen empfindet sie als Bereicherung, und ein Fernseher kommt ihr nicht ins Haus. Nach einem Nachtspaziergang schläft sie sofort ein und träumt von angenehmen Dingen, »vor allem von Landschaften, die es nicht gibt«.

Gehört sie zu der ganz seltenen Spezies glücklicher Menschen? »Ich bin wohl ein zum Glück begabter Mensch«, meint sie, »weil ich es dort finde, wo es leicht erreichbar ist und doch von den wenigsten gesucht wird: in der Stille.«

Der Pflanzplan

1. Nußbaum
2. Kletterhortensie
3. Holunder
4. Sanddorn
5. *Lirodendron tulipifera* und *Lirodendron chinensis*
6. Rosen
7. Zwei kalifornische Schuppenzedern
8. Gingkobäume
9. Verschiedene Pfeifensträucher
10. Hang mit Perückensträuchern, Duftblüte, Schneeforsythie, Roseneibisch, Rosen, Sommerflieder, Johanniskraut und Iris; am Haus: zwei Kletterrosen, Wein Muscat bleu, Zistrose, Säckelblume und Efeu
11. Pergola mit Rosen, auf beiden Seiten verschiedene Indigosträucher und Sommerflieder
12. Verschiedene Pfingstrosen
13. Terrasse und Weinlaube
14. Buchsbaumpflanzung
15. 180 Jahre alter Birnbaum, davor das Himbeerfeld
16. Bambus, dahinter Kompost
17. Perückenstrauch
18. Stauden
19. Goldregen
20. Kiefer
21. Mammutbaum
22. Kräuterbeet
23. Grenzbepflanzung mit Speierlingen, Eiben, Birke, Fichte, Robinien, Kiefern, Hemlocktannen, Haselnuß, Weißdorn, Pfaffenhütchen, wolligem Schneeball und verschiedenen Weiden
24. Ofen, gegenüber: Sitzmauer
25. Sitzplätze

Anhang

Bibliographie

1. Belletristik zum Thema Frauen & Gärten

Aiken, Joan: Fanny und Scylla oder die zweite Frau, Diogenes, Zürich 1990. (In diesem Roman beschreibt Joan Aiken ihren Garten The Hermitage.)

Arnim, Elizabeth von: Elizabeth und ihr Garten, Insel, Frankfurt/Main 1987.

Buchan, Elizabeth: Vergiss nicht die Lilie, vergiss nicht die Rose, Knaur, München 1995.

Fforde, Katie: Im Garten meiner Liebe, Schneekluth, Augsburg [u.a.] 1998.

Howard, Elizabeth Jane: Green Shades. An Anthology of Plants, Gardens and Gardeners, Aurum Press, London 1991.

Kenney, Susan: Zuchtrosen, Ariadne-Krimis, Argument-Verlag/Ariadne, Hamburg 1992.

Norris, Pamela: Between the Apple Blossom & the Water. Women Writing about Gardens, Little, Brown and Company, Boston (Mass.)/London 1994.

Woolf, Virginia: Kew Gardens. Decorated by Vanessa Bell, Chatto & Windus, London 1999. (Faksimile Reprint, erstmals erschienen bei Hogarth Press, London 1927. Deutsche Textfassung erschienen u.a. in: Blühende Phantasie. Ein Lesebuch für Gartenfreunde, hg. von Jutta Ressel, Heyne, München 1996.)

2. Gartenbücher aus der Feder der hier porträtierten Frauen

Bohlmann, Helga/Bohlmann, Adolf: Schöne Gärten mit Kletterpflanzen, Augustus, München 2000.

Bonito Oliva, Achille: Ben Jakober/Yannick Vu, Ingrama, Palma de Mallorca 1996.

Cox, Freda: Seasons of a Country Garden, Fulcrum Publishing, Golden (Colorado) 1995.

Hodgson, Nathalie Beatrice: Guide to Children's Literature on Bees and Beekeeping, Bee Research Association, Gerrards Cross 1973.

Phillips, Sylvia: Eriocaulaceae. Prepared at the Royal Botanic Gardens, Kew/East African Herbarium. Published on behalf of the East African Governments, Balkema, Rotterdam 1997.

Sturdza, Greta: Le Vastérival. Jardin d' une passion. Propos recueillis par Didier Willery, La Maison rustique, Paris 1997.

Spuy, Una van der: Wild Flowers of South Africa for the Garden, Keartland, Johannesburg 1971.

Dies.: Gardening with Ground Covers. Ground Covers of the World for Gardens in the Southern Hemisphere and other Temperate Regions, A.H. and A.W. Reed, Wellington (Neuseeland)/ London [u.a.] 1976.

Dies.: South African Shrubs and Trees for the Garden, Keartland, Johannesburg 1976.

3. Gärtnerinnen unter sich

Agnelli, Marella: Giardino segreto, Rizzoli, Mailand 1999.

Amann, Ruth: Der Zauber des Gartens – und was er unserer Seele schenkt, Kösel, München 1999.

Andrey, Maja: Gärten der Seele. Gestaltung von Außenräumen nach Feng Shui, Anam, Tuttwil 1997.

Billington, Jill: Architectural Foliage, Ward Lock, London 1991.

Dies.: Ganz kleine Gärten optimal gestaltet, Christian, München 1998.

Dies.: The Summer Garden, Ward Lock, London 1999.

Dies.: Wo eins zum anderen paßt. Gartenpflanzen gekonnt kombinieren, Gerstenberg, Hildesheim 1998.

Bisgrove, Richard: Die Gärten der Gertrude Jekyll, Ulmer, Stuttgart 1994.

Chatto, Beth: The Damp Garden, Dent, London 1982.

Dies.: The Dry Garden, Dent, London 1993.

Dies.: Im grünen Reich der Stauden. Der neue englische Staudengarten, Ulmer, Stuttgart 1991.

Crowe, Sylvia: Garden Design, Garden Art Press, Woodbridge (Suffolk) [u.a.] 1994.

Dillon, Helen: Der blühende Garten, Christian, München 1993. (Der Ratgeber der Royal Horticultural Society.)

Fish, Margery: Die schönsten Blumen für den Cottage-Garten, DuMont, Köln 1992.

Fogg, Julia: Creating Privacy in the Garden, Ward Lock, London 1999.

Gildemeister, Heidi: Mediterranes Gärtnern. Mit wenig Wasser ein Paradies, Parey, Berlin 1997.

Haag, Dorothea: Gärten naturnah gestalten. Ideen, Planung, Beispiele, Callwey, München 1995.

Hobhouse, Penelope: Meine schönsten Gärten, Ellert + Richter, Hamburg 1998.

Dies.: Die Kunst der Gartengestaltung, DuMont, Köln 1989.

Dies.: Meine Leidenschaft – der Garten, DuMont, Stuttgart 1995.

Howcroft, Heidi: Der individuelle Garten. Ideen und Beispiele für eine ganz persönliche Gestaltung, Callwey, München 1995.

Jekyll, Gertrude: Pflanzenbilder aus meinen Gärten. Über englische Gartengestaltung, Ulmer, Stuttgart 1988.

Dies.: Wall, Water and Woodland Gardens, including the Rock Garden and the Health Garden. With a Chapter on the Asiatic Primulas by G.C. Taylor, Antique Collectors' Club, Woodbridge 1982.

Keen, Mary: Gärten in allen Farben. Die schönsten Kombinationen in Blau, Rot, Gelb, Grün und Weiß, BLV, München 1992.

Dies.: Garteninspirationen. 200 phantasievolle Details für den schönen Garten, Callwey, München 1994.

Dies.: Mein Gartenparadies. Von der Entstehung eines der schönsten Gärten Englands, Callwey, München 1997.

Kislinger, Elisabeth/Hofmann, Helga: Feng Shui im Garten, Mosaik, München 1998.

Lees-Milne, Alvilde/Verey, Rosemary: The New English Woman's Garden, Chatto & Windus, London 1987.

Lestrieux, Elisabeth de: Gartenglück. 40 Ideen für schönere Hausgärten, Ulmer, Stuttgart 1987.

Dies.: Gartenpracht in Töpfen und Kübeln, Gerstenberg, Hildesheim 1997.

Dies.: Der Geschmack von Blumen und Blüten. Eine kulinarische Entdeckungsreise, DuMont, Köln 1993.

Lord, Tony: Sissinghurst. Einer der schönsten Gärten Englands, in Zusammenarbeit mit The National Trust, DuMont, Köln 1997.

Pope, Sandra/Pope, Nori: Gärten in Weiß, Gelb, Rot oder Blau, Callwey, München 1999.
Rau, Heide: Der sinnliche Garten, Ellert + Richter, Hamburg 1997.
Dies.: Vom Nutzen schöner Gärten, Ellert + Richter, Hamburg 1995.
Dies.: Romantische Rosen, Ellert + Richter, Hamburg 1996.
Sackville-West, Vita: Blumen in meinem Garten, Ullstein, Berlin 1997.
Dies.: Mein Frühlingsgarten, Schöffling, Augsburg 1999.
Dies.: Aus meinem Garten, Ullstein, Berlin 1986.
Dies.: Mein Herbstgarten, Schöffling, Augsburg 1999.
Dies.: Mein Sommergarten, Schöffling, Augsburg 1999.
Dies.: Mein Wintergarten, Schöffling, Augsburg 1999.
Stewart, Martha: Martha Stewarts blühender Garten. Kreative Ratschläge und Tips für das ganze Jahr, DuMont, Köln 1992.
Tankard, Judith B./Wood, Martin A.: Gertrude Jekyll at Munstead Wood. Writing, Horticulture, Photography, Homebuilding, Sutton Publishing, Sagaponack (N.Y.) 1996.
Verey, Rosemary: Formen und Farben im Garten. Gestalten mit Pflanzen, Otto Maier, Ravensburg 1991.
Dies.: Blühende Gärten in allen Jahreszeiten. Praktische Ideen für neue Blumenbeete und bunte Sträuße, DuMont, Köln 1990.
Dies.: Der Garten im Winter, Otto Maier, Ravensburg 1989.
Dies.: Gartentore. Verweilen und träumen, BLV, München 1994.
Dies.: Verborgene Paradiese. Ein Blick hinter die Pforten privater Gärten, Gerstenberg, Hildesheim 1995.
Dies.: Mein Traumgarten entsteht. Mit 16 Pflanzplänen, Christian, München 1996.

4. Gärtnerinnenporträts

Sammelwerke

Critchley, Laurie: A Glimpse of Green. Women Writing on Gardens, Women's Press, London 1996.
Kellaway, Deborah: The Illustrated Virago Book of Women Gardeners, Virago, London 1997.
MacLeod, Dawn: Down-to-Earth Women. Those Who Care For The Soil, Blackwood, Edinburgh 1982.
Maubach, Anja: Gartenkunst und Gartenlust. Gardening for Ladies, Diplomarbeit/TU München, München 1990.
Penn, Helen: Englische Gärtnerinnen. Gertrude Jekyll, Vita Sackville-West, Rosemary Verey und viele andere, DuMont, Köln 1996.
Volland, Gerlinde: »O du grünende Lebenskraft …: Frauen und Gärten in Mittelalter und früher Neuzeit«, in: Lustgarten und Dämonenpein: Konzepte von Weiblichkeit in Mittelalter und Früher Neuzeit, hg. von Anette Kuhn, Edition Ebersbach, Dortmund 1997, S. 154–188.

Monographien

Ambrecht, K.: Die Gartenarchitektin Herta Hammerbacher. Werdegang und Werk, Diplomarbeit/TU München, München 1989.
Brown, Jane: Gardens of a Golden Afternoon: The Story of a Partnership, Edwin Lutyens & Gertrude Jekyll, Penguin Books, London 1994.
Chatto, Beth/Lloyd, Christopher: Dear Friend & Gardener. Letters on Life and Gardening, Frances Lincoln, London 1998.
Edwards, Joan: Gertrude Jekyll: Before the Boots, the Gardens and the Portrait/ Museum of Garden History, Bayford Books, Dorking 1993.
Festing, Sally: Gertrude Jekyll, Penguin, London 1993.
Glendinning, Victoria: Vita Sackville-West. Eine Biographie, Frankfurter Verlagsanstalt, Frankfurt/Main 1990.
Sackville-West, Vita/Nicolson, Harold: Sissinghurst. Portrait eines Gartens, hg. von Julia Bachstein, Schöffling, Frankfurt/Main 1997.
Tooley, M. J./Arnander, Primrose: Gertrude Jekyll. Essays on the Life of a Working Amateur, Michaelmas Books, Witton-le-Wear 1995.

5. Gartenreisen

Añón, Carmen/Luengo, Ana/Luengo, Mónica: Jardines artísticos de España, Espasa Calpe, Madrid 1995.
Beales, Peter: Rosengärten. 33 Privatgärten in Europa und Amerika, Christian, München 1998.
Beuchert, Marianne: Gärten am Reiseweg. Von Irland bis Portugal, Insel, Frankfurt/Main 1998.
Clark, Ronald: Gärten 1999/2000. Der Reiseführer zu privaten und öffentlichen Parks und Gärten in Deutschland, unter Mitarbeit von Angelika Weissmann und Ave Knigge, Callwey, München 1999 (erscheint alle zwei Jahre).
Correcher, Consuelo Martínez: Spanische Gärten, DVA, Stuttgart 1997.
Frenzel, Monika: Gartenkunst in Tirol von der Renaissance bis heute. Historische Gärten in Nord-, Ost- und Südtirol, Tyrolia, Innsbruck [u.a.] 1998.
Gardens of England and Wales Open to the Public, National Garden Scheme Charitable Trust, London 1986 ff. (erscheint jährlich neu).

Herlin, Reiner: Klassische englische Gärten des 20. Jahrhunderts, Ulmer, Stuttgart 1994.
Hobhouse, Penelope: Gärten in Europa. Führer zu 727 Gärten und Parkanlagen, Ulmer, Stuttgart 1992.
Dies.: Gärten in Italien. Ein Reiseführer zu den schönsten Gartenanlagen, in Zusammenarbeit mit Giorgio Galletti, Birkhäuser, München 1998.
Dies.: Gärten zum Leben. Vom Zauber berühmter Gartenanlagen, monte bei DuMont, Köln 1999.
Jones, Louisa: Gardens of the French Riviera, Flammarion, Paris 1994.
Lacey, Stephen: Gardens of The National Trust, The National Trust, London 1996.
Listri, Massimo/Cunaccia, C.M.: Italienische Gärten, Falken, Niedernhausen 1998.
Onderstall, Jo: Sappy Wild Flowers Guide. Mpoumalonga and Northern Province, Dynamic Ad., Nelspruit 1986.

Dies.: Transval Low Veld and Escarpment. South African Wild Flower Guide No. 4, Botanical Society of South Africa, Cape Town 1984.

Pooley, Elsa: A Field Guide to Wild Flowers of Kwazulu-Natal and the Eastern Region, Natal Flora Publications Trust, Durban 1998.

Dies.: The Complete Field Guide to Trees of Natal, Zululand and Transkei, Natal Flora Publications Trust, Durban 1993.

Quest-Ritson, Charles: Gärten in Deutschland. Ein Reiseführer zu den schönsten Gartenanlagen, Birkhäuser, München 1999.

Ders.: Romantische Landschaftsgärten. Eine Gartenreise, Busse + Seewald, Herford 1999.

Russell, Vivian: Literarische Reise durch die Gärten Italiens. Auf den Spuren Edith Whartons, Knesebeck, München 1999.

Schönbohm, Kurt: Gartenparadiese Südenglands, Schönbohm, Köln 1996.

Segall, Barbara: Gardens of Spain and Portugal, Mitchell Beazley, London 1999.

Taylor, Patrick: Gärten in Frankreich. Ein Reiseführer zu den schönsten Gartenanlagen, Birkhäuser, München 1999.

Ders.: 100 englische Gärten. Die schönsten Anlagen des »English Heritage Parks and Gardens«, Falken, Niedernhausen 1998.

Ders.: Gärten in Großbritannien. Ein Reiseführer zu den schönsten Gartenanlagen, Birkhäuser, München 1998.

The National Trust Handbook for Members and Visitors: National Trust Properties open … essential information for visitors, The National Trust, London 1987 ff. (erscheint jährlich neu).

Valéry, M.-F.: Gärten der Provence, Taschen, Köln 1999.

6. Interior- und Gartenzeitschriften

Deutschland

AD. Architectural Digest, Condé Nast, München (erscheint sechsmal jährlich).

Bloom's. Das Magazin für Lebenskultur mit Blumenfloristik, Marketing Service GmbH, Ratingen (erscheint viermal jährlich).

Country, Jahreszeiten-Verlag, Hamburg (erscheint vierteljährlich).

Eden, Eden Verlagsgesellschaft, Gütersloh (erscheint vierteljährlich).

Elle Decoration, Burda, München (erscheint sechsmal jährlich).

Flora, Gruner + Jahr, Hamburg (erscheint monatlich).

Mein schöner Garten, Burda, Offenburg (erscheint monatlich).

Garten und Wohnen, Burda, Offenburg (ab März 2000, zweimonatlich).

Deutscher Gartenbau, Ulmer, Stuttgart (erscheint wöchentlich).

Die Gartenkunst, Wernersche Verlagsgesellschaft, Worms (erscheint halbjährlich).

Gartenpraxis, Ulmer, Stuttgart (erscheint monatlich).

Gartenträume, Sonderheft zu *Mein schöner Garten,* Burda, Offenburg (erscheint viermal jährlich).

Häuser, Gruner + Jahr, Hamburg (erscheint sechsmal jährlich).

Homes and Gardens, ipm magazin verlag, München (erscheint zweimonatlich).

Kraut & Rüben, BLV, München (erscheint monatlich).

Stadt & Grün, Patzer, Berlin/Hannover (erscheint monatlich).

Taspo. Unabhängige Fachzeitung für Produktion, Handel und Dienstleistung im Gartenbau, Thalacker Medien, Braunschweig (erscheint wöchentlich).

Wohn!Design. Internationales Magazin für Architektur, Wohnen und Design, Stuttgart (erscheint vierteljährlich).

Schöner Wohnen, Gruner + Jahr, Hamburg (erscheint monatlich).

Großbritannien

New Eden, IPC Magazines Ltd., London (erscheint zweimonatlich).

The Garden. Royal Horticultural Society Journal, hg. von der Royal Horticultural Society by Home and Law Publishing, London (erscheint monatlich).

Gardens Illustrated, John Brown, London (erscheint zehnmal jährlich).

Homes and Gardens, EPC, London (erscheint monatlich).

Frankreich

AD. Architectural Digest France, Paris (zweimonatlich).

Côté Ouest, Aguesseau Communication, Bologne-Billancourt (zweimonatlich).

Côté Sud, Aguesseau Communication, Bologne-Billancourt (zweimonatlich).

Mon jardin – ma maison, Publications Bonnier, Bologne-Billancourt (monatlich).

Jardins de France. Revue mensuelle de la Société Nationale d'Horticulture de France et de ses sociétés affiliées, Paris (erscheint monatlich).

Italien

Il giardino fiorito, hg. von der Società italiana amici dei fiori, Florenz (erscheint monatlich).

Niederlande

Flowers & Decorations, Uitgeverij Flowers & Decoration bv, Klarenbeek (erscheint sechsmal jährlich).

Österreich

Garten Haus. Gartenkultur in Österreich, Agrarverlag, Leopoldsdorf (erscheint zehnmal jährlich).

H.O.M.E., ahead Medienberatungsgesellschaftmbh, Wien (erscheint zehnmal jährlich).

Wohnen, Radda und Dressler Spezialzeitschriftenverlag, Wien (erscheint zehnmal jährlich).

Schweiz

Atrium, Archithema, Zürich (erscheint sechsmal jährlich).

Schweizer Garten. Das Magazin zum Aufblühen, Fischer Media AG für Verlag und Publishing, Münsingen (erscheint monatlich).

Der Gartenbau. Gartenbau-Verlag, Solothurn (erscheint wöchentlich).

Ideales Heim, Archithema, Zürich (erscheint zehnmal jährlich).

Spanien

Casa y Campo, Globus Communicación, Madrid (erscheint monatlich).

Mi jardín, Globus Communicación, Madrid (erscheint monatlich).

Südafrika

Garden and Home, Caxton's, Durban, (erscheint monatlich).

SA Gardening, Primedia Publications, Randburg (erscheint monatlich).

Nützliche Adressen

Die Adressen in diesem Anhang sind nach Postleitzahlen geordnet.
Von Deutschland aus beginnen die Landeskennzahlen mit 00 (siehe Tel. und Fax).

1. Beratung und Bio-Tips

Deutschland

re-natur
Hof Aqua Terra
Am Pfeifenkopf 9
24601 Stolpe
Tel.: 0 43 26/9 86 10
Fax: 0 43 26/9 86 11

Winke der Abtei Fulda
Benediktinerinnen-Abtei Fulda
Postfach 126
36001 Fulda
Tel.: 06 61/7 42 80
Fax: 06 61/2 30 50

Forschungsring für Biologisch-Dynamische Wirtschaftsweise
Baumschulweg 11
64295 Darmstadt
Tel.: 0 61 55/26 74
Fax: 0 61 55/57 74

Großbritannien

The Henry Doubleday Research Association
Ryton Organical Gardens
Ryton-on-Dunsmore, Coventry
CV8 3LG
Tel.: ++44/12 03/30 35 17
Fax: ++44/12 03/63 92 29

Österreich

Initiativkreis zur Förderung der Biologisch-Dynamischen Wirtschaftsweise, c/o Allgemeine Anthroposophische Gesellschaft
Tilgnerstraße 3
1040 Wien
Tel.: ++43/1/5 05 32 07
Fax: ++43/1/5 04 84 04
Diese Arbeitsgemeinschaft trifft sich einmal im Monat.

Schweiz

Gärtnerei am Goetheaneum
Auskunftsstelle für Biologisch-Dynamische Wirtschaftsweise
Postfach
4143 Dornach 1
Tel.: ++41/61/7 06 43 61
Fax: ++41/61/7 06 43 62

2. Gartenausstellungen

Deutschland

Bundesgartenschau
BUGA Potsdam 2001 GmbH
Jägerallee 21
14469 Potsdam
Tel.: 03 31/2 00 10
Fax: 03 31/2 00 11 11
Findet alle zwei Jahre von April bis September an wechselnden Orten statt.

Internationale Gartenbauausstellung
IGA Rostock 2003 GmbH
Industriestr. 15
18069 Rostock
Tel.: 03 81/78 23 00
Fax: 03 81/78 23 05
Findet alle zehn Jahre in Deutschland statt, 2003 in Rostock.

Home & Garden Exhibition GmbH
Spenglerstr. 43
23556 Lübeck
Tel.: 04 51/8 99 06 21
Fax: 04 51/8 99 06 34
www.homeandgarden-net.de
Die Home & Garden findet jährlich in Berlin, Düsseldorf, Hamburg, München, Stuttgart, Wiesbaden, Wien, Zürich und auf Mallorca statt.

Ippenburger Schloß- und Gartenfestival
Viktoria Freifrau von dem Bussche
Schloß Ippenburg
49152 Bad Essen
Tel.: 0 54 72/44 75
Fax: 0 54 72/27 64
Neben den regionalen und internationalen Ausstellern sind auch Kunst, Musik, Theater und Vorträge im Angebot.

Internationale Freisinger Gartentage / Anita Fischer
Moosstr. 17
85356 Freising
Tel.: 0 81 61/8 18 87
Fax: 0 81 61/8 28 87

Frankreich

Festival International des Jardins
Conservatoire International des Parcs et Jardins et du Paysage
Ferme du Château
41150 Chaumont-sur-Loire
Tel.: ++33/2/54 20 99 22
Fax: ++33/2/54 20 99 24
Zeigt jährlich von Juni bis Oktober experimentelle Gartenkunst.

Les Journées des Plantes
Domaine de Courson
91680 Courson Monteloup
Tel.: ++33/1/64 58 90 12
Fax: ++33/1/64 58 97 00
Raritätenbörse für Stauden und Gehölze; zweimal jährlich.

L'Art du Jardin
Compagnie Scheffer
16, rue Benjamin Franklin
75116 Paris
Tel.: ++33/1/53 92 88 00
Fax: ++33/1/53 92 88 18
Die vielgestaltige Gartenausstellung findet jährlich Ende Mai für fünf Tage statt.

Großbritannien

Chelsea Flower Show
Royal Chelsea Hospital
und
Hampton Court Palace Flower Show / Hampton Court Palace
Beide Ausstellungen werden jährlich von der Royal Horticultural Society veranstaltet und finden im Mai (Chelsea Flower Show) bzw. Juli (Hampton Court Palace) in London statt. Die Hampton Court Palace Show bietet zusätzlich die Möglichkeit, Pflanzen zu erwerben. Weitere Informationen über:
RHS Shows Department
P.O. Box 313
80, Vincent Square
London SW1P 2PE
Tel.: ++44/20/76 30 74 22
Fax: ++44/20/72 33 95 25
www.rhs.org.uk

The Daily Telegraph/House & Garden Fair
IIR Exhibitions
Francis House
King's Head Yard
London SE1 1NA
Tel.: ++44/1 71/4 53 53 26
Fax: ++44/1 71/4 53 53 05
www.houseandgardenfair.co.uk
Findet jährlich Ende Juni statt.

BBC Gardeners World Live
Sarah Horrell
Haymarket Exhibitions Ltd.
2–14 Shortlands
London W6 8DJ
Tel.: ++44/1 81/3 07 23 99
Fax: ++44/1 81/3 07 23 50
www.rhs.org.uk/News/bbc.asp
Diese Gartenschau mit internationalen Ausstellern und Gartendesignern findet jährlich im Juni in Birmingham statt und bietet Gartendesign, Vorträge, praktische Anleitungen sowie die Möglichkeit, Pflanzen zu kaufen.

Italien

Mostra Mercato di Fiori e Piante Rare
c/o Orticola di Lombardia
Via Montenapoleone, 8
20121 Milano
Tel./Fax: ++39/02/76 00 14 96

Niederlande

De Theetuin
Ossenmarkt 34
1381 Weesp
Tel.: ++31/2 94/41 86 38
Die Gartendesigner Jacqueline van der Kloet, Stan Gall und Niek Roozen betreiben in der Nähe von Amsterdam ein Restaurant mit großer Ausstellungsfläche für Gartendesign. Verkauf von Pflanzen, Garten-Antiquitäten und Skulpturen sowie Beratung, Vorträge und Ausstellungen. Geöffnet von April bis September. Alle drei sind wesentlich am Aufbau der Floriade 2002 beteiligt.

Floriade 2002
Floriade 2002 Foundation
Postbus 2002
2130 GE Hoofddorp
Tel.: ++31/23/5 62 20 02
Fax: ++31/23/5 62 00 02
www.floriade.nl
Diese alle 10 Jahre organisierte Weltgartenschau ist ein wahres Blumenereignis.

Keukenhof
Postbus 66
2160 AB Lisse
Tel.: ++31/2 52/46 55 55
Fax: ++31/2 52/46 55 65
www.keukenhof.nl/index
Von Ende März bis Ende Mai Tulpen- und Narzissenausstellung mit Verkauf, im August/September Blumenausstellung ohne Verkauf.

Internationale Pflanzentage Bingerden
Constanze van Weede
Huis Bingerden
Bingerdenseweg 21
6986 CE Angerlo
Tel.: ++31/3 13/47 22 02
Fax: ++31/3 13/47 55 73
Jährlich an einem Wochenende im Juni. Internationale Aussteller, Vorträge, praktische Anleitungen und Führungen durch den Garten.

Home and Garden Fair
Home and Garden
Weterschoten 27
7381 AC Klarenbeek
Tel.: ++31/55/3 01 23 23
Fax: ++31/55/3 01 23 22
Hollands größte Gartenmesse, auf der Star-Floristen wie Tage Andersen, Daniel Ost oder Gregor Lersch ihre Werke präsentieren. Sie findet jährlich in der Himmelfahrtswoche auf dem Gelände Beeckestijn in der Nähe von Haarlem statt.

Österreich

Internationale Gartenbaumesse
Tulner Messe GesmbH
Messegelände
3430 Tuln
Tel.: ++43/22 72/62 40 30
Fax: ++43/22 72/6 52 52
Jährlich im August.

Internationale Gartenschau
IGS-Internationale Gartenschau Betriebsgesellschaft mbH
Thalerhofstraße 85
8141 Unterpremstätten
Tel.: ++43/31 35/5 18 60
Fax: ++43/31 35/51 86 06
www.igs2000.at/files/index
Unter dem Motto »Zauber der Gärten« findet vom 13. April bis 15. Oktober 2000 in der Steiermark ein farbenprächtiges und einzigartiges Fest der Blumen und Pflanzen statt. Seit 1974 die erste Gartenschau dieser Art in Österreich.

Home & Garden, Wien
Auskunft via Home & Garden, Lübeck (vgl. 2. Gartenausstellungen, S. 191).

Schweiz

Giardina
Messe Basel
Postfach
4021 Basel
Tel.: ++41/61/6 86 20 20
Fax: ++41/61/6 86 21 88
www.messebasel.ch/giardina
Die größte Schweizer Gartenausstellung findet im Februar 2001 statt und wird danach voraussichtlich alle zwei Jahre veranstaltet, bei wachsender Nachfrage eventuell auch jährlich.

Home & Garden, Zürich
Auskunft via Home & Garden, Lübeck (vgl. 2. Gartenausstellungen, S. 191).

Spanien

Home & Garden, Mallorca
Auskunft via Home & Garden, Lübeck (vgl. 2. Gartenausstellungen, S. 191).

Iberflora
Feria Internacional de Horticultura Ornamental, Forestal y Floresteria
Feria Valencia
Avenida de las Ferias, s/n
6035 Valencia
Postanschrift:
P.O. Box 476
46080 Valencia

Mercado Central de la Flor
Zona Franca
Sector C
Mercabana
08040 Barcelona
Tel.: ++34/93/3 35 53 00
Diese internationale Blumenschau findet einmal jährlich jeweils in der zweiten Novemberwoche statt und ist in jedem Jahr einem anderen Themenschwerpunkt gewidmet.

Südafrika

SA Nursery Association
Head Office
Renee Deschamps
P.O. Box 514
Halfway House, 1685
Gauteng
Tel.: ++27/11/4 64 10 98
Fax: ++27/11/4 64 10 99
Hier kann man Informationen über Gartenausstellungen in ganz Südafrika erfragen.

SA Nursery Association
Kwazulu-Natal
Lolly Stuart
P.O. Box 11636
Dorpspruit, 3206
Kwazulu-Natal
Tel.: ++27/33/42 57 79
Fax: ++27/33/94 48 42

SA Nursery Association
Western Cape
Di Irish
P.O. Box 5513
Helderberg, 7135
Western Cape
Tel./Fax: ++27/21/8 55 00 92

Gardenex
P.O. Box 312029
Bloomfontein, 2017
Gauteng
Tel.: ++27/21/4 82 10 17
Fax: ++27/21/4 82 33 52
Die Gardenex findet in jedem Jahr im April in Randburg (Provinz Gauteng) statt.

Elgin Garden Show
Duncan's Roses
P.O. Box 52
Grabouw, 7160
Western Cape
Tel.: ++27/21/8 59 99 49
Fax: ++27/21/8 59 93 66
Jährlich stattfindende Ausstellung in der Nähe Kapstadts (am letzten Oktoberwochenende).

Natal Witness Garden and Leisure Show
Dave Erasmus
P.O. Box 362
Pietermaritzburg, 3200
Kwazulu-Natal
Tel.: ++27/33/3 55 11 10
+ 45 62 74
Fax: ++27/33/3 55 11 77
+ 94 35 40
Dies ist die größte Gartenausstellung in Südafrika mit vielen Besuchern aus dem Ausland; sie findet in jedem Jahr am ersten Wochenende im Oktober statt.

3. Gartenbesichtigungen

Diese Gärten sind von Frauen geschaffen und – nach vorheriger Absprache – für die Öffentlichkeit zugänglich.
Zunächst die Gärten der in Frauen und ihre Gärten *porträtierten Frauen, nach Ländern geordnet:*

Deutschland

Helga Bohlmann
Der Lustacker, bei
Neumarkt/Oberpfalz
Tel.: 0 91 87/16 00

Christa Schuhmacher
Der Hasengarten, bei
Frankfurt/Main
Tel.: 0 67 32/91 90 27

Frankreich

Cécile Chancel
Val Joanis, bei Pertuis/Provence
Tel.: ++33/4 90/79 42 42

Anne Cox Chambers
Le Petit Fontanille, Provence
Gartenführungen über Louisa Jones:
Fax: ++33/4 75/39 99 29

Greta Sturdza
Le Vastérival, bei
Varengeville/Normandie
Tel.: ++33/2/35 85 12 05

Ione Tézé
Nogant, bei Bonnieux im
Luberon/Provence
Tel.: ++33/4 90/75 84 77

Großbritannien

Joan Aiken
The Hermitage, West Sussex
Tel.: ++44/1 79/8 34 22 79

Freda Cox
Hall Farm, Shropshire
Tel.: ++44/17 46/71 85 47
Fax: ++44/17 46/71 87 07

Nathalie Hodgson
Astley Abbotts, nahe London
Tel.: ++44/17 46/76 31 22

Sylvia Phillips
Yew Tree Farm House,
Shropshire
Tel.: ++44/19 52/73 02 41

Rosamund Wallinger
The Manor House, Hampshire
Tel.: ++44/2 56/86 28 27

Italien

Graziella Graziani
Villa Domenica, Lancenigo
Tel./Fax: ++39/04 22/44 61 66

Luisa Misserville
Le Bacche, Treviso
Tel.: ++39/04 22/26 06 80

Schweiz

Elsbeth Stoiber
Das Rosenstöckli, bei Zürich
Tel.: ++41/1/7 13 39 58

Spanien

Carmen March
S'Avall, bei Ses Salinas/Mallorca
über Antonio Mari, Gärtner:
Tel.: ++34/9 71/64 90 00

Fondación Yannick &
Ben Jakober,
bei Alcudía/Mallorca
Nur Gruppen
Fax: ++34/9 71/ 89 71 63

Südafrika

Liesel Stokes
Nantekara, bei George
Tel.: ++27/44/8 50 10 42
Fax: ++27/44/8 74 77 15

Weiterführende allgemeine Adressen:

Deutschland

Ilse Köcher
Rotdornweg 17
21255 Tostedt
Die Initiative »Die offene Pforte« der Gesellschaft der Staudenfreunde umfaßt etwa 150 Gärten, ein Verzeichnis ist gegen Gebühr erhältlich.

Auch die Landesverbände der Gesellschaft für Gartenkunst und Landschaftskultur (DGGL) bieten diese Aktion. Informationen über:

Claudia Wollkopf
Lattenkamp 27
22299 Hamburg
Tel./Fax: 0 40/5 11 18 17

Viktoria Krüger
Postfach 1444
30014 Hannover
Tel.: 05 11/3 66 17 18
Fax: 05 11/3 66 17 70

Evelyn Hilker
Goldregenweg 30 e
32049 Herford
Tel.: 0 52 41/82 21 21
Fax: 0 52 41/82 32 59

Der Wegweiser In Nachbars Garten *führt zu etwa 25 Gärten in Deutschland und etwa 115 in den Niederlanden; er kann gegen eine Gebühr bestellt werden bei:*

Hilde und Wolfgang Haucke
Grafestraße 29
26180 Rastede

Internationale Gartenadressen:

Deutschland

Karl Förster Gedenkstätte
Am Raubfang 6
14469 Potsdam
Tel.: 03 31/52 09 36
Marianne Förster verwaltet und führt durch den Garten ihres berühmten Vaters Karl Förster. Der Garten ist ganzjährig geöffnet.

Rotraut Kahle
Johann-Sebastian-Bach-Platz 15
21335 Lüneburg
Tel.: 0 41 31/3 62 27
Ein Stadtgarten im Barockstil.

Rosarium Hemmingen
Göttinger Landstr. 75
30966 Hemmingen
Tel.: 05 11/42 07 70

Frankreich

Colette Sainte Beuve
Jardin Plantbessin
Ferme du Château
14490 Castillon
Tel.: ++33/2 31/92 56 03
Fax: ++33/2 31/22 70 09

Sylvie Quibel
Le Jardin Plume
Le Thil
76116 Auzouville-sur-Ry
Tel.: ++33/2/35 23 00 01

Gloria Lebellegard
Le Jardin d'Angélique
Hameau du Pigrard
76520 Montmain
Tel.: ++33/2 35/79 08 12

Monique Dronet
Jardin de Berchigranges
Berchigranges
88640 Granges-sur-Vologne
Tel.: ++33/32/9 51 47 19
Fax: ++33/32/9 57 57 97

Großbritannien

Rosemary Verey
Barnsley House
Barnsley, Cirencester GL7 5EE
Tel.: ++44/12 85/74 05 61

Arabella Lennox-Boyd
Gresgarth Hall
Caton, Lancashire LA2 9NB
Tel.: ++44/15 24/77 03 13

Vita Sackville-West
Sissinghurst
Cranbrook, TN17 2AB
Tel.: ++44/15 80/71 53 30

Margery Fish
East Lambrook Manor Garden
East Lambrook, South Petherton
TA13 5HL
Tel.: ++44/14 60/24 03 28

Beth Chatto
The Beth Chatto Gardens
Elmstead Market, Colchester
CO7 7DB
Tel.: ++44/12 06/82 20 07

Marchioness of Salisbury
Hatfield House
Hatfield, Hertfordshire
AL9 5NQ
Tel.: ++44/17 07/26 28 23

Rosemary Alexander
Stoneacre
Otham, Maidstone ME15 8RS
Tel.: ++44/16 22/86 28 71

Penelope Hobhouse
RHS Garden Wisley
Woking, Surrey GU23 6QB
Tel.: ++44/14 83/22 42 34

Phyllis Reiss/Penelope
Hobhouse
Tintinhull
Yeovil, Somerset BA22 8PZ
Tel.: ++44/19 35/82 25 45

Gärten von Gertrude Jekyll:

Munstead Wood
Heath Lane
Busbridge, Godalming
GU7 1UN
Tel.: ++44/14 83/41 78 67

Folly Farm
Sulhamstead
Reading, Berkshire RG7 4DF
Tel.: ++44/17 34/30 30 98

Hestercombe House
Somerset County Council
Cheddon Fitzpaine
Taunton, Somerset TA2 8LG
Tel.: ++44/18 23/41 39 23
Fax: ++44/18 23/41 37 47

Weitere Informationen über Gärten von Gertrude Jekyll sind über die Library der RHS (vgl. 2. Gartenausstellungen, S. 191) zu erfahren oder beim National Trust (Head Office: 36 Queen Anne's Gate, London SW1H 9AS Tel.: ++44/20/72 22 92 51).

Italien

Donna Antonella Galarati Scotti
Giardini della Landriana
Via Campo di Carne, 51
00040 Tor San Lorenzo-Ardea
(Roma)
Tel.: ++39/06/91 01 41 40
Fax: ++39/06/6 87 28 39

Marchesa Umberta Patrizi
Palazzo Patrizi
Castel Giuliano
00062 Bracciano (Roma)
Tel.: ++39/06/9 98 73 99
Fax: ++39/06/99 80 25 30

Giulia Longanesi Cattani
Baccette blu
Via della Motonautica, 15
00194 Roma
Tel./Fax: ++39/06/3 29 28 28

Donna Claudia Ruspoli
Castello di Vignanello
01039 Vignanello (Viterbo)
Tel./Fax: ++39/07 61/75 53 38

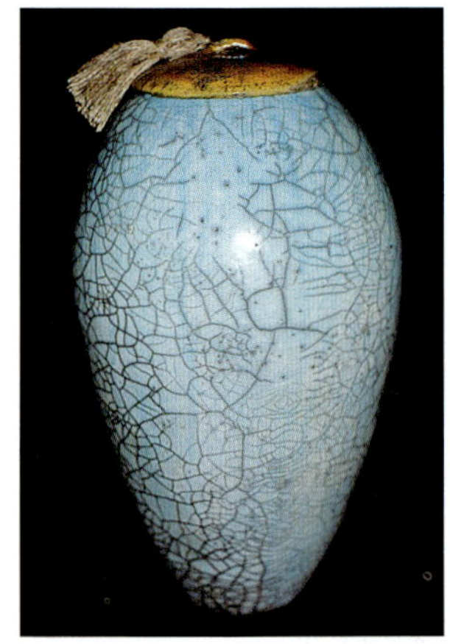

Contessa Laura Perego
Palazzo Perego di Cremnago
Via Privata Perego, 2
22040 Cremnago di Inverigo
(Como)
Tel./Fax: ++39/02/76 00 36 94

Grandi Giardini Italiani
Piazza Cavour, 6
22060 Cabiate (Como)
Tel.: ++39/0 31/75 62 11
Fax: ++39/0 31/75 67 68
www.thais.it/itinerari/grandi-giardini

The Peggy Guggenheim
Collection
Palazzo Venier dei Leoni
Doroduro 701
30100 Venedig
Tel.: ++39/0 41/5 20 34 92
Fax: ++39/0 41/2 40 54 11

Antonia Gresser
Herrengarten in Brixen
Fürstbischöfliche Hofburg
Hofburgplatz 2
39042 Brixen (BZ)
Tel.: ++39/04 72/26 21 42

Principessa Giorgiana Corsini
Giardino Corsini al Prato
Via Il Prato, 58
50123 Firenze
Tel.: ++39/0 55/21 89 94
Fax: ++39/0 55/26 81 23

Contessa Giuppi Pietromarchi
La Ferriera in Fiore
La Ferriera
Pescia Fiorentina
58011 Capalbio
Tel.: ++39/05 64/89 50 46
Fax: ++39/05 64/89 51 23
Bietet Blumenbindekurse an, bei denen auch eine Gartenbesichtigung möglich ist.

Nikki de Saint Phalle
Garten der Tarotkarten
Fondazione Il Giardino
dei Tarocchi loc. Garavicchio
58011 Capalbio (GR)
Tel.: ++39/05 64/89 51 22
Fax: ++39/05 64/89 50 93
www.nlkldesintphalle.com

Principessa Maria Carla
Borghese
Il Biviere
Contrada Biviere
96016 Lentini (Siracusa)
Tel.: ++39/0 95/7 83 14 49
Fax: ++39/0 95/7 83 55 75

Österreich

Verein »Per Pedes«
Dr. Monika Frenzel
Löfflerweg 36
6020 Innsbruck
Tel./Fax: ++43/5 12/27 37 00
Bietet Führungen durch historische Gärten an. Weitere Informationen können angefordert werden.

Brigitte und Anna Schalk
Kirchengasse 28
7041 Breitenbrunn am
Neusiedler See
Tel.: ++43/26 83/52 98
Die Steinbildhauerin Brigitte Schalk und ihre Tochter gestalten diesen Garten gemeinsam. Auch das 400 Jahre alte Wohnhaus (mit Gästezimmern) ist sehenswert.

Garten der Temperamente
Schloß Herberstein
8222 St. Johann bei
Herberstein/Steiermark
Tel.: ++43/31 76/87 75
(Gutsverwaltung)
Fax: ++43/31 76/87 75 20

Schweiz

Dr. Regula Schneider
Arzthaus
3205 Mauss/BE
Tel.: ++41/31/7 51 00 00
Wunderschöner blühender Garten, vor allem im Frühling, mit einem alten Bauernhaus.

Gertrud Bölsterli
Dorfstr. 63
5210 Windisch
Tel./Fax: ++41/56/4 41 24 35
Im Stil eines englischen Staudengartens.

Esther Killer
Bergstr. 24
8962 Bergdietikon
Tel.: ++41/1/7 40 93 66
Der Garten besteht vorrangig aus Gräsern und ist im Sommer (viele Sommerhyazinthen) und Herbst am schönsten.

Südafrika

Fast jede Stadt in Südafrika hat ihre eigene Gartengesellschaft oder einen Garden Club, die auf ehrenamtlicher Basis geführt werden. Um nähere Informationen zu Gärten & Gärtnerinnen zu erhalten, sollten Interessierte die örtlichen Fremdenverkehrsämter kontaktieren. Entsprechende Adressen können erfragt werden beim:

Fremdenverkehrsamt Südafrikas
An der Hauptwache 11
60313 Frankfurt/Main
Tel.: 0 69/9 29 12 90
(Mo–Fr, 9.00–14.00 Uhr)
Fax: 0 69/28 09 50

Privatgärtenadressen

Ruth Jesinskis
Oracle
9 Kantor Road
Assagay
Kwazulu-Natal
Tel.: ++27/31/7 65 52 65

Lynn Page
Esiweni
P.O. Box 2190
Hillcrest, 3650
Kwazulu-Natal
Tel./Fax: ++27/31/7 67 31 56

Rosie Drummond
Green Acres
22 Pioneer Road
Kloof, 3610
Kwazulu-Natal
Tel.: ++27/31/7 64 36 61

Jo-Anne Hilliar
Indigenous Style Garden
56 Old Howick Road
Wembley
Pietermaritzburg, 3201
Kwazulu-Natal
www.hillthablandscapes.co.za

4. Gartengestalterinnen

Deutschland

Bund Deutscher
Landschaftsarchitekten e.V.
(BDLA)
Köpenicker Str. 48/49
10179 Berlin
Tel.: 0 30/2 78 71 50
Fax: 0 30/27 87 15 55
www.bdla.de

Cornelia Müller
Garten- und
Landschaftsarchitektin
Lützowplatz 7
10785 Berlin
Tel.: 0 30/2 30 94 10
Fax: 0 30/23 09 41 90

Traditionsreiche Gärtnerei für Gartengestaltung mit großer Ausstellungsfläche; bietet auch Seminare und kulturelle Veranstaltungen. Katalog gegen Schutzgebühr erhältlich.

Ursula Gräfen
Landschaftsarchitektin
Sophie-Stehle-Str. 3
80639 München
Tel.: 0 89/17 50 68
Fax: 0 89/17 03 34

Anita Fischer
Landschaftsarchitektin
Moosstr. 17
85256 Freising
Tel.: 0 81 61/17 80 97 11
Fax: 0 81 61/17 80 97 92

Dorothea Haag
Landschaftsarchitektin
Kreuzwippe 12
30855 Langenhagen
Tel.: 05 11/78 28 68
Fax: 05 11/74 84 35

Sabine Heiner-Lindeblatt
Historische Rosengärten
Göttinger Landstr. 75
30966 Hemmingen
Tel.: 05 11/42 07 70
Fax: 05 11/86 88 79

Petra Pelz
Landschaftsarchitektin
Friedrich-Engels-Str. 11
39175 Biederitz
Tel.: 0 39 29/2 64 59
Fax: 0 39 29/2 89 31

Anja Maubach
Staudengärtnerei Georg Arends
Monschaustr. 76
42369 Wuppertal-Ronsdorf
Tel.: 02 02/46 46 10
Fax: 02 02/46 49 57

Dore Müller
Landschaftsarchitektin
Dorfstr. 61
86925 Fuchstal-Asch
Tel.: 0 82 43/15 85
Fax: 0 82 43/21 26

Frankreich

Fédération Française du Paysage
4, rue Hardy
78009 Versailles
Tel.: ++33/1/30 21 47 45
Fax: ++33/1/39 20 07 75

Olivia Putman
41, rue Boulard
75014 Paris
Tel./Fax: ++33/1/45 39 82 76

Sylvie Quibel
Le Thil
76116 Auzouville-sur-Ry
Tel.: ++33/2/35 23 00 01

Großbritannien

Society of Garden Designers
at the Institute of Horticulture
14/15 Belgrave Square
London SW1X 8PS
Tel.: ++44/1 71/8 38 93 11
Fax: ++44/1 71/8 38 93 22

The Landscape Institute
6/7 Barnard Mews
London SW11 1QU
Tel.: ++44/20/73 50 52 00
Fax: ++44/20/73 50 52 01

Beth Chatto
The Beth Chatto Gardens
Elmstead Market, Colcester
CO7 7DB
Tel.: ++44/12 06/82 20 07

Jill Billington
100 Fox Lane
London N13 4AX
Tel.: ++44/1 81/8 86 08 98

Arabella Lennox Boyd
45 Moreton Street
London SW1V 2NY
Tel.: ++44/1 71/931 99 95

Rosemary Alexander
66 Royal Hospital Road
London SW3 4HS
Tel.: ++44/1 71/3 52 43 47

Isabelle van Groeningen &
Gabriella Pape
Land Art. Landscape Design &
Conservation Consultants
The Old Carpenters Yard
Coleshill
Near Swindon, Wiltshire
SN6 7PT
Tel.: ++44/17 93/86 19 92
Fax: ++44/17 93/76 69 92

Joanna Stay
67 Dalton Street
St. Albans, Herts AL3 5QH
Tel.: ++44/1 72 7/86 97 65

Italien

Associazione Italiana di
Architetti del Paesaggio
(A.I.A.P.P.)
Via Olmetto 17
20123 Milano
Tel.: ++39/02/72 02 10 20
Fax: ++39/02/72 02 11 79

Uta Zorzi
Landschaftsarchitektin
Via G. B. Tiepolo 4
00196 Roma
Tel./Fax: ++39/06/3 24 48 26

Luisa Misserville
Via Mandruzzato 18 a
31100 Treviso
Tel.: ++39/04 22/26 06 80

Antonia Gresser
Landschaftsarchitektin LAS
Postfach 21
39022 Algund
Tel./Fax: ++39/04 73/22 14 41

Österreich

ÖGLA – Österreichische
Gesellschaft für Landschafts-
planung und Landschafts-
architektur
Schiffamtsgasse 18/16
1020 Wien
Tel.: ++43/1/2 16 58 44 13
Fax: ++43/1/2 16 58 44 15

Dipl. Ing. Maria Auböck
Atelier Auböck und Kárász
Bernardgasse 21
1070 Wien
Tel.: ++43/1/5 23 72 20
Fax: ++43/1/52 37 96 76

Dipl. Ing. Brigitte Mang
Landschaftsarchitekturbüro
Fleschgasse 17/10
1130 Wien
Tel./Fax: ++43/1/8 79 12 42

Dipl. Ing. Barbara Bacher
Urbangasse 10/13
1170 Wien
Tel.: ++43/1/4 80 39 22

Schweiz

Bund Schweizer
Landschaftsarchitekten
und -architektinnen (BSLA)
Rue du Doubs 32
2300 La Chaux-de-Fonds
Tel./Fax: ++41/32/9 68 88 89
www.bsla.ch

Emmanuelle Bonnemaison
Avenue des Alpes 1
1006 Lausanne
Tel./Fax: ++41/21/3 12 35 34

Beatrice Friedli Klötzli
Landschaftsarchitektin
Ensingerstr. 25
3006 Bern
Tel./Fax: ++41/31/3 51 68 51

Sybille Aubort Raderschall
Raderschall Landschafts-
architekten
Burgstr. 69
8706 Meilen
Tel.: ++41/1/9 23 52 01
Fax: ++41/1/9 23 50 16

Spanien

Asociación española
de paisajistas (IEJAP)
Claudio Moyano 1
28014 Madrid
Tel./Fax: ++34/91/3 27 46 92

Bet Figueras Ponsa
Gran Vía Les Corts Catalanes,
672, 2°, 2ª
08010 Barcelona
Tel.: ++34/93/3 02 01 24
Fax: ++34/93/3 01 05 38

Consuelo Martínez Correcher
Zubarrán, 16
28010 Madrid
Tel.: ++34/91/3 08 23 80
Fax: ++34/91/3 10 00 23

Carmen Añón Feliu
Puerto de Santa María, 49
28043 Madrid
Tel.: ++34/91/3 88 39 57
Fax: ++34/91/3 00 34 27

Südafrika

Institute of Landscape Architects
of South Africa
P.O. Box 5834
Cresta, 2118
Tel.: ++27/11/7 92 48 28
Fax: ++27/11/7 92 91 03

SALI. South African Landscape
Institute
P.O. Box 1274
N1 City, 7463
Tel.: ++27/21/58 49 89

Yvonne le Roux
Pride Plants Landscaping
37 Visserhok Road
Durbanville, 7550
Tel.: ++27/21/96 15 26
Fax: ++27/21/9 66 66 37

Liesel Stokes
90 Meade Street
George, 6530
Tel.: ++27/44/8 74 50 54
Fax: ++27/44/8 74 77 15

Franchesca Watson Gardens
Landscape and Garden-Design
P.O. Box 26562
Hout Bay, 7872
Tel./Fax: ++27/21/7 90 71 16

Jean Wouters
Marina Landscaping
P.O. Box 45556
Ottery, 7808
Tel.: ++27/21/7 04 16 30
Fax: ++27/21/73 74 30

5. Gartenkurse

Deutschland

Garten Kolleg Constanze Edye
Alter Forsthof
An der Drosselbek 1
22397 Hamburg
Tel.: 0 40/6 05 00 25
Fax: 0 40/6 05 25 50
Constanze Eyde ist Garten- und Landschaftsarchitektin und bietet verschiedene Kurse an.

Hessische Gartenakademie
Lehr- und Versuchsanstalt für den Gartenbau
Standort Kassel
Oberzwehrener Str. 103
34132 Kassel
Tel.: 05 61/4 09 09 14
Fax: 05 61/4 09 09 88
Bietet unterschiedliche Seminare und Vorträge an.

Bildungsstätte des deutschen Gartenbaus
Gießener Str. 47
35305 Grünberg
Tel.: 0 64 01/9 10 10
Fax: 0 64 01/91 01 91
Zahlreiche Seminare und Fortbildungskurse.

Deutsches Rosarium
An der Buschmühle 3
44139 Dortmund
Tel.: 02 31/5 02 61 16
Fax: 02 31/5 02 61 11
Informationen zu Rosen und ihren Begleitpflanzen.

Planungs- und Ingenieurbüro
Christine Volm
Wurmbergstraße 27
71063 Sindelfingen
Tel.: 0 70 31/81 19 54
Fax: 0 70 31/81 21 74

Gartenakademie Guido Seyerle
Talstraße 10
73249 Wernau
Tel.: 0 71 53/930 70
Fax: 0 71 53/93 07 19
Bietet Gartenseminare an.

Landhaus Ettenbühl
Stefanie Körner
79415 Bad Bellingen-Hertingen
Tel.: 0 76 35/82 23 57
Fax: 0 76 35/82 23 59
The English Gardening School mit Wochenendkursen während des ganzen Jahres.

Fachhochschule Weihenstephan
85354 Freising-Weihenstephan
Tel.: 0 81 61/71 33 71
Fax: 0 81 61/71 42 07
Sichtungsgarten, Vorträge, Kurse, Berufsausbildung.

Bio-Gärtnerei Sabine Fritsch und Rainer Engler
Augsburger Straße 62
86956 Schongau
Tel.: 0 88 61/73 73
Fax: 0 88 61/12 72
Bietet verschiedene Kurse übers Jahr verteilt an.

Hotel Villino
Hoyerberg 34
88131 Lindau
Tel.: 0 83 82/9 34 50
Fax: 0 83 82/93 45 12
Spezialarrangement »Eine Woche Garten- und Tafelkultur« mit Vorträgen über Gartengestaltung und Besuchen in schönen Gärten unter fachmännischer Leitung.

Kur und Touristik Überlingen GmbH
Herr Wasowicz
Landungsplatz 14
88662 Überlingen
Tel.: 0 75 51/99 11 22
Fax: 0 75 51/99 11 35
Bieten jährlich zwei einwöchige »Ferienseminare für Gartenfreunde« im September an. Die Seminare finden teilweise auf der (Blumen-) Insel Mainau statt.

Staudengärtnerei Gaißmayer
Jungviehweide 2
89257 Illertissen
Tel.: 0 73 03/72 58
Fax: 0 73 03/4 21 81
Praxisseminare zur Gartengestaltung und Pflege.

Gartenfotografin Ingeborg Tschakert
Gertrud-Bäumer-Straße 18
91056 Erlangen
Tel.: 09 31/99 34 35
Fax: 09 31/99 15 67
Leitet VHS-Kurse und veranstaltet Gartenseminare.

Frankreich

Ecole de Paysage. Ecole Nationale Supérieure du Paysage
Les formations aux paysages et aux jardines 2000
6, rue Hardy
78000 Versailles
Tel.: ++33/1/39 24 62 26
Fax: ++33/1/39 24 62 90

Großbritannien

English Gardening School at the Chelsea Physic Garden
66 Royal Hospital Road
London SW3 4HS
Tel.: ++44/1 71/3 52 43 47
Fax: ++44/1 71/3 76 39 36
1983 von Rosemary Alexander gegründet, bietet die Schule Kurse sowohl für Anfänger als auch für professionelle Gartendesigner.

KLC School Of Design
(Fernkurs)
KLC House
Springvale Terrace
London W14 OAE
Tel.: ++44/1 71/6 02 85 92
Fax: ++44/1 71/6 02 19 64

Institute of Garden Design
(Fernkurs)
P.O. Box 1561
Wedmore BS28 4TD
Tel.: ++44/1 93/4 71 35 63
Fax: ++44/1 93/4 71 34 92

Österreich

Österreichische Gartenbau-Gesellschaft, Wien
Bietet Garten- und Floristikkurse an (vgl. 8. Zentrale Organisationen und Verbände, S. 199).

Schweiz

Verband deutsch-schweizerischer Gartenbauvereine
Stöckstr. 1
3425 Koppigen
Tel.: ++41/34/4 13 21 55
Fax: ++41/34/4 13 21 58

Südafrika

The School of Gardening
Principal: Lindsay Gray
P.O. Box 535
Hillcrest, 3650
Kwazulu-Natal
Tel.: ++27/31/7 65 34 34
Fax: ++27/31/7 65 64 73

Ruth Jesinskis
P.O. Box 167
Botha´s Hill, 3660
Kwazulu-Natal
Tel.: ++27/31/7 65 52 65
Die als garden doctor *bekannte Ruth Jesinskis betreut 32 Gärten in der Provinz Kwazulu-Natal. Zudem bietet sie das ganze Jahr über Gartenkurse an.*

Lynn Page
P.O. Box 2190
Hillcrest, 3650
Kwazulu-Natal
Tel./Fax: ++27/31/7 67 31 56
Lynn Page ist spezialisiert auf einheimische Pflanzen; bietet auch Workshops an.

Jo-Anne Hilliar
56 Old Howick Road
Wembley
Pietermaritzburg, 3201
Kwazulu-Natal
www.hillthablandscapes.co.za
Bietet zweimal im Jahr dreitägige Kurse zum Thema Gartengestaltung an.

6. Gartenreisen

Deutschland

Deutsche Kontaktanschrift für Boxwood Tours
Frau G. Pogoda
Frettchenweg 6
22393 Hamburg
Tel.: 0 40/6 01 59 98
Fax: 0 40/6 01 02 49
Organisieren Reisen nach Belgien, Frankreich, Großbritannien und Holland. Hotels und B & Bs inklusive Besichtigung besonderer Gärten.

Cordula Hamann
Lüder-von-Bentheimstr. 26
28209 Bremen
Tel.: 04 21/349 98 41
Fax: 04 21/4 99 27 59
Gartenarchitektin und Organisatorin von Gartenreisen nach England und Italien.

Großbritannien

BBGL (Bed and Breakfast for Garden Lovers)
Handywater Farm
Sibford Gower
Banbury, Oxfordshire
OX15 5AE
Tel.: ++44/12 95/78 06 60
Unter dieser Adresse kann ein Führer bestellt werden, der eine große Anzahl B & Bs anführt, die von Gartenliebhabern betrieben werden.

Mercury Direct
The Hill
Cranbrook, Kent TN17 3ST
Tel.: ++44/15 80/71 53 33
Fax: ++44/15 80/71 53 21
Veranstalten Gartenreisen nach Frankreich, Italien, Japan, Portugal und Spanien.

Boxwood Tours
Mrs Sue Macdonald
Rhiw Llandbedr, Gwynedd
LL45 2NT
Tel.: ++44/13 41/23 17 17
Fax: ++44/13 41/24 17 12
Veranstalten Gartenreisen nach Frankreich, Spanien und Wales.

Italien

European Boxwood and Topiary Society
Piazza Cavour, 6
22060 Cabiate (Como)
Tel.: ++39/0 31/75 67 69
Fax: ++39/0 31/58 63 38
Dort ist auch die Zeitschrift Topiarius – The Journal of the European Boxwood and Topiary Society *gegen eine Gebühr zu beziehen.*

Merion – European Cultural Tours
Via Colombo, 11
16121 Genova
Tel.: ++39/0 10/58 22 44
Fax: ++39/0 10/58 63 38
www.adv.it/merion

Österreich

Gerda Walton
Mühlweg 18
6071 Aldrans
Tel.: ++43/5 12/34 81 14
Frau Walton ist Reiseleiterin für Gartenreisen in alle Welt.

Schweiz

Gesellschaft Schweizerischer Rosenfreunde
Herr H. Rathgeb
Hans Rathgeb Weg 1
8640 Rapperswil
Tel.: ++41/55/2 10 42 74
Fax: ++41/55/2 10 98 07
Herr Rathgeb ist die zentrale Kontaktperson für Gartenreisen der Gesellschaft Schweizerischer Gartenfreunde. Für Gartenbesichtigungen innerhalb der Schweiz stellt auch die Tourist-Information der »Rosenstadt« Rapperswil individuelle Routen zusammen (Tel.:++41/55/2 20 57 50/ Fax: ++41/55/2 20 57 57).

ARCA-Tour
Bahnhofstr. 28
6301 Zug
Tel.: ++41/41/7 29 14 20
Fax: ++41/41/7 29 14 21

Südafrika

Südafrika Garden Route Reisen
To-Act
P.O. Box 258
Clareinch, 7740
Tel.: ++27/21/6 89 75 12

7. Pflanzengesellschaften

Deutschland

Deutsche Dahlien-, Fuchsien- und Gladiolen-Gesellschaft
Drachenfelsstraße 9 a
53177 Bonn
Tel.: 02 28/35 58 35
Fax: 02 28/35 58 37

Gesellschaft für Staudenfreunde
Brigitte Wörfel
Meisenweg 1
65795 Hattersheim
Tel.: 0 61 90/36 42
Fax: 0 61 90/7 18 65

International Clematis Society
Walter Hörsch
Hagenwiesenstraße 3
73066 Uhingen
Tel.: 0 71 63/41 96
(14.00–22.00 Uhr)
Fax: 0 71 63/47 89

Verein Deutscher Rosenfreunde
Hanni Bartetzko
Waldseestraße 14
76530 Baden-Baden
Tel.: 0 72 21/3 13 02
Fax: 0 72 21/3 83 37

Hemerocallis Europa e.V.
Matthias Thomsen-Stork
Homburg 14
79761 Waldshut-Tiengen
Tel.: 0 77 41/6 30 68
Fax: 0 77 41/91 34 20

Mediterranean Garden Society
Signe Groos
Grüntal 10 a
81925 München
Tel./Fax: 0 89/98 56 94
Für Deutschland und Österreich zuständig.

Hauptsitz:
Mediterranean Garden Society
P.O. Box 14
Sparoza
19002 Peania
Griechenland
Tel.: ++30/1/6 64 30 89

Europäische Liliengesellschaft
Wolfgang Salzborn
Rabenweg 4
89250 Senden
Tel.: 0 73 09/54 87

Großbritannien

Wildflower Society
Administrative Office
68 Outwood Road
Loughborough
Leicestershire LE11 3LY
Tel.: ++44/15 09/29 55 98

Österreich

Österreichische Orchideengesellschaft
Parkring 12
1010 Wien
Tel.: ++43/1/2 59 13 16

Süd-Oststeirischer Naturschutzverein
Oedt 41
8330 Feldbach
Initiative »Rettet die Wildackerblume« versendet auf Anforderung kostenlos (soweit der Vorrat reicht) Samen seltener Ackerblumen, wie Ackerrittersporn, Adonisröschen und Kornrade.

Schweiz

Gesellschaft Schweizer Staudenfreunde (GSS)
Säntisstr. 72
8377 Brütten
Tel./Fax: ++41/52/3 45 19 86
Organisiert auch Gartenreisen zu historischen und privaten Gärten in der Schweiz und Europa.

Gesellschaft Schweizerischer Rosenfreunde
Herr Dr. Theodor Zwiegart
Schloßbergstr. 23
8820 Wedenswiel
Tel.: ++41/1/7 80 05 15

Südafrika

National Rose Society
P.O. Box 28165
Sunnyside
Pretoria, 0132
Tel.: ++27/12/5 44 01 44
Fax: ++27/12/5 44 08 13

8. Zentrale Organisationen und Verbände

Deutschland

Deutsche Gesellschaft für Gartenkunst und Landschaftspflege e. V.
Sangershauser Weg 1
12349 Berlin
Tel.: 0 30/7 88 11 25
Fax: 0 30/7 87 43 37
Veranstaltet Vorträge und Seminare, Exkursionen und Studienreisen, Podiumsdiskussionen und Fachkongresse.

Niedersächsische Gesellschaft zur Erhaltung historischer Gärten
Gut Ohr
31860 Emmerthal
Tel.: 0 51 51/6 45 63
Fax: 0 51 51/6 37 86

Deutsche Bundesgartenschau GmbH (DBG)
Baunscheidtstr. 2
53113 Bonn
Tel.: 02 28/53 98 00
Fax: 02 28/53 98 09
Dachorganisation für Bundesgartenschauen und Internationale Gartenschauen in Deutschland.

Europa Nostra Deutschland e.V.
Verein zur Erhaltung des kulturellen Erbes
Franzenstr. 8
58452 Witten

Arbeitskreis Historische Gärten
Dr. Bernd Modrow
Verwaltung der staatlichen Schlösser und Gärten Hessen
Schloß
61348 Bad Homburg
Tel.: 0 61 72/9 26 21 16
Fax: 0 61 72/2 56 21 90

Deutsche Gartenbaugesellschaft 1822 e.V.
Webersteig 3
78462 Konstanz
Tel.: 0 75 31/1 52 88
Fax: 0 75 31/2 65 30
Die DGG ist ein privater Verein zur Förderung der Gartenkultur. Wettbewerbe wie »Unser Dorf soll schöner werden«, Ferienseminare, Studienreisen und verschiedene Publikationen zählen zu den vielseitigen Aktivitäten des Vereins.

Frankreich

Société Nationale d'Horticulture de France
84, rue de Grenelle
75007 Paris
Tel.: ++33/1/44 39 78 78
Fax: ++33/1/44 39 78 95

Großbritannien

National Garden Scheme
Hatchlands Park
East Clandon
Guildford, 111 Surrey GU4 7RT
Tel.: ++44/14 83/21 15 35
Fax: ++44/14 83/21 15 37
www.ngs.org.uk
Veröffentlichen Gardens of England and Wales Open for Charity *(das sog.* Yellow Book*). Führer zu 3300 Privatgärten, die zu Wohltätigkeitszwecken öffentlich zugänglich gemacht werden.*

Museum of Garden History
Lambeth Palace Road
London SE1 7JU
Tel.: ++44/1 71/2 61 18 91
Fax: ++44/1 71/4 01 88 69

Royal Horticultural Society
Administrative Office
80 Vincent Square
London SW1P 2PE
Tel.: ++44/20/78 34 43 33
Fax: ++44/20/6 30 60 60
www.rhs.org.uk
www.Gardeningstore.com

Italien

Orticola di Lombardia
Via Montenapoleone, 8
20121 Milano
Tel./Fax: ++39/02/7 60 01 49

Österreich

Österreichische Gartenbau-Gesellschaft
Parkring 12/3/1
1010 Wien
Tel.: ++43/1/51 28 41 60
Fax: ++43/1/5 12 84 16 17
Die ÖGG ist ein privater Verein und bietet ein vielfältiges Angebot an Kursen, Vortragsabenden, Pflanzentauschbörsen und Exkursionen an. Dort wird auch eine Verbandszeitschrift herausgegeben.

Denkmalamt Wien
Österreichische Gesellschaft für historische Gärten
Dannebergplatz 8/9
1030 Wien
Tel.: ++43/1/53 41 51 25

Bundesverband der Erwerbsgärtner Österreichs
Postfach 152
1239 Wien
Tel.: ++43/1/6 10 25 14
Fax: ++43/1/6 10 25 21

Schweiz

Verband Schweizer Gärtnermeister
Oeschberg
3425 Koppingen
Tel.: ++41/34/4 13 18 53
Fax: ++41/34/4 13 70 75

Schweizerische Gesellschaft für Gartenkultur
Kontaktadresse:
Frau Dr. Yvette Mottier
Hofstetterweidweg 19
8143 Stallikon
Tel.: ++41/1/7 01 21 63
Fax: ++41/1/7 01 21 73
Die Mitglieder organisieren die Aktion »Die offene Gartenpforte«,

außerdem werden in unregelmäßigen Abständen Gartenkurse angeboten. Weitere Informationen sind über die Kontaktanschrift erhältlich.

Spanien

Sociedad Española de Horticultura
Arrieta, 7
28013 Madrid
Tel.: ++34/91/5 42 66 49
Fax: ++34/91/5 47 55 56

Südafrika

The Botanical Society
Kirstenbosch Botanical Garden
Claremont 7735
Tel.: ++27/21/7 62 11 66
Fax: ++27/21/7 97 65 70
Hier gibt es Informationen über Südafrikas berühmtesten Botanischen Garten (Kirstenbosch Gardens) und andere, öffentlich zugängliche Gärten in Südafrika.

Danksagung

Die Autorin dankt in erster Linie Bea Gottschlich, Paris, für ihre journalistische Hilfe und Unterstützung.
Desweiteren fühlen sich Autorin und Fotografinnen folgenden Personen zu Dank verpflichtet: Darline Augustine, Michel Blanchard, Cornelia Brown, Julia Degen, Angelica von Hatzfeld, Georgia Langton, Antonio Muntaner, Daniel Petitpierre, Judy Pittsburg, Jan Louise Pizzinato, Anne Schäfer, Jeanette Scholz, André Stutz und Wim Tijmans.

Bildnachweis

Alle Fotos dieses Buches stammen von Corinne Korda und Carina Landau mit Ausnahme von:
© Pascal Chevallier/Agence TOP, Paris (Porträt Nicole de Vesian, S. 7)
© Didier Willery, Camblain Chatelain/Frankreich (Porträt Greta Sturdza, S. 149)

Bilderläuterungen

Schutzumschlag-Vorderseite: Aus dem Haupt der Medusa im Garten der Fondación Yannick und Ben Jakober wächst *Aeonium*, eine typische Sukkulente des Mittelmeerraumes.
Schutzumschlag-Rückseite (von oben links nach unten rechts): Diandra Douglas; ein idyllischer Sitzplatz unter Rosen im Garten von Rosamund Wallinger; eine geheimnisvolle Tür im Garten von Joan Aiken; Gertrud von Heiseler.
S. 1: ein idyllisches Plätzchen im Garten von Rosamund Wallinger;
S. 2/3: Frauenskulptur im Garten von Charlotte Fraser;
S. 4: ein Ausguck im Garten von Elsbeth Stoiber;
S. 186/187: im Garten der Fondación Yannick und Ben Jakober;
S. 188: im *Garten Eden* von Christa Schuhmacher;
S. 189 (oben): aquarellierte Päonie von Freda Cox;
S. 189 (unten): Pfingstrosen im Garten von Gertrud von Heiseler;
S. 190: Aquarell von Helga Bohlmann;
S. 191 (unten): im Garten von Anne Cox Chambers;
S. 191 (oben): Schwertlilie in Aquatinta-Technik von Friederike Karcher, München, die im Garten von Gertrud von Heiseler ihre Motive findet;
S. 192 (unten): Bambusflöte im Garten von Graziella Graziani;
S. 192 (oben): steinerne Bank im Garten von Ione Tézé;
S. 193: Magnolienblüte im Garten von Greta Sturdza;
S. 194 (links): gelbe Primelpracht im Garten von Greta Sturdza;
S. 194 (rechts): Raku-Keramik von Luisa Misserville;
S. 195: Agaven im Garten von Diandra Douglas;
S. 196 (unten): blühender Durchbruch im Garten von Charlotte Fraser;
S. 196 (oben): *Veronica spicata* im Garten von Elsbeth Stoiber;
S. 197: Rosenberankter Obelisk im Garten der Fondación Yannick und Ben Jakober;
S. 198: Stecklinge unter Glas im Garten von Nathalie Hodgson;
S. 199 (unten): Bienenhäuschen im Garten von Nathalie Hodgson;
S. 199 (oben): die Imkerin Nathalie Hodgson.

Abdruckgenehmigung

Die literarischen Zitate im Porträt von Joan Aiken wurden ihrem Buch *Fanny und Scylla*, aus dem Englischen übersetzt von Brigitte Mentz, entnommen.

Impressum

Bibliografische Information Der Deutschen Bibliothek
Die Deutsche Bibliothek verzeichnet diese Publikation in der Deutschen Nationalbibliografie; detaillierte bibliografische Daten sind im Internet über *http://dnb.ddb.de* abrufbar.

5. Auflage 2003

Layout und Satz:
Brigitta Rosanna Neumann, Braunschweig
Druck bei Canale, Torino
Printed in Italy
ISBN 3-8067-2857-7